本书系2021年度广东省中小学教师培训中心专项科研课题
高中化学情境创设教学实践研究"（课题编号：GDSP-2

深度学习视域下
高中化学情境教学研究

国 庆 / 主编

西安出版社

图书在版编目（CIP）数据

深度学习视域下高中化学情境教学研究 / 国庆主编
. — 西安：西安出版社，2023.10
ISBN 978-7-5541-7139-4

Ⅰ.①深… Ⅱ.①国… Ⅲ.①中学化学课—教学研究
—高中 Ⅳ.①G633.82

中国国家版本馆CIP数据核字（2023）第198482号

深度学习视域下高中化学情境教学研究
SHENDU XUEXI SHIYU XIA GAOZHONG HUAXUE QINGJING JIAOXUE YANJIU

出版发行：西安出版社
社　　址：西安市曲江新区雁南五路 1868 号影视演艺大厦 11 层
电　　话：（029）85264440
邮政编码：710061
印　　刷：北京政采印刷服务有限公司
开　　本：787mm×1092mm　1/16
印　　张：16.25
字　　数：249千字
版　　次：2023 年 10 月第 1 版
印　　次：2024 年 1 月第 1 次
书　　号：ISBN 978-7-5541-7139-4
定　　价：58.00 元

编 委 会

前言

　　《普通高中化学课程标准（2017 年版 2020 年修订）》凝练了学科核心素养，指出化学知识是培养学生化学学科核心素养的重要载体；各地高考取消考纲和考试说明，取而代之的是以"一核四层四翼"为核心的《中国高考评价体系》，提出了高考的核心功能——立德树人、服务选才、引导教学；我国于 2021 年 7 月 24 日提出了《关于进一步减轻义务教育阶段学生作业负担和校外培训负担的意见》（简称"双减"）。"双减"政策的落地体现了国家更关注学生的全面发展、身心健康的教育理念。

　　在新课标、新高考和国家"双减"政策实施的背景下，学生依靠高强度、机械式地刷题已难以在高考中脱颖而出。如何发展学生化学学科核心素养，培养学生的高阶思维和实践能力，发挥化学学科的育人功能，以达成立德树人的根本任务，为国家培养优秀的创新型人才，这是我们一线教师值得深思的问题。

　　在这场新时代中国基础化学教育改革过程中，许多教育工作者针对化学学科教学领域开展了深入的研究与实践。提出了核心素养指向下的深度学习理念。编者所带领的工作室团队也积极参与深度学习的教学实践，这两年多次参加线上和线下的研修培训，举办了多次大型的教学研究活动。在这个过程中，我们认真学习新课程标准、深度学习、大单元教学设计等理论知识，尝试以真实问题情境为载体，结合单元整体教学、项目式教学、主题式教学等形式开展实践与研究，并编辑成具有实用性和借鉴性的课例供广大基础教育化学教师阅读和参考。希望本书能对一线教师提升教学理论水平、提高课堂教学质量等方面有一定的帮助。

本书有 20 万字内容为主编国庆提供。全书共分为两篇，上篇是深度学习下高中化学情境教学理论探索，下篇是深度学习下高中化学情境教学案例赏析。上篇包括深度学习的基本内涵及实践途径、高中化学情境教学的内涵及设计路径两章内容。下篇包括基于单元整体教学情境创设教学案例、基于项目式教学情境创设教学案例和基于主题式教学情境创设教学案例三章内容，共 19 个案例。特别鸣谢华南师范大学化学学院王辉教授、华南师范大学化学学院钱扬义教授、广东省教育研究院程俊老师、佛山市教研室王怀文老师、厦门市教育研究院江合佩老师、江门市新会第一中学谭琼念副校长、河源市教育教学研究院陈炜主任对本课例的点评、指导和帮助。

本团队在对课程改革、深度学习的教学理论方面还处于学习过程中，在编写本书过程中难免存在不足之处，恳请各位同仁提出宝贵的意见和建议。

国 庆

2023 年 6 月 6 日

目录

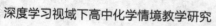

上 篇

深度学习下高中化学情境教学理论探索

第一章　深度学习的基本内涵及实践途径

第一节　深度学习的研究历程

　　在全面深化课程改革的大势下，深度学习（deep learning）被普遍认为是落实立德树人的根本任务、培养学生核心素养的重要学习方式。深度学习主要是针对教学实践中存在的大量机械学习、死记硬背的浅层学习而提出来的，并试图改变教师引导不够深度、学生浅层学习、课堂活动有效性不足等现状。同时，深度学习是学生全身心投入、全方位参与，充分整合"知识与技能、过程与方法、情感态度与价值观"的学习活动。深度学习被引入我国后，大量的理论和实践研究如雨后春笋般涌现出来，特别是2017年以来，对深度学习的源起、性质、内涵、趋向和实施路径等进行了更为深入的研究。而要在实践中取得更好的效果，须先对深度学习的来源和发展历程进行全面的梳理。

一、研究溯源

　　深度学习的概念，源于20世纪50年代起的计算机科学、人工神经网络和人工智能的研究。20世纪八九十年代，人们提出了一系列的机器学习模型，计算机面对较为复杂的问题解决训练时，可以利用反向传播算法计算梯度，再用梯度下降方法在参数空间中寻找最优解。2006年，加拿大多伦多大学计算机辛顿教授（Hinton, G.）在《科学》杂志（*Science*）上发表了《利用神经网络刻画数据纬度》一文，探讨了应用人工神经网络刻画数据的学习模型，首先提出了深度学习的概念和计算机深度学习模型，掀起了深度学习在人工智能领域的新高潮。2012年，辛顿教授带领学生在目前最大的图像数据库ImageNet上，对分类问题取得了惊人的结果，将计算机处理图像数据问题排名前五的错误由26%大幅降低至15%，大大提高了智能图像数据处理的准确性和清晰度，这是在早先计算机依赖数学模型的表层学习和单层学习根本无法实现的水平。在人工智能领域，深度学习是一种算法思维，其核心是对人脑思维深层次学习的模拟，通过模拟人脑的深层次抽象认识过程，实现计算机对数据的复杂运算和优化。应该说到目前为止，深度学习是计算机和智能网络最接近人脑的学习方法。

计算机领域中，深度学习的"深度"表现为深度的神经网络（deep neural networks）。计算机领域的"深度学习"主要有以下几种特征。第一，模型运作机制方面，其核心是对人脑神经系统的模拟与抽象。第二，模型结构上，包括多隐层。人工神经元的广泛互联构成了机器学习的运作机制，即人工神经网络。第三，计算机深度学习的过程是特征学习的过程。在深度学习中，数据从一个空间映射到另一个空间，前一层的输出变成了后一层的输入。原始的数据通过逐级转换，转换为更高、更抽象的表示，有了足够多这种变换的组合，就可以学习非常复杂的函数，这一过程就是特征提取（学习）的过程。因此，计算机领域的深度学习，其实质是"通过构建具有很多隐层的机器学习模型和海量的训练数据，来学习更有用的特征"，从而最终提升分类和预测的准确性。

深度学习的概念源于人工神经网络的研究，深深打上了"信息加工"的烙印，在引入我国之初，教育技术专家黎家厚教授基于认知心理学理论率先介绍了深度学习。以人工智能、机器学习取得的成果来反观人类学习的研究，与人类学习相比，这种学习是没有"价值取向"的学习，在大量的深度学习理论研究和应用研究中，往往没有考虑或较少考虑学习的主体是人。深度学习不只是人脑对符号的认识、加工和迁移，任何一个学习者都是深受环境影响的"社会人",更是有情绪、有价值取向的"自我人",而不仅仅是"自然人"。深度学习是否真实发生,深度学习的速度,广度和深度,深度学习能否走向社会,深度学习能否促使终身学习,等问题,要更多地研究学习者的学习基础、学习动机、当时的情绪、身处的自然环境和人文环境和学习情境的"真实度"等方面。此外,人的发展远不止是"知识"的增长,还有劳动意识和劳动技能的提升、健康身心的发展、价值观的发展和灵魂的升华等等,深度学习的指向应该是人的全面发展、终身发展。

二、国外研究

国外的深度学习研究经历了深度学习思想的早期孕育、深度学习的真实研究、深度学习研究的扩展和深度学习研究的聚焦四个阶段。国外的深度学习研究整体上呈现出三个基本趋势:一是关注真实课堂条件下深度学习与学生素养发展的实证研究;二是从个别具体操作策略的探讨转向为一般化操作模式的建构;三是从单纯关注深度学习的技术性支持转向为情境下的环境支持系统设计。自深度学习研究进入概念化的正式研究阶段以来,国外学者主要围绕深度学习的基本内涵、内在机制和实施模式三个问题展开研究。概括起来,国外学者在深度学习内涵的界定形成了"深度理解说""理解—迁移说""体验学习说"和"三元学习说"等四种观点。综合国外学者的诸多研究和著述,可以将深度学习的内在机制归纳为"情境诱发—问题驱动""切身体验—高阶思维""实践参与—问题解决"和"在线学习—虚拟现实"四个方面。关于深度学习的实施模式,国外较有代表性的是比格斯的"预测—过程—结果模式"、埃里克·詹森和利恩·尼克尔森的深度学习路线以及美国密西西比州大学杜建霞提出的深度学习框架。

国外教育领域深层学习的研究主要以探究影响学习者深层次学习的因素为核心,大致可归纳为主体性因素(学生的学习动机、教师的教学投入等)、过程性因素(教学方法、模式)与结果性因素(学习评价)三种类型。深层学习方法的选择受到诸多因素的影响。从横向看,涵盖学习动机、教学/学习策略、学习评价等多个因素；纵向上看，从学习者准备状态到学习过程再到学习结果，各环节都会影响深层学习方法的选择，贯穿了学习全过程。

无论表述为深度学习还是深层学习，其核心指向都是一致的。总体来看国外对深度学习研究要早于我国，其关于深度学习的内在机制研究、实施模式研究和结果评价研究等方面非常值得我们借鉴。在大量的深度学习研究和实践中，关于深度学习的内在机制、实时监测等方面，特别是关于深度学习的结果评价是现阶段我国较为薄弱的地方，更是一线中小学教师实践者最为迷惘的领域。

三、国内研究

"有教无类""学而不思则罔""不愤不启、不悱不发""兼爱、非攻"等词句中，蕴含着我国古代教育学家关于深度学习的思想。

2004年前后，深度学习概念引入我国，开启了国内教育领域对深度学习的研究，深度学习逐渐成为我国教育领域的热词。国内教育领域深度学习研究可以划分为三个阶段。第一阶段：2004—2013年，初涉深度学习——明晰概念。这一阶段的研究主要是探索深度学习概念，区分深度学习与浅层学习的区别，属于深度学习的探索阶段，深度学习源起、定义与特征、教学策略组成的研究框架成了后期很多研究的关注点。第二阶段：2014—2016年，探索深度学习模式——翻转学习。这一时期主要是在探索技术支持下的翻转课堂如何设计才能有效助推学生深度学习。第三阶段：2017年至今，追寻深度学习结果——核心素养。2017年以来，深度学习因其学习结果指向核心素养而备受国内学者关注。相关研究一方面集中于深度学习对核心素养达成的重要性及其可行性论证，另一方面探讨基于核心素养培养的深度学习的实现路径。

自从深度学习概念引入我国，特别是2017年以来，我国学者和实践者在深度学习领域取得了很大的理论和实践成果，在深度学习和深度教学理念的推动下，以立德树人为根本任务、以核心素养为目标、以高阶思维培养为抓手的教学方式让中小学课堂慢慢地"静下来了"。吴永军在《关于深度学习的再认识》一文中指出：但就国内研究而言，主要问题是"移译性"有余，本土化不足；思辨性主导，实证性缺乏。

深度学习概念引入我国之时，恰逢我国正在进行被称为"教育领域最为深刻的改革"的第八次基础教育课程改革，"合作、自主、探究"深入师生内心，"小组合作"成为课堂主流。然而，随着这场改革的不断推进，在实践中出现了表面轰轰烈烈的课堂，由"满堂灌"转为"满堂问"，学生表面上成了课堂的主角，由于缺乏教师的深层引导而出现学生课堂学习以浅层学习为主，大大削弱了课堂学习的广度和深度，三维目标大多停留在教案之上。在这个背景下，2014 年，国家以全面深化课程改革作为新时代落实立德树人根本任务的标志性工程，在全面深化课程改革的大势之下，深度学习被广大学者及政策制定者所推崇和推进，教师的教和学生的学都发生了很大的变化，取得了令人瞩目的改变。

参考文献

［1］郭元祥. 深度教学：促进学生素养发育的教学变革［M］. 福建：福建教育出版社，2021.

［2］付亦宁. 深度（层）学习：内涵、流变与展望［J］. 南京师大学报（社会科学版），2021（2）：67－75.

［3］李松林，杨爽. 国外深度学习研究评析［J］. 比较教育研究，2020（9）：83－87.

［4］吴永军. 关于深度学习的再认识［J］. 课程·教材·教法，2019，39（2）：51－58.

第二节　深度学习的基本内涵

何为深度学习？不同研究领域的学者分别从自己的领域概括出不同的基本内涵和主要特征，哪怕是在同一视域下因侧重点的差异深度学习也有不同的内涵和主要特征，至今没有统一。从大类分，深度学习的研究主要分布在计算机和人类学习两大领域。由于在两大领域中其英文名同为"deep learning"，故有"同义"或"借名"或"迁移"等理解，实为教育教学领域在反思教育现状的背景下受机器学习领域研究的启发进而批判、吸收、实践和创新的结果。在计算机领域，其学习主体是计算机，是计算机模仿人脑的学习，其本质是一种算法语言，与人的学习根本不是一回事。人的深度学习，其主体是人。人的深度学习既受神经网络的影响，更受学习动机、学习环境和学习媒介等综合因素的影响。人的学习不只是知识的学习，还有学习方法的学习和思维的发展，更有社会交往的参与、善恶美丑的辨识，以及灵魂的塑造和升华等。深度学习是一种综合性实践活动。所以，对深度学习基本内涵的理解需要从全时空、多角度的综合视野去分析。

深度学习的研究，分布在众多的领域，不同研究视域下的深度学习的内涵有所差异。经过梳理，目前教育领域对深度学习的研究视域主要有：学习科学视域、主体论视域、教学论视域、信息加工视域、教育技术视域、学习心理视域、教学理念视域和多维视域等。本文主要从学习科学视域、主体论视域和教学论视域思考深度学习的基本内涵。作为一线学科教师，我们在总结各视域下深度学习基本内涵和主要特征的基础上，更应该从学科教学视域去认识深度学习的丰富内涵。

一、计算机领域的深度学习

大多认为，深度学习最先用于计算机领域，计算机领域的深度学习来源于 20 世纪 50 年代起对人工神经网络的研究。

深度学习的核心思想是构建多层神经网络，通过多层神经网络来实现特征提取和分类，从而实现对大规模数据的高效处理。通过对多层神经网络的非线性变换，深度学习算法可以得出更加高层次的抽象特征表示，从而提高数据分类和预测的准确性。

目前，深度学习技术在计算机信息领域的应用渐渐深入生活的方方面面，如医疗影像辅助诊断、刷脸支付、指纹识别、自主驾驶等。深度学习改变了计算机处理和分析数据的方式，成为当前人工智能最为热门的技术，为人类的发展和进步做出重大贡献。

作为中小学教师，我们对深度学习的研究和学习，其重点不在计算机领域，我们只要能清楚其来源，在研究和应用中能区分深度学习在教学领域与计算机领域的不同即可，故在此不做赘述。

二、学习科学视域的深度学习

（一）学习科学视域下对深度学习的思考

学习科学兴起于 20 世纪 70 年代，形成于 20 世纪 90 年代，是在反思认知科学等学科关于学习方法的研究方法和观点的基础上兴起的一门科学。学习科学主要研究如何支持和促进人在整个生命历程中的学习活动，通过教学的、技术的和社会政策方面的创新来促进教育的改善。

在深度学习的浪潮下，学习科学致力于研究如何支持和促进更加有效、更加深入的学习活动。学习科学与深度学习在学习支持系统、学习过程、学习效率和学习深度等方面有着密切的联系。

从学习者的角度看，怎样的学习才算是深度学习？在学习科学中，只有达到了对问题的"本质理解"和"创新运用"层次的学习，才称得上深度学习。学习者在学习中会遇到大量的公理、定理、公式、概念、基本规律和基本原理等，如果只从符号层面记忆和背诵，则远未达到深度学习的深度，或只能在一般情境中进行一般性的运用，只能在两种相似度较高的情境中迁移运用，都称不上深度学习。只有学通学透符号产生的背景、来源和符号的内涵和外延，且能在新的复杂的情境中创新性地运用，才算得上深度学习。

从学习者的角度，深度学习是如何发生的？这就是深度学习的机制问题，这或许是个各种视域中，能最好诠释深度学习的科学和研究角度。深度学习的发生和发展，首先，有赖于学习者直接从学习和生活的经验中生长新的知识和思维。其次，是在用学到的基本概念和基本原理，在解决实际问题过程中出现的严重冲突，在教学中成为"不良结构问题"，如在地理教学中，西北干旱区中的大片绿洲、赤道地区的清凉区域、外流区中的内流河等，学习者从认知冲突中走出来，转变观念，从而掌握科学概念和原理。再次，是在学习中建立各类概念或原理的模型。建立模型是科学家探究和解释世界的常用方法。例如：在学习高中化学中的中和滴定图像问题时，逐渐建立把握基本面（弄清横、纵坐标的含义）—看清趋势线（认清曲线的变化趋势）—抓住关键点（起点的 pH 值、半滴定点、恰好反应点）的模型。通过这样的建模，在今后遇到此类问题时便能迅速找到解决问题的最快方法和正确思路。

从教的角度，怎样的教学才能激发学生的深度学习？应根据学习者的学习基础和当时的精神状态，在情感上与学习者高度契合、在教学内容和知识呈现方式上精心选择、多选取多样性的知识作为教学情境等。只有达成"教"和"学"的高度统一，深信学生的知识生长能力，精选核心概念和原理，采用基于项目的学习、建构主义学习和基于设计的学习等形式，辅以较为复杂因果关系的各类学习情境，学生才能在学习过程中生成新知识，自觉不自觉地发展逻辑思维和批判性思维。

（二）学习科学视域下深度学习的基本内涵

学习科学作为一门跨学科领域的新兴学科，以其独特的研究对象和研究方法，在深刻把握深度学习系统整体本质的基础上进行简化，将深度学习系统简化为认知心理学、课程教学论、教育技术学三个子系统，尝试着将深度学习研究从狭义推向广义，重新审视深度学习的缘起、内涵、机制及过程。

孙智昌从学习科学的视角，在明确学习科学视域的深度学习与其他学科中的深度学习的区别与联系的基础上，对深度学习定义为：所谓深度学习，就是学习者遵循学习原理，在学校场域中对以重要概念为核心知识进行理解性和创新性学习的有效学习过程。在这一过程中，学习者不断形成适应和引领现代社会发展的社会性品格和关键能力，成为既有益于自己又有益于社会的人。深度学习的典型机制主要有生长机制、颟顸机制、建模机制、互动机制和表达机制。学习科学视域下的深度学习，明确了其视域下的深度学习与其他学科中的深度学习的区别与联系。第一，学习科学中的深度学习与人工智能中的深度学习不是一回事；第二，学习科学中的深度学习与教育评价中学中的深度学习有重要区别，学习科学中的深度学习的核心特征是理解，是与更有效的学习联系在一起的，更符合学习的本质和规律；第三，学习科学中的深度学习与教育技术学中深度学习既有相同的一面，又有不同的地方；第四，学习科学中的深度学习与教学论中的深度学习的区别在于"实证"视角和"理论"视角。学习科学中的深度学习的"深度"集中在"理解"和"创新"层次上。

（三）学习科学视域下深度学习的启示

随着知识经济时代的到来，面对人工智能的挑战，现今学校教育又严重落后于时代发展，与此同时，这个时代比历史上任何一个时代都更急需大批学习能力强，具有批判精神、高阶思维的创新人才。学习科学视域下对深度学习的研究，将有可能引发一场彻底的教育变革，运用学习科学视阈下的深度学习理论指引，学生的理性思维、逻辑思维，学习的速度、广度和深度将大概率得以提升。

相信学生、敢于放手是学生深度学习的前提。在信息时代，学生知识学习的渠道是无限的，学生的兴趣和爱好是多样化的，很多学生在某些方面的认知水平是高于教师的，人的智力是多元的，课堂学习仅是学习的一个渠道，等等。

在课堂和课外，教师只要给出学习任务，必要时给出建议，不要担心和害怕学生走弯路（走弯路的学习也是一种学习过程甚至是更好的学习），学生便能按照自己的思维方式和思维习惯去解决问题，从而得出正确的结论。

精选教学内容是学生深度学习的重要媒介。对中小学生而言，其知识储备非常有限，其注意力和思维要经常在多个学科中切换，中小学的学习大多仅是基础知识的学习。首先是教材编写者要大力删除不适合学生学习的或不适应时代要求的"繁难偏旧"内容。如在2023年2月的长三角教育发展研究院成立大会暨"学习贯彻党的二十大精神，加快建设高质量教育体系"研讨会上，上海市教委副主任、民进上海市委副主委倪闽景在发言中指出：我们的物理、化学、生物和地理等理科课程落后世界70年，大量的都是200年以前的知识，课程内容陈旧，远离生活情况比较突出，学校常常用非科学的方法来传授科学。作为较为专业的学科教师，更清楚本学科的学科本质、学科思维特点和学科思维方法、学科内容等，故更重要的是教师要做到"用教材教"而不是"教教材"。

创设良好的教学环境是学生深度学习的重要条件。教学环境包括自然环境、人文环境和技术支持等，包括课堂环境和课堂外环境。如在课堂环境建设方面，宽敞明亮的教室、舒适的桌椅、适合的间距和整洁的卫生条件、安静的室外条件等更能使学生静下心来，不受外界干扰；亦师亦友的师生关系、有竞争有合作的同伴关系、敢于乐于善于发表自己见解的学习伙伴，容易使学生在一起学习时产生愉悦的学习情绪、反思自己的思维过程和碰撞出思维的火花；成熟的网络支持、适合的多媒体技术和高超的教育教学技术等能更好地配合课堂、配合教学内容，使教育技术真正服务于教和学，产生教与学的最大合力。

三、主体论视域下的深度学习

（一）主体论视域下的深度学习思考

"教是为了不教""教是为了学"等说明了学习的真正主体是学生，深度学习的主体也是学生。学生学到了什么知识、学到了多少知识、学习过程是否真正发生、学习的广度和深度到了什么程度、学生的思维是否得到发展、学生哪些思维得到发展等，是主体论视域下的深度学习研究的出发点。

自 20 世纪 50 年代以来，我国基础教育先后经历了以"新"换"旧"的课程改革、"师法"苏联服务课程体系建设改革、改"教学计划"为"课程计划"改革和以"为了中华民族的复兴，为了每个学生的发展"为目标的第八次课改等八次课程改革。这些课改主要内容都是围绕教学内容和教学方式进行的，在"教什么""怎么教"方面，着力进行教学方式、教学方法、课程结构和教学模式等方面的变革。在多次课改中，把教师作为了改革的主体，充分发挥了教师在教学中的重要作用。在历次课改中，较少考虑和落实"学生学得怎么样"。

在第八次课改之前，基于传统农业生产和传统工业生产实践活动，教师在年龄、知识（无论是自然知识还是人文知识）和经验等方面均远居学生之上。如物理学科的牛顿定律、开普勒定律等，化学学科的分子式、各种化学反应等，历史学科的朝代变迁、考古发现等，地理学科的油气资源分布、气候类型分布等，学生的这些知识主要都是从课堂上和在教材上获得的。学生在课堂外难以获得知识，教师以传统理论知识的传授、以基本原理的解释为主，自然就成了课堂的主体、课堂的权威。大量的记忆类、背诵类、经典概念和原理类知识也成了这个时期人才选拔的主要依据。

21 世纪初，我国进行了史上最大规模、最大力度的第八次课程改革，其主要目标就是改变"知识传授型课堂""教师霸占课堂"的现状，让学生以自主、合作、探究的形式进行学习、进行自主建构知识。在这次改革的浪潮下，一大批的"小老师"走向课堂，由"满堂灌"转为"满堂问"，学生的主体性在形式上得到了一定的体现，"自主、合作、探究"成了主要的课堂形式。这样的课堂因学生缺乏思考，特别是缺乏深度引导、深度思考，课堂活动主要表现为"身体活动"或"嘴巴活动"等，轰轰烈烈的课堂背后，表面学习、浅层学习大量出现。

（二）主体论视域下深度学习的基本内涵

在全面深化课程改革的浪潮中，深度学习的理念逐渐被广大学者和一线教师推崇。本着学生"学得怎么样"的思考，主体论视域下的深度学习是这样定义深度学习的：所谓主体论视域的深度学习，指的是与表面化接受浅层知识学习相对立的一种学习方式，本着学生是学习主体的观念，通过为人与为学的学情起点分析与把握，从学生认知发展、社会参与、自我发展三个维度构成的核心素养出发，通过学习情境的设置，诱发学生的心灵感动以及主动学习的动力，引导学生运用终极存在的归真、终极解释的求善、终极价值的至美等高阶思维，对人与自然、人与社会、人与自我等关系形成独到的认识与理解，进而能够透过现象去把握学科背后的本质，且能够基于一定的评价标准对学习结果进行合理的评价，并根据评价的结果予以合适的调试，从而能够在学习过程中辨识真假、判断善恶、把握美丑，收获认知、参与、发展等结果深度，最终成就理想自我形象塑造的实践活动。

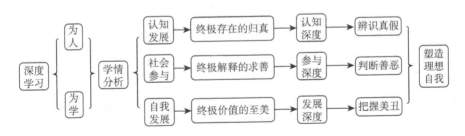

图 1-2-1　主体论视域的深度学习内涵示意图

（三）主体论视域下深度学习的启示

充分发挥学生学习的主体性是深度学习的开展和取得成效的起点。在主体论视域下，深度学习是所有的教和学的追求，教和学的内容都是指向学生能否积极主动地学习，能否取得更有效的学习效果。是否发挥学生的主体性是深度学习的开展和取得成效的关键。

充分发挥学生学习的主体性才能增强学生学习的内驱力。学生成了深度学习的主体，才能充分发挥主观能动性，在学校乃至在今后的学习和工作中，就能在教师（导师、前辈）的引导下，主动探寻未知客观世界，不断思考、不断习得新知识和技能，并把学到的知识和技能迁移到解决现实问题上。哪怕是没有教师的引导，根据目前我国中小学教师的群体现状，不少的学生因其智力水平在教师之上，特别是到了高中阶段，不少的学生对某个学科或某个学科中的某些问题的钻研兴趣和钻研能力并不在其学科任课教师之下，学生完全可以从父母、网络、书籍等各种渠道获得更多的知识和学科前沿动向开展研究性学习。

充分发挥学生学习的主体性才能促进学生学以致用。学生成了学习和自我发展的主体，才能在知识学习和问题钻研的过程中，与在教师引领下的学习或自己钻研知识的过程中，不断领悟学科思想和学科本质，在学习过程中习得的学习习惯、思维习惯和思维方法才能自觉不自觉地运用到新情境、复杂情境中。在主体论视域下，学生通过具体问题—抽象—具体新问题的学习和运用，从具体问题自主构建知识和知识链，总结出抽象的基本概念或基本原理，然后在解决具体新问题中发现基本概念和基本原理运用需要哪些特定的条件，从而再次加深对抽象概念和原理的理解，在解决各类良性结构和不良结构问题时，明确问题的一般性和特殊性。

充分发挥学生学习的主体性才能发展高阶思维。高阶思维发展的基础是知识的广度和深度，没有知识的积累或少量知识的积累，高阶思维就如空中楼阁。在学习和探究未知原理和实践运用的过程中，学习者会不断检索背景知识，发现原有知识储备的不足，进而主动查找资料，主动向师长或伙伴学习，在大量的生活探究情境中或学习中初步总结出基本概念和原理等。当其发现初步总结出来的基本原理不能解决特定环境中的不良结构问题时，会重新审视和纠正初步总结出来的基本原理的适用时空范围，在这个过程中发展高级认知思维、链条较长的高级逻辑思维、多向度的相互联系思维、自觉反思的批判性思维等高阶思维。

充分发挥学生学习的主体性才能提升育人效果。最好的教育是"自我教育"，最好的学习是"自主学习"，发自内心的学习才能从学习中获得学习的快乐。在强大学习内驱力的驱动下，学习者在学习过程中与教师、同学等结成良好的伙伴关系，才能实现真正的"自主学习、合作学习和探究学习"，把自己塑造成更能适应社会的"社会人"，更具有独立精神的"自我人"，从而提升育人效果。

　　充分发挥学生学习的主体性要注意促进差异性发展。作为教师，要充分认识学生深度学习有个体的差异性和过程的差异性，进而用差异性评价促进学生的差异性发展。同一年龄段的学生、同一学校的学生、同一班级的学生，其同一学科的学习兴趣和学习基础会有很大或较大的差别。主体论视域下的深度学习，就应该对不同的学生布置差异化的学习任务，才能促进不同学生的深度学习。哪怕是同一位学生，其在不同的学习阶段、不同的学习内容上，也有状态的差异和认知的差异，故要根据学生学习状况、当时情绪的差异，设计略高于当时学习水平的学习任务。相应地，对学生学习效果的评价，应更多地采用过程性评价，以促进学生更多地体验一个又一个的成功，使学生始终保持饱满的学习热情。

四、教学论视域下的深度学习

（一）教学论视域下的深度学习思考

　　"教"和"学"有时是矛盾的，更多的时候是统一的。离开了"教"无所谓"学"，离开了"学"也无所谓"教"，"教"与"学"是可以相互促进的，"教"与"学"的相互促进是最好的成长。无论是以"教"为主，还是以"学"为主，无论是学习科学视域还是主体论视域，其终极关怀是学生的学习和发展，而学生学习和发展的主要场域主要在学校，学校的教学活动主要在课堂。任何一次课程改革，其最终都要落在教育学领域，故目前对深度学习的研究主要还是在教育领域，特别是中小学教育教学领域。

　　深度学习是全面深化课程改革的最佳选择。立德树人、落实核心素养是全面深化课程改革的目标追求。2017年以来高中课程标准和教材的修订，特别关注对中国学生发展核心素养研究成果的转化与落实，聚焦各学科课程本质，充分挖掘其对学生核心素养培养的独特价值。学生应具备的，能够适应终身发展和社会发展需要的必备品格和关键能力的培养，必然需要新的教学理念来实施和落实。以深度学习为核心理念、以深度学习为学习方式、以深度教学为教学方式，正契合以核心素养为目标的课程理念，对于推动以学生为中心、以发展学生核心素养为目标的教学改革，可以在一定程度上解决当前大多课堂中存在的重点和难点问题，减少浅层学习的现象，提升学生的思维深度和良好品格，整体提高课堂教学的质量和水平。

深度学习是知识经济时代教学变革的必然选择。随着信息时代、知识经济时代的到来，全球教育体系将被全球经济形势所改变，对未来的人才素质提出了新的要求，也对教育提出了新的挑战。当今中国，面对百年未有之大变局，面对西方国家的围追堵截，培养怎样的下一代才能在纷繁复杂的未来世界中立于不败之地？"讲授式的接受性学习""以学习知识为主的学习"已远不能适应"百度"时代，"满堂问""小组合作学习"等轰轰烈烈的课堂也难真正实现"自主、合作、探究"的学习，陈旧的教学内容和浅层的教学问题难以培养出思维链条长、逻辑性强、批判性思维能力强的人才，根深蒂固的应试教育和落后于时代的人才评价体系等也难以选拔真正高素质的人才。面对经济领域和人才领域的挑战，以深度学习的理念培养大批掌握精准严密学科知识、善于运用严密的逻辑思维和批判性思维解决实际问题、乐于善于与他人进行有效沟通和交流、具有强烈的社会责任感和使命感和深厚家国情怀的人才，是这个时代赋予教育的责任和担当。

深度学习需要深度教学来实现。离开了教无所谓学，离开了学无所谓教，学生要实现真正意义上的深度学习，需要建立在教师深度引导的基础上。在中小学课堂，哪怕是大学课堂，绝大部分学生的知识储备、学科理解和思维链条等与教师是难以比拟的，教师可以根据每个学段学生的学习基础，选取适合学生学习的新情境、设计有思维深度的递进式问题，让学生"层进式学习""沉浸式学习"。深度学习只有走向深度教学才更具有发展性的意义和价值。近十多年来，深度学习和深度教学已渗透到广大中小学课堂，教师的教学方式、教学模式和学生的学习方式发生了喜人的变化，备受关注的高考试题在中国高考评价体系的指导下也出现了可喜的变化。

（二）教学论视域下深度学习的基本内涵

以郭元祥、郭华等为代表的学者在多年深度学习理论研究和深度教学实证研究的基础上，对教育论视域下深度学习的基本内涵进行了界定。

郭华认为：所谓深度学习，就是指在教师引领下，学生围绕着具有挑战性的学习主题，全身心积极参与、体验成功、获得发展的有意义的学习过程。在这个过程中，学生掌握学科的核心知识，理解学习的过程，把握学科的本质及思想方法，形成积极的内在学习动机、高级的社会性情感、积极的态度、正确的价值观，成为既具独立性、批判性、创造性又有合作精神、基础扎实的优秀的学习者，成为未来社会历史实践的主人。

郭元祥在深度教学层面探讨深度学习，把超越知识学习的对象化学习，追求教学发展性和内在质量的教学理念，称为深度教学（deep teaching）。深度教学是以发展性的教学价值观、课程知识观、学习观、教学过程观和学习环境观为基础，旨在促进发展的教学理念和教学策略。

（三）教学论视域下深度学习的启示

教学论视域下的深度学习的前提是教师引领，突出了教师引领的必要性和重要性。没有教师的引领，教师站位不高，引领不到位、不深入，都无法促使学生发生深度学习的过程。这就要求教师要用专家思维、有广博的知识、明确知识的前因后果等，还要求教师明晰学生的学习基础、当时情绪、思维特点和认知规律等，然后设计高于当时学生认识水平的高挑战性的学习情境。教师的专业化水平是开展深度教学、引领学生深度学习的必要条件，对新时代教师提出了更高的要求，要求广大教师既要掌握精准广博的学科知识、把握学科本质，还要具备深厚的教育学和心理学底蕴，熟练掌握和运用各种教学技术，调动学生学习的主观能动性，协调开拓更多的教学资源。

教学论视域下深度学习的核心是以学生为主体的主动学习活动。学生以强大的内驱力、求知若渴的状态，层进式地完成学习任务，用最短的时间掌握更多的知识和方法。在学习方法上，不再是简单的人云亦云的机械式学习，而是经过深度思考的学习，能主动建立起新旧知识之间的联系。在学习过程中，以理解性学习和迁移性学习为主，在头脑中主动建构新的概念和原理，重在理解知识的来龙去脉，主动联想新情境，然后能高通路迁移到解决新的复杂的问题上。在这个问题上，教学论视域下的深度学习与主体论视域下的深度学习的观点是一致的。

教学论视域下深度学习的主要任务是知识和思维。在学习过程中，学生既掌握学科核心知识，又能把握学科的本质及思想方法。这就要求教材编写者和学科教师要区分和精选学科经典知识、学科前沿研究等作为学生学习材料，区分和选取良性结构和不良结构学习情境作为学生知识研究和运用的材料。特别注意的是，任何一个学科都有本学科看世界的视野，有自己的核心思想和方法，如中学化学学科中的结构与性质、量变与质变、一般与特殊、定量与定性等化学思想。在中学化学教学中把这些思想和方法有机渗透在学习情境和学习过程中，产生刻在骨子里的认识，其日后哪怕忘掉了具体知识也能在学习和工作中随时灵活调用。

教学论视域下深度学习的最终目的是立德树人，立德育人是课堂教学改革的根本追求。多年以来，我国出现了众多令人眼花缭乱的"新课堂"，如"翻转课堂""和谐课堂""生态课堂""高效课堂""情感课堂""卓越课堂""文化课堂""快乐课堂"等，这些要么简单粗暴地划分课堂时间，要么过于强调课堂目标等等。这些单一的技术层面的课堂变革难以提升课堂的教育涵养，学科和课堂教学的育人功能才是课堂教学的根本诉求。在课堂教学中，建立"立德树人"的教学价值观，丰富课堂涵养，才能使学生习得知识的同时，心智、思维、合作、情感、态度和价值观等也自然而然地得到发展。深度教学是一整套的教学理念和教学策略，不是一种教学方法或教学模式，仅仅停留在教学技术层面的教学方法的转换，是难以达至深度有效的。

五、学科教学视域下的深度学习

从计算机学习领域到人类学习领域，尤其是在人类学习领域中，无论是脑科学、学习心理科学、教育技术科学、学习科学、教育科学等，还是主体论视域、核心素养视域等，任何一个视域下关于深度学习研究，都是从自己研究的领域出发，研究深度学习的理想过程和理想状态，往往会忽略或简化学习过程中的各种难以预测的因素及其变化，难以甚至不太可能得出各学科各行各业认可的内涵。深度学习引入我国近30年，至今天，几乎可以说是教育界，特别是中小学教育界最热的词语，但至今也没有统一的内涵和特征。究其原因，每一个视域都不是主要从实践、运用和实际效果的角度出发，是自上而下的、先理论后实践的研究。作为一线中小学教师，必须保持清醒的头脑，从学生出发，从教育教学出发，吸收各种视域下的理论和现实优点，明晰各种视域下理论的不足，不无限放大、缩小"教"的作用，在不同的时空，以最佳的策略作用于千差万别的学生身上，最后落脚在年复一年、日复一日的日常教育教学活动中，方能在现实中取得更好的效果。

面对深度学习这个热词，作为一线中小学教师，必须牢固树立立德树人、培养德智体美劳全面发展的社会主义建设者和接班人的根本目标。紧紧围绕本学科核心素养，抓住本学科的核心特质，选取最适合于的学生特点，最有利于学生发展的教学内容，以科学的学生观、教师观、教学技术观和教学环境观等教育观为指导，以学生真实学情为起点，以实事求是的态度传承、吸收、批判、应用和选择最适合的教学方式、教育模式，努力创设和引导学生以最适合的学习方式和学习模式在不同时空中进行更高效地学习。在教学过程中不断发展学生的高阶思维，不断发展学生适应社会的能力和情感，真正做到既教书又育人。

深度学习就是在全面掌握学生学情的基础上，竭力提高学生学习的内驱力，创设利于学习的良好的自然和人文环境，熟练运用最适合的教育技术支撑，以高挑战学习任务为主，以一步步接近客观世界的真实学习情境为媒介，短时间内让学生学懂学透更多的知识，不断建立知识间的内在逻辑联系，再高通路迁移为解决实际问题的方法和能力；让学生在学习过程中，养成良好的学习习惯和思维习惯，在忘掉知识后、离开学校后仍能自觉不自觉地运用这些思维去解决生活和工作中的实际问题。基于这样的思考，学科教学视域下的深度学习和深度教学应重点思考并做好以下几个方面。

第一，学科教学是深度学习的最重要载体。绝大部分的深度学习只有在教师的深度引导下才能真正发生，各学科虽然存在千丝万缕的联系，但各学科均有自己的研究领域、学科本质、学科思维和方法等，各学科知识、学科本质和学科思维等相差甚远。在学科教学中培育学生的核心素养是深度学习的重要途径。中小学各科教师特别是高中教师因对其他学科的知识和思维水平不足，故难以承担全科教学。现在乃至今后、我国乃至全球中小学仍是以学科教学为主，故学科教学是深度学习的最重要载体。

第二，厘清各学科教学视域下深度学习的基本内涵。学科教学视域下的深度学习，有助于学科教师更好地从学科出发，以特定的严谨的学科知识、学科思维和方法育人，达到更好的育人效果。例如，王先锋对高中化学深度学习定义为：高中化学深度学习是以发展学生核心素养为目标，以追求对学科知识的深度理解为载体，注重真实问题的解决过程，有效落实"教、学、评"一体化的学习。张甲胜、吴欣睿将高中地理教学中深度学习的基本内涵阐释为：在高中地理教学中，教师以高中地理课程标准为基准，以培育学生地理学科核心素养为目标，以教材内容为载体，创设体现不同时空尺度下区域地理要素相互耦合，与人类活动相关且具有挑战性、简约性的问题式教学情境活动，并引导学生全身心参与教学情境活动；学生在解决地理问题过程中，由浅入深按照知识发生逻辑进行心理建构，归纳演绎地理过程，逐步理解地理必备知识与核心概念，掌握基本地理思想方法，迁移运用所学知识解决其他地理问题，在主动学习过程中形成正确的人地观念。

第三，大教学观是深度学习的综合教学观念。大教学观包括学生观、教师观、教学价值观和教育技术观等。不同视域下的深度学习都是从各自角度出发，各有所侧重有所不足。大教学观教学观念下的深度学习应批判吸收各视域下的优缺点，学科教师根据自身的情况、根据学生的情况、根据所在学校的教学技术情况等组织教学。例如，主体论视域下深度学习强调的从尊重学生的主体性出发，从而达成学习主体的自我认知、社会参与、自我发展和自我建构；教学论视域下深度学习强调要充分发挥教师的深度引导作用；学习科学视域下的深度学习强调的必须遵循的学习原理，充分认识和利用典型的学习机制，让学习者在最短的时间习得更多更高深的学问，发展更高阶的思维等。任何一种视域下的深度学习，都要克服"模式化""片面化"的技术主义取向，促进发展性学习，让课堂更具有教学涵养。

参考文献

[1] 付亦宁. 深度（层）学习：内涵、流变与展望 [J]. 南京师大学报（社会科学版），2021（2）：67－75.

[2] 段茂君，郑鸿颖. 深度学习：学习科学视域下的最优整合 [J]. 电化教育研究，2021（6）：34.

[3] 孙智昌. 学习科学视域的深度学习 [J]. 课程·教材·教法，2018，38（1）：20－23.

[4] 刘月霞，郭华. 深度教学：走向核心素养 [M]. 北京：教育科学出版社，2018.

[5] 冯铁山. 主体论视域的深度学习内涵及策略 [J]. 课程·教材·教法，2018，38（1）：20－23.

[6] 郭元祥. 论教学深度：源起、基础与理念 [J]. 教育研究与实验，2017（3）：4.

[7] 王先锋. 高中化学深度学习的定义与教学策略 [J]. 中学化学教学参考，2022（3）：2.

[8] 张甲胜，吴欣睿. 高中地理教学中深度学习的基本内涵与核心特质 [J]. 中学地理教学参考，2022（7）：17.

第三节　深度学习的实践路径与展望

深度学习从理论走向实践，深度学习走向深度教学，学习过程发生了变化，学习结果也发生了变化。深度学习思想已改变了众多教师的教学理念，引领了一场教学范式的变革，促进了教师学习和教学方式的改变、课堂生态的变化、学生学习方式的变化、学生学习和思维过程的变化，甚至还引起了人才评价体系、高考评价体系和中高考试题的变化。

以《中国学生发展核心素养》成果发布为标志，深度学习被认为是达成立德树人、发展核心素养目标的最佳途径，其核心是育人。深度学习的学习过程不只是学习知识的过程，更重要的是在知识生成过程中，发展学生的思维和方法，发展学生的情感、态度和价值观，把学生培养成为高阶思维能力强，具有社会本质、精神本质和文化特质的社会活动主体。这就是真正的"立德树人"。

多年以来，在探索深度学习实践路径的过程中，已经在很大程度上克服了机械学习、浅层学习的弊端，克服了长期以来种种非此即彼的二元对立，使教师、学生和教学内容获得高度的协同。在这个过程中，因重新认识了教师的价值，首先发生和发生最大变化的是教师，凸显了教师在教学活动中的主导地位，教师在为学生成长服务的同时，也成就了自己。其次是教学内容和教学方式的变化，由结论性知识传授和运用为主转变为情境学习—抽象结论—情境运用为主，由碎片化的内容单元教学为主转变为彼此有联系的单元主题学习为主，由分散的小概念教学为主到能统领小概念的大概念教学为主。

此外，还有技术层面的教学设计和教学模式的种种变化。当然，以笔者看来，最可喜的变化是《中国高考评价体系》的颁布，以顶层设计的思维回答了长期困扰中小学教学的"高考指挥棒"问题，倒逼着教师的教和学生的学，是教学管理和教育评价层面的巨大进步。

一、深度学习的主要实践路径

如何在实践中促进深度学习，国内外进行了大量的研究。有研究表明，基于问题、基于探究、基于挑战、基于项目等具有创造性和实践性的学习方式，能有效促进深度学习。

美国研究学会（American Institutes for Research）的"深度学习研究"（Study of Deeper Learning：Opportunities and Outcomes，SDL）项目根据对深度学习能力的认知、人际和个人三维划分，提出了实现深度学习的具体策略。

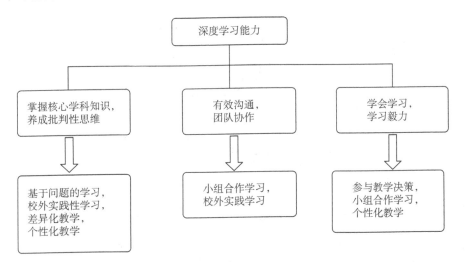

图1-3-1 SDL项目采用的深度学习策略

如何提升深度学习的质量、增强深度学习的可达性和可操作性是深度学习从理论走向实践的重要目标。深度学习的落地主要在课堂教学，如何变革我们的课堂、改变我们的教学模式，目前学界和一线教师正在进行着大量的探索和尝试。

国内深度学习实践途径研究主要从教师的教和学生的学两大方面入手，通过转变为学生提供的学习内容和学习方式等，以单元学习为起点，大力倡导新的学习方式、探讨新的教学模式，精心进行教学设计。目前得到众多学者和一线教师共识的主要有项目式教学、单元整体教学、学习任务型教学、深度学习、基于学科史的教学、信息技术与学科融合的教学等。

（一）倡导新的教学方式，探讨新的教学模式

深度学习大力倡导单元学习，进行了大量的单元教学实践，从"内容单元"到"学习单元"是深度学习的重大突破。单元学习就是在课堂教学中，教师通过提高学习设计的规范性和系统性，增强学习过程的体验性、互动性和生成性，实现"教一学一评"的一致性，以此更好地发展学生的核心素养，提升学科课程的育人品质。开展单元学习有四个重要环节，即选择单元学习主题、确定单元学习目标、设计单元学习活动、开展持续性评价。

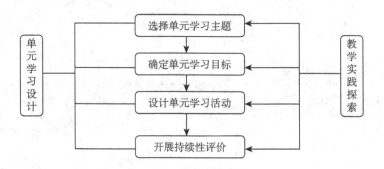

图1-3-2 深度学习的实践模型

在单元学习理念指导下，发展了单元整体教学模式。单元整体教学立足单元，上接学科核心素养，下接知识点的目标或要求，在宏观的课程目标到最后的课时教学目标之间构建起有效桥梁，使得知识的学习从碎片化向结构化迈进，是基于现有教材的整合、改进、提升、完善。

在单元学习理念倡导下发展的教学模式有：单元教学、主题单元教学、单元主题教学、单元整体教学、大单元教学、跨学科统整教学、整本书阅读教学等。这些教学模式与单元学习一脉相承，只是名称或主要适应学科或不同教学内容而已。此外，关于学科核心素养落地的教学模式还有大概念教学、项目式教学、学习任务型教学、基于学科史的教学和信息技术和学科融合教学等。

大概念教学就是以大概念为核心目标的教学，它指向于培养学生解决真

实问题的素养。大概念可以被界定为反映专家思维方式的概念、观念或论题，它具有生活价值。大概念视角下"单元"被重新定义，单元是素养目标达成的单位。单元设计总体遵循迭代逻辑，需要同时具备望远镜和放大镜两种思维。大概念是素养目标的内核，它就像鸡蛋里的蛋黄，尽管需要蛋白支撑，但蛋黄的内涵是最丰富的。大概念的教学评价设置的一个个真实性问题情境就像一大块一大块的石板瓦，有机整合了一块小瓦片。大概念的教学过程就像编织锦缎的过程，准备、建构、应用、反思四股丝线不断交替，由本质问题引导思维在具体与抽象之间来回穿梭。

项目式教学强调真实情境、复杂问题、超越学科、专业设计、合作完成、成果导向及评价跟进，重视核心知识的再建构，重视创建真实的驱动性问题和成果，重视用高阶学习包裹低阶学习，重视将素养转化为持续的学习实践，是目前学界最热、研究最广泛、成果最多的一种教学模式。

学习任务型教学则聚焦将具体的知识教学、问题教学设计成一个个学生感兴趣的任务，强调学生的体验性、现场感，强调问题驱动到任务驱动，强调个体的深度学习到团体的深度合作，强调基于问题的解决到任务的达成。

基于学科史的教学重塑科学家走过的道路，重新还原科学研究及发现的历程，重新还原知识产生的背景及产生的逻辑，这样的教学无疑直击知识的本质，有助于学生学科核心素养的落地。

信息技术与学科融合教学，可以充分利用信息技术的优势，将物质变化过程中的微观行为表征出来，也可以重塑课堂行为，使得课堂容量增大的同时，更加聚焦于关键问题的解决。

深度学习是相较于浅层学习而言的，是相较于原有课上热热闹闹、课下重新再教的一种反拨。深度学习是核心素养培育与发展的基本途径，是我国课程教学改革走向深入的必由之路。深度学习可以实现经验与知识的相互转化，真正让学生成为教学主体，帮助学生通过深度加工把握知识的本质，在教学活动中模拟社会实践，引导学生理解知识及构建知识、在发展过程进行价值评价。

（二）精心进行教学设计，增强了课堂思维深度

基于对深度学习的认识，教师在教学目标和评价目标的引领下，寻找承载知识的真实情境（知境合一），将知识转化为学科问题（知思合一），通过设置合适的任务，让学生在完成任务的活动中（知行合一），亲自探求新知、感悟学科思想方法、解决问题。针对教学内容精心设计深度教学路径。

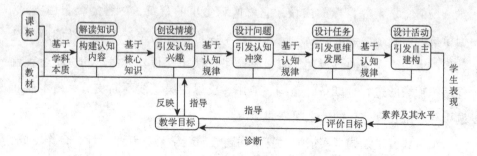

图1-3-3　深度教学路径的设计思路

在教学设计中，基于学科本质和核心知识，构建结构化的知识和认知；基于认知内容创设真实情境，构建思维化的问题和任务；基于认知规律创设学生活动，构建素养化的评价和目标。

这样的教学设计，通过不同的问题情境、不断接近现实的真实情境，促进了深度学习和真实情境的融合。通过以素养为本的目标引领，立足学科本质，遵循认知规律，将学科知识与真实情境、学科问题与驱动任务、学生活动与教学评价有机整合，促进学生"身心投入"地深度学习，自主建构知识结构，把握其中的学科方法，形成正确的学科观念和社会责任，体现了素养教学实施的新理念、新方法。

在深度教学路径的实践课上，以学生活动为主，通过对学生活动过程、结果和迁移应用的评价，增强了学生的活动参与度与探讨问题的深度；有测试研究显示：深度教学路径的实践班级比"教师讲授、学生记练"的班级，成绩明显更好。通过调查和访谈，可知学生认可、喜欢这样的深度教学路径。

（三）以理解性和迁移性学习为主，让深度学习的过程真正发生

深度学习理念下的基于情境的教学，各种教学方式和教学模式的改变，更复杂的不断接近客观世界的生活情境、生产情境或学术探讨情境，更大的课堂容量，难度更大的问题及问题链，更具有挑战性的问题，激发了学生学习的激情，使课堂"静"下来了，留给学生思考的时间增多了，学生进行深度思维的活动更多了，促进了学生的学习方式改变和学习过程的真正发生。

　　深度学习理念下的教学都在努力促进学生的理解性学习和迁移性学习，促进了学生层进式学习、沉浸式学习和整合性学习，如双十中学窦卓老师设计的"硝酸"课例。

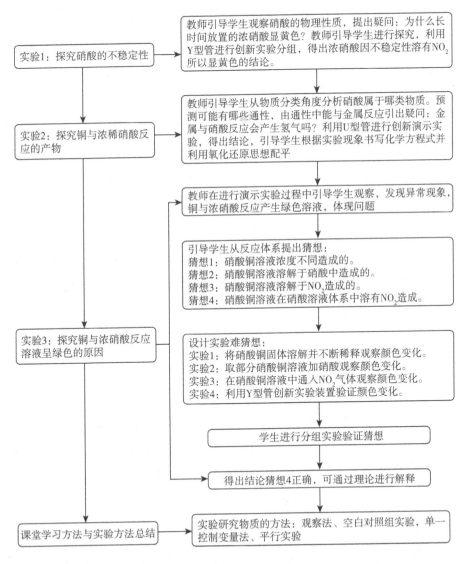

图 1 - 3 - 4　基于实验探究的"硝酸"教学设计流程图

在这节课中，从整体反应体系分析颜色的不同开始，充分点燃学生参与的热情，两个创新实验都设计成了学生分组实验，给足时间进行探究，学生在探究中体会运用空白对照实验、对比实验等实验思想来解决理论难题。在这个过程中，学生全程参与了实验过程，通过对比、分析和思考，学生对知识及知识的发现、发展过程进行价值评价。

（四）研制学业质量标准，对深度学习进行过程性和结果性评价

深度学习系列教学方式和教学模式的改变，促进了教学评价的改变。深度学习从学习方式逐步发展为学习能力、学习素养，其育人旨归与思路更为明确，直指学生核心素养的培养。深度学习的理论研究和实践推广，推动了学生学习方式、教师的教学方式和国家课程体系的变革，系列变革引起了教学评价领域的反思，教学评价以其独特的地位引导学习方式、教学方式和教学内容的深化变革。在这个过程中，中国学生发展核心素养、学科核心素养水平维度的划分和学业质量评价标准的制定等，皆因深度学习对学生核心素养的形成和发展有着重要影响而更受推崇。此外，基于对素质教育和应试教育的反思和实践，具有里程碑意义的是《中国高考评价体系》的颁布，以顶层设计的思维回答了长期困扰中小学教学的"高考指挥棒"问题，是教学管理和教育评价层面的巨大进步。

核心素养导向促进的深度学习的落地生根，引导课程改革朝着高质量、内涵式的方向发展。深度学习是促进学生核心素养发展的重要机制，也是适应未来的主要学习方式。以"研究性学习""项目式学习""行动学习"这三种深度学习样态对学生核心素养的形成和发展产生了重要影响。2014年印发的《关于全面深化课程改革落实立德树人根本任务的意见》，提出"教育部将组织研究提出各学段学生发展核心素养体系，明确学生应具备的适应终身发展和社会发展需要的必备品格和关键能力"。2016年9月，中国学生发展核心素养研究成果发布，中国学生发展核心素养以培养"全面发展的人"为核心，分为文化基础、自主发展、社会参与三个方面，综合表现为人文底蕴、科学精神、学会学习、健康生活、责任担当、实践创新六大素养，具体细化为国家认同等 18 个基本要点。各素养之间相互联系、互相补充、相互促进，在不同情境中整体发挥作用。根据总体框架，针对学生年龄特点进一步提出各学段学生的具体表现要求。

学业质量标准的制定更加明确指明了深度学习的方向。2017 年，教育部首次把学业质量标准作为课程标准的重要内容列入课程标准，把各学科核心素养的四个关键表现划分为四个或五个水平，不仅直接提升了育人质量，而且也增强了课程标准的可操作性。学业质量标准在考评中发挥了切实的作用，促进教、学、考、评的有机结合。与美国、澳大利亚等国家一样，既制定了各学科课程标准，又有相应的学生学业质量评价标准体系。

教学质量的发展性评价和过程监测充分发挥了对深度学习进行过程性和结果性评价的作用。《基础教育课程改革纲要（试行）》中特别指出："建立促进学生全面发展的评价体系，评价不仅要关注学生的学业成绩，而且要发现学生多方面的潜能，了解学生发展中的需要，帮助学生认识自我，建立自信，发挥评价的教育功能，促进学生在原有水平上发展。"通过质量监测体系建设，发挥"摸清家底"的评价作用，克服学生评价局限于"考试分数"、学校评价局限于"经验描述"、教师评价局限于"印象表现"的局限性。教学质量的发展性评价和过程监测是指向"改进学习"的学业质量监测，实施发展性评价，能改进学生学习。在学业水平质量标准的指导下，许多地区根据实际，制定了该区域不同学段不同学校的教育质量监测体系，如深圳市龙岗区教育质量监测体系在评价方式上注重的是形成性、过程性诊断和分析，并给出诊断性和改进性的监测意见和报告。

《中国高考评价体系》的颁布、中高考试题的变化直接推动了深度学习理念走向实践。考试评价招生制度的改革，是我国基础教育改革和发展的瓶颈，也是教育领域综合改革的重要内容。《中国高考评价体系》下的"高考指挥棒"在一定程度上缓解了"素质教育"与"应试教育"之争，考试本身没有问题，是陈旧落后的教育质量观、教育评价观和存在局限的考试招生制度制约了素质教育的落地。教育质量观、教育评价观的转变，考试招生制度的改革，深入推进了教育领域管、办、评分离，也直接推动了深度学习理念走向实践。

近年来，高考试题的变化，更是有力地推动着深度学习的发展。如 2019 年全国Ⅱ卷理综化学第 28 题，说明了高考试题对推动深度学习具有明显的导向作用。本题以有机化学实验"茶叶中提取咖啡因"为试题背景，综合考查学生对化学实验相关知识的掌握情况。试题以化学核心知识为载体，考查了学生对实验安全、蒸馏装置以及分离提纯方法等化学实验基础知识和基本技能的掌握情况，考查了学生知识迁移的能力；以高中化学几乎没有提及的陌生情境，创设了具有挑战性的探究活动；提供充分的解题信息，考查了学生获取信息、推理论证的能力。

《中国高考报告（2023）》判断认为，新高考背景下，未来高考命题的基本方向包括：不论是全国统一命题还是分省命题，高考评价体系是高考命题的根本指南；以"三线"（核心价值金线、能力素养银线、情境载体串联线）为框架，命题呈现出"无价值，不入题；无思维，不命题；无情境，不成题"的典型特征；有效引导教学，打破"以纲定考"，实现"教考衔接"。由此可见，高考试题对深度学习和深度教学具有显著的导向作用。

二、深度学习实施途径的思考

近几次教学或课程改革均是以教育理论研究者和教育政策行政部门为主导，以改变某阶段中小学教学中的突出问题为主要目的而推行的自上而下的改革。在一定程度上改变了教与学的方式，出现了众多的"教学方式"或"教学模式"，一线教师的教育教学理论水平、教学行为，学生的学习行为都发生了可喜的变化，学生的综合素养也有较大的提升。"读死书""死读书"的社会问题几乎见不到了，几乎见不到"读书读傻了"的学生。

然而，这种自上而下的教学改革因推行之初并没有充分考虑教育教学的复杂性和长久性，特别是在推行过程中并未同时考虑和联动学生、教师、中小学校、高等院校、教育行政部门、教育评价机构和社会用人机构等等，众多的与人才培养和人才使用相关的个人和团体往往因难以形成合力而影响教学变革的效果。正如上轮课程改革中的"综合素质评价"，理论很前卫、现实很骨感，废除或改进也只是时间问题了。

在深度学习发展过程中，概念模糊、实施困难、结果不可解释等现实弊端也逐渐凸显。因此，深度学习教与学的研究和实践亟须坚持以人为本，着力解决学生的学习问题；需要深入学习内部，明晰深度学习的交互本质；需要凝聚多学科研究优势，发展自身特色；需要研制更具有操作性的评价标准，提高深度学习的可达性。

对深度学习的理解存在模糊性，深度学习的推行和实施困难重重。深度学习是学习方式，还是学习过程，还是学习状态？理论界的不清导致一线教师难以理解或片面理解，甚至误解。不少教师因缺少对深度学习的系统学习而直接开始进行单元教学、大概念教学、项目式或情境教学等，从而大量出现简单粗暴设立学习单元、错用大概念的课堂；至于情境教学，不少教师还以为是情景教学，在情境创设上更是难以做出恰当的选择。不少课堂为情境教学而设计情境，过于简单的教学情境甚至是"伪情境"，让深度学习难以发生，过于复杂的情境更让学生一头雾水，情境就成了摆设甚至浪费宝贵的教学时间。

深度学习最难的是对学习过程的监测。人工智能领域的深度学习可以通过设定严密的程序对学习过程进行精准监测并随时校正。深度学习面向的对象是学生，学生个体之间和不同时间具有明显的差异性。在课堂上，尽管授课教师进行了精心设计，但学生的学习基础、学习状态千差万别且易受到环境的影响，任何一个要素的变化，哪怕是细小的变化都会影响深度学习和深度教学的过程。在课堂上，学生是否发生了深度学习的过程，深度学习到了什么深度，这些都因难以实时监测而难以把握。

学科核心素养对深度学习的导向作用难以落地。深度学习被认为是核心素养培养与发展的基本途径，是落实学科核心素养，提升课堂思维品质的必然需求。然而，各学科的核心素养是否都确实反映该学科独特的育人功能，是该学科的核心吗？各学科的核心素养特别是物理、化学和生物等学科的核心素养是否有交叉和重复？既然各学科都建立自己的核心素养体系，核心多了，还会真正有核心吗？高中三年或整个中学或整个基础教育阶段就主要培养和发展这几个核心素养吗？另一方面，由于学生对新课程的选择多了，学生能选会选这门学科吗？如果没有选或只选部分内容，学科核心素养又如何能落实呢？这些问题，都直接影响了深度学习的实施。

三、深度学习实施策略展望

深度学习品质是可以学习的，促进深度学习的策略必须是整体的、系统的、全方位的，任何单一的策略都不可能奏效和取得持续性效果的。

深度学习的概念仍是模糊的，深度学习的内涵并未达成统一的界定，深度学习在推进中遇到了很大阻力。在深度学习实践中，出现的众多的简单的拿来主义，基于×××的×××的各种课堂教学模式令人眼花缭乱，"为情境而情境""为概念而概念""为单元而单元""为思维而思维""为融合而融合"等穿新鞋走老路的课堂层出不穷。但是，深度学习的方向是正确的，是核心素养培养与发展的基本途径、重要途径。我们必须克服困难，努力探寻深度学习的更科学、更具体的一系列影响因素，加强理论向实践的转化，真正从学生出发，综合运用各种视域下深度学习的优秀成果，落实到学生身上，有效促进深度学习，增强深度学习的可操作性、可达性和可测性。

在深度学习实施中，首先必须从"教"的层面，促进广大教师对深度学习的理论学习，提高实践探索水平，重点思考"学情""学习单元""学习情境""高阶思维""理解和迁移"等问题的丰富内涵和有效实施策略等。其次是从"学"的层面，综合认识和思考"学习机制""学习过程""学习内容"和"学习深度"等，真正把重心从"教得怎样"转向"学得怎样"。此外，从教与学的支持系统层面联动教育技术、教育教学管理、教育教学评价等，联动班级管理、学校管理、教育科研和教育行政等管理部门的支持，促进教—学—评联动，整体提高深度学习的效率。

（一）在"教"的层面，发挥教师主导作用，促进深度学习

无论任何一种教学理念或教学方式，首先都要在教师的引导下进行，转变观念，正确认识教师的重要地位，充分发挥教师的引导作用，是促进学生深度学习的前提。

1. 充分发挥教师的主导作用，以点带面全面推进深度学习

制定一套行之有效的教师学习、教学行为指导系统。众多的不恰当的教学情境、不科学的学习单元、不精准的大概念、不恰当的教学设计等穿新鞋走老路的课堂，其原因一般都是授课教师没有系统学习深度学习的理念，把握不住学科本质和核心内容而仓促上阵。教师是现阶段教学的主导力量，教师没有系统深入地学习深度学习的理念，或对深度学习理念片面化、碎片化理解，难以有效开展深度教学。因此，为一线教师精选深度学习理论读本，加大教师进行深度学习理论研修的力度，深刻理解深度学习的内涵和外延；广大教师真正转变观念，科学认识"教"与"学"关系，提升教师的引导地位；教师深度引导不到位，学生的深度学习就达不到预设的深度。

制定指向于学生深度学习的符合学校实际和学科教学实际的教学规程，转变教师教学行为。所谓教学规程，是指在一定的教育教学理论或理念指导下，旨在培养学生的某些特定素质或体现某种理念而对教师教学行为提出的若干规定及其相关的操作策略，它是引导教师转变教学行为以符合某种教学理念的规则、要求及其操作策略。建议从课前、课中和课后等提出变革教学行为的教学规程。如在课堂中，要确保每一节课至少有一个但不能超过三个深度思维问题，每一个深度思维问题提出后，至少要有三分钟的时间给学生思考，每一个深度问题至少叫三个或三个以上的学生回答，等等。这样的教学行为才更有利于教师转变教师行为从而促进学生深度学习，以点带面全面推进深度学习。

深度学习理念的落实，首先就是要寻找到教师发展的突破口和路径。充分发挥教师的主导地位，以先进教学理念和科学的教学行为助力学生成长，教师在这个过程中才能不仅服务学生，同时也助力实现自己的价值。

2. 精准创设学习情境，让学生在问题解决中学习

深度学习的发生高度依赖问题情境。符合学生实际的、略高于现阶段学生认知水平的、精准的真实学习情境，才有利于学生在问题解决中发生深度学习。高质量的问题情境，才能更为有效地沟通知识与事物的联系、知识与知识的联系、知识与行动的联系、行动与思维的联系以及事物与自我的联系，从而成为深度学习发生与实现的最佳场域。

同个学段、不同学校，同个学校、不同学段等，学生的认知水平有较大的差异。现实生活生产情境多种多样，完全符合现实的情境未必有利于现阶段学生的学习，情境选择的核心就是要符合学生实际。一般来说，在知识学习的初始阶段，以选择能反应普遍规律的良好结构问题情境为主，随着学习的深入，则可以选择部分的不良结构问题情境，越是专业化的学习就要选择越复杂的不良结构问题情境，让学生在问题解决中增强学习内驱力，让学生在解决各种问题的过程中实现深度学习。就这样一步步接近生产生活实际。

学习情境选择的途径有很多，最简单最容易引起学生兴趣的首先就是日常生活或社会热门话题情境，如学生经常接触的起居、饮食、交通、常见病、同学交往、学校的花草树木等；其次是生产情境，如酸、碱、化肥、农药、有机原料、塑料、合成纤维、染料、涂料、医药、感光材料、合成洗涤剂、炸药、橡胶等门类繁多的化工产品的工业生产流程都可以成为化学学科的学习情境。当然，学科发展和科技前沿领域的学习探索情境应成为高年级学生最主要的学习探索情境，如能源的开发利用、能量转化原理和装置、能量的定量计算都可以成为高中化学教学的情境，可以让学生对相关主题的工艺流程进行设计、分析或推断等。

3. 全面摸清学情，以合适的学习目标设计教学过程

深度学习的重点是让学习真正发生，学情不只是学生的知识基础，还包括学习内驱力、学习状态、性格和毅力、表达和交往等众多的因素，特别是学生的过程性表现和变化是实现深度学习的重要因素。故深度教学的基础是全面摸清学情，在教学前明晰学生对学习内容的学习兴趣和学习基础，在教

学过程中掌握学生的参与情况、思维过程以及与同伴的交流情况等，在课后明白学生对学习内容的持续性关注和作业完成情况等。

在全面摸清学情的基础上，按大多数学生的"最近发展区"原则设计高挑战性又符合现有认知水平的问题链。在一节课上，设计的问题不能多，以少而精为主，以有较大思维深度的问题为主，有较大思维深度的问题以 1～3 个为宜，设计的问题链条尽量长一点、参与因素多一点，课堂尽量多留白、多留时间给学生充分思考、充分交流、充分表达、充分探究，在学生之间充分的思维碰撞中，才能以学生的思维进行自我建构。这时，教师就要适时地退到幕后，辅以适时引导和交流，让学生能站在更高的高度、更广阔的视野、更缜密的思维上去解决问题。

当然，问题链的设计也要注意深度的相对性、学生个体的差异性，对反应较慢的学生给予及时的更多的表扬和鼓励，给予更多的关注，他们就能慢慢养成敢于参与讨论的习惯，更敢于说出自己的思维过程。另外，在深度学习课堂中，"教无定法"还是要重新拿出来，在努力探索深度学习理念下新的教学方法和教学模式是非常有必要的，根据不同的学科不同的学习内容，讲授法、直观演示法、练习法等传统的效率较高的教学方式也是可以并存于现今课堂的。做到深度学习理念下的新型教学模式、教学策略与传统课堂兼容与平衡，避免"旧瓶装新酒"的现象出现。

学无止境，教无止境，教是为了学，教是为了不教。在"教"的层面，还有很多很多值得我们探索和改进的地方，唯有静下来、潜下心，不断学习理论、研究学情、研究教法，每节课以最优的状态引导学生学习，方能达到"深度学习"之境。

（二）在"学"的层面，以学生为主体，实现深度学习

教是为了学，教是为了不教，无论任何一种教学理念或教学方式，最终都要落实到学生"学"的层面。转变观念，真正落实从关注教到关注学的转变，是实现学生深度学习的核心问题，却是现阶段深度学习理念实践运用中最薄弱的环节，也是最需要改变的环节。

1. 深化学习机制研究，监测深度学习过程

比较国内外教育领域深度学习的相关研究，国外的深度学习研究已经转向为集中关注"深度学习是如何发生的"这个核心问题，努力揭示深度学习的内部结构和实现机制。国外研究重在分析影响深度学习的因素，注重理论建构，在探索深度学习影响因素的过程中寻求答案，创生与运用诸如问题的学习、翻转课堂等各类教学方法与模式以及测量方法，为实际的教育活动提供指导。而国内的研究重在表述现状，注重新模式、新理念的阐述，多以国外研究成果为给养，以国外构建的理论框架和实际经验为指导，在此基础上引入课堂教学的实际运用。

深度学习是如何发生的？深度学习是否真正发生？在什么时间发生了深度学习？深度学习发生在哪个深度？理论研究的不深入、不细化，导致目前我国在深度学习的实践深入上难以进行有效的实证研究，更多的是靠教师依据学生的课堂表现、学生的学业成绩等进行经验性判断。

在深度学习推行中，要积极研究学习深度测评的方法，即时监测和评估学生是否进入深度学习状态，即时评估学生投入学习的时间与深度学习的过程之间的关系，以科学的方法判断学生是否经过了独立思考的过程，找到可以实时监测和具有较高操作性的办法。以不断调整教学设计，取得更好的效果。

2. 调动一切学习因素，形成强大的学习内驱力

深度学习的深层动机来自学习者的内心深处，来自学习者内心深处的好奇心、求知欲和探究欲，深度学习是身心俱在的学习。没有深层动机的介入或介入不充分，深度学习从源头上就无从发生。强烈的学习欲望、坚定的学习决心和持之以恒的学习毅力等一切智力的和非智力的学习因素，是深度学习的强大内驱力。

最好的教育是"自我教育"，要大力引导和指导学生进行自我教育。学习者在认识自己的基础上主动学习、主动反思、主动对比、主动调节，不断调整自己的学习心态和学习状态，主动找到自己的兴趣点和"最近发展区"，主动克服困难，主动跟上优秀同伴的步伐，主动找到自己的不足之处并主动改正，以强大的学习内驱力实现深度学习。当然，这还需要教师给予深度的引导、高质量的鼓励、更多的试错机会等。

3. 全身心全方位投入，以理解性学习达成迁移性学习

深度学习的基础是理解，理解性学习的条件是全身心全方位的投入。学习者在学习过程中必须养成不满足于现状、不满足于书本知识、不满足于教师的讲解和传授的学习品质。遇到一个学习任务时，在解决这个学习任务的同时善于自己给自己布置新的学习任务，积极思考学习任务的条件、思维过程和结果，建立起新旧知识的联系，从而主动建构条件—过程—结果之间的联系。

在学习过程中，要克服学习的短视行为，不只是满足知晓问题的答案，更要弄清每一个问题的来龙去脉，必须以批判性学习、理解性学习、反思性学习和迁移性学习为主。批判性学习不是为了否定而否定、为了批判而批判的学习，它的大部分内涵就是独立思考，独立思考是自主学习和合作学习的核心。真正的理解性学习，需要参与体验问题解决过程，在参与中得出结论，并运用结论解决问题。迁移性学习是要在问题解决过程中，思考这个问题的特定条件和特定过程，然后再思考这些特定条件会发生怎样的变化，随着条件的变化，其过程和结构又会是怎样的。不唯师、不唯书、不唯权威，在独立思考的过程中全面厘清问题的发生背景、特定条件、内在联系机制和产生的结果等，以最佳方法解决问题，用解决这个问题中习得的知识和方法高通路地迁移解决其他相关的问题。

深度学习的重要途径是对话式学习，它既包括师生、生生等主体间的对话，也涉及学生与教材、学生与环境等主客体间的交互。在学习过程中，必须全程积极参与，进行体验式学习、沉浸式学习、合作式学习，以个体＋合作的多元互动方式学习，在学习过程中乐于敢于善于分享自己的思维过程，敢于质疑，不断发现并修正自己的不足。当然，要正确处理好独立思考和交流学习的关系，独立思考是基础和前提，交流学习是重要途径。

三、在"教""学"以外的层面，提供足够的支撑，促进深度学习

"教"是主导，"学"是主体，在"教"与"学"以外，还有众多的因素会很大程度上影响深度学习的过程和结果。大力改进教学技术条件、推进深度学习的教研和示范、改进学校教学管理和学校教学环境等、构建科学的多元化评价体系等"第三方"因素是深度学习落实的重要途径。

以高质量试题充分发挥高考"指挥棒"作用，引导深度学习理念的落地。不管你是否承认，目前对我国中小学各项教育教学活动影响最大的就是高考。高考是影响千家万户的高利害考试，在过去、现在乃至今后长时间影响着学校、教师、学生和家长等方方面面。既然绕不过，就要想办法发挥其"指挥棒"作用。编制高质量的高考试题，全面考查学生的德育素养、身心健康情况、思维深度和广度、知识掌握情况等，以高质量的考题引导教师的教、学生的学及学校的办学方向，引导深度学习理念的落地。

制定教与学的各类过程性评价标准，充分发挥过程性评价的功能，弥补高考这个结果性评价的不足。建立各学科课堂评价标准、学生学习过程评价标准等，增强深度学习的可达性。让教师在教学过程中有规律可依，更加明确"教什么"和"如何教"，而且作为学的一方，学习者也能真正明白何为"深度学习""学什么"和"如何学"等，使深度学习更有方向可循。因此，教育研究者应与一线教师通力合作，将理论与实践相统一，建构出双向的深度学习各类过程性评价标准。作为一线教师，则应在教学过程中做到即时和及时反馈（当然也要注意适当"留白"），做到持续评价，在教学过程中将结果性评价和发展性评价相结合。

在教育技术支持方面，研究和发展人工智能技术在教学中的应用，用大数据监测教师教的过程和学生学的过程。通过教与学的过程监测和反馈，促使教师反思和改进自己的课堂，促进学生个性化学习，满足多样化的学习需求。

立德树人，培养更为优秀的德智体美劳全面发展的社会主义建设者和接

班人，深度学习理念的研究、发展和落地已经做出了很多成绩和贡献，但目前还有很多的不足。在顶层设计方面，组织专家重新梳理和完善各学科核心素养及课程标准；在实证研究和落实方面，在充分发挥教师主导作用的基础上，应更多地研究和监测学生的学。深度学习将会出现更为广阔的前景。

参考文献

［1］李松林，杨爽．国外深度学习研究评析［J］．比较教育研究，2020（9）：83-87．

［2］吴永军．关于深度学习的再认识［J］．课程·教材·教法，2019，39（2）：51-58．

［3］刘月霞，郭华．深度教学：走向核心素养［M］．北京：教育科学出版社，2018．

［4］刘薇．大概念教学素养导向的单元整体设计［M］．北京：教育科学出版社，2022．

［5］江合佩．化学学科核心素养与教学设计［M］．福建：福建教育出版社，2020．

［6］叶桂足，邹标．基于真实情境的高中化学深度教学路径探索：以"沉淀溶解平衡"为例［J］．化学教与学，2022（12）：34-40．

［7］郭元祥．教学质量的发展性评价——谈课程改革的深化［J］．新教师，2016（9）：13-15．

第二章

高中化学情境教学的内涵及设计路径

第一节　情境教学的内涵

一、情境教学的研究背景

情境教学：是指在教学过程中，依据教育和心理学的基本原理，根据学生年龄和认知特点的不同，通过建立师生间、认知客体与认知主体之间的情感氛围，创设适宜的学习环境，使教学在积极的情感和优化的环境中开展，让学习者的情感活动参与认知活动，以期激活学习者的情境思维，从而在情境思维中获得知识、培养能力、发展智力的一种教学活动。

（一）政策背景

在党的十九大报告中，强调建设教育强国是中华民族伟大复兴的基础工程，要求全面贯彻党的教育方针，落实立德树人根本任务，发展素质教育，推进教育公平，培养"德智体美劳"全面发展的社会主义建设者和接班人。为发挥化学学科的育人功能，本课题将研究在化学教学中如何渗透各类真实的情境问题，引导学生树立正确的价值观、人生观，培养学生发现、钻研、解决问题的能力。

（二）国家对未来人才期许的迫切要求

国务院办公厅《关于新时代推进普通高中育人方式改革的指导意见》中

指出：在"深化课堂教学改革"中，提高课堂教学效率，培养学生学习能力，促进学生系统掌握各学科基础知识、基本技能、基本方法，培养适应终身发展和社会发展需要的正确价值观念、必备品格和关键能力。积极探索基于情境、问题导向的互动式、启发式、探究式、体验式等课堂教学，注重加强课题研究、项目设计、研究型学习等跨学科综合性教学，认真开展验证性实验和探究性实验教学。在"深化考试命题改革"中，优化考试内容，突出立德树人导向，重点考查学生运用所学知识分析问题和解决问题的能力。创新试题形式，加强情境设计，注重联系社会实际，增加综合性、开放性、应用性、探究性试题。在国务院颁发的指导意见中都强调了基于真实情境，联系社会生活实际的重要性。因此要坚持且必须以真实情境为前提，倡导各种新教学，如以深度学习下的单元整体教学、项目式教学、主题式教学等方式开展课堂教学。

在《普通高中化学课程标准（2017 年版）》中也指出：真实、具体的问题情境是学生化学核心素养形成和发展的重要平台，也为学生化学学科核心素养提供了真实的表现机会。化学教学设计和实施中，重视创设基于真实情境的问题解决任务，将核心知识和核心概念于情境、活动中逐步发展为化学学科核心素养。

《普通高中化学课程标准（2017 年版）》在课程基本理念第四条中提出：重视开展"素养为本"的教学。指出高中化学教学倡导真实问题情境的创设，开展以化学实验为主的多种探究活动，重视教学内容的结构化设计，激发学生学习化学的兴趣，促进学生学习方式的转变，培养学生的创新精神和实践能力。

（三）国内外情境教学的研究

最早在教育学意义上运用"情境"的是杜威，他认为思维起源于直接经验的情境。受杜威影响，美国学者克伯屈设立教学法，主张把教学过程设计成为达到某种预定目的而有计划开展系列连续活动的过程。到 20 世纪 50 年代洛扎诺夫的暗示教学法，将情境教学推向一个新阶段。

国外苏联心理学家马丘斯金等人，对问题情境教学进行了开创性和系统性研究。他们依据当代思维科学的最新成果，对问题情境教学的本质进行深刻的心理学论证，对问题情境教学的操作方式、原理进行具体、科学的研究。认为问题是思维的起点，问题解决过程也就是创造性思维的过程。教学论专家马赫穆托夫创立的问题教学论也认为，问题教学是一种发展性教学、创造性教学，可让学生从系统的、独立的探索活动中，在问题情境的创设、问题的提出和问题的解决的基础上构建自己的方法体系。

　　国内对情境教学的研究，是从1978年由我国"情境教育"专家李吉林进行情境教学法实验正式开始。李吉林认为情境教育应该以培养学生兴趣为前提，以强化感受为基础，以发展思维为核心，以激发情感为动因，以语言实践为手段。在实施情境教学的时候，可引导学生观察情境，提供源泉；进入情境，激发动机；拓宽情境，打开思路；优化结构，螺旋上升。李吉林老师长期从事小学语文教学实践，她侧重研究的是"儿童—知识—社会"三个维度，在教学过程中倡导以"美"为境界，以"情"为纽带，以"思"为核心的教学理念。

　　随后国内不少研究人员也提出了自己的观点。

　　崔允漷教授认为"真实"不单针对当下或学生个体的生活，远及人类社会未来面对不确定的生活世界。"情境"可作为教学手段，把所学的知识条件化，便于学生好学易记。但是教师也不可能每堂课都能引入真实情境，但在开展单元教学、项目化教学、主题式教学模式下需要强调真实情境的引入。

　　胡久华教授认为化学情境应与学生的生活实际、社会实际紧密相连，与核心教学内容密切相关，能够促使学生产生问题，且贯穿教学过程始终。

　　赵玉泉老师认为情境创设的基本策略主要为：寻求化学知识与社会生活实际的结合点来创设情境，利用问题探究创设情境，利用认知矛盾创设情境。

　　杜淑贤老师认为创设教学问题情境能够激发学生的学习兴趣，能够集中学生的注意力，能够促进学生学习的迁移，能够很好地落实学科德育目标。创设真实问题情境有利于学习方式的转变。

江合佩老师开发了基于真实情境的教学模式——"问题情境—探究—拓展"，以及"从真实情境确定的视角""确定教学目标的流程设计""学情分析流程设计""教学过程的整体设计"建立模型和流程，以全新的理念探索了真实情境的化学教学之路径。

二、高中化学情境教学的现实意义

第一，丰富核心素养背景下课堂教学模式理论研究，开发符合新课程标准要求的系列教学资源。

第二，进行核心素养导向下的教学情境创设的实践与研究，对新教材进行开发和积累新课标下的教学经验。

第三，情境教学有利于锻炼学生在特定的情境中解决问题的能力。

第四，挖掘学生的潜能，培养学生关键能力和提高其化学学科核心素养，充分发挥化学学科的育人功能，以完成立德树人的根本任务。

第五，通过情境素材的激发、引导等作用促进学生学习方式的转变。激发学生化学学习探究的欲望，使其能灵活、创造性地运用已学知识去分析探究解决遇到的各类新的问题，使被动学习转为主动学习，由"学会"向"会学"转变学习方式。

第六，符合新课标的育人要求，可实际运用于真实课堂，有可复制性、实用性。在情境问题式教学过程中，可以调动学生学习的积极性与主动性，使学生投入到自主探索、获取关键信息、合作交流的氛围中，在轻松活泼的课堂氛围中提高教学效率、保证教学质量，符合新课程标准的要求，最终达到培养学生关键能力和发展化学学科核心素养的效果。

三、《普通高中化学课程标准（2017 年版）》关于情境教学素材及实施建议

情境素材是课堂教学中不可缺少的载体，教师所教授的学科知识、学科方法、学科素养都可以用合适的情境素材来承载。《普通高中化学课程标准（2017 年版 2020 年修订）》中强调，要创设真实具体的问题情境，通过问题

解决培养和发展学生的化学学科核心素养。情境素材的巧妙使用，能唤醒学生的求知欲望，激发学习热情，拉近学习与生活的距离，在生活中观察领悟化学知识，运用化学知识方法解决实际问题。但实际教学过程中，教师们往往面临"情境素材搜集费时低效""对于适用素材的标准不明确""不清楚情境素材的选用是怎样的具体过程"等问题，导致情境素材的选用成为一个难题。

普通高中化学课程由必修、选择性必修和选修类课程构成。

必修课程是全体学生必须修习的课程，是普通高中学生发展的共同基础。必修课程努力体现化学基本观念与发展趋势，促进全体学生化学学科核心素养的发展，以适应未来社会发展需求。必修课程内容包括五个主题。

选择性必修课程是学生根据个人需求和与升学考试要求选择修习的课程，培养学生深入学习与探索化学的志向，引导学生更深入地认识化学科学，了解化学研究的内容与方法，提升学生化学学科核心素养的水平。选择性必修课程设置三个模块。

选修课程是学生自主选择修习的课程，面向对化学学科有不同兴趣和不同需要的学生，拓展化学视野，深化对化学科学及其价值的认识。选修课程设置三个系列。

（一）必修课程

主题1：化学科学与实验探究

情境素材建议：

• 有关化学发现的故事：电离理论的建立、元素周期律的发展、原电池的发现、氯气的发现、人工合成尿素、工业合成氨、青蒿素的提取等。

• 有关理论、模型不断发展的化学史实：苯分子结构、原子结构模型、氧化还原反应理论等。

• 化学研究技术及应用：波谱、色谱、X射线衍射、飞秒化学、原子示踪技术等；汽车尾气中氮氧化物等污染物的测定、食物中亚硝酸盐等含量的测定等。

●改革开放以来我国化学科学研究的重要成果：化学科学与技术在建设创新型国家方面做出贡献的事例。

主题 2：常见的无机物及其应用

情境素材建议：

●金属及其化合物的性质与应用：补铁剂；实验室中硫酸亚铁的保存与使用；印刷电路板的制作；打印机（或复印机）使用的墨粉中铁的氧化物（利用磁性性质）；菠菜中铁元素的检测；钠着火的扑救；钠用作强除水剂。

●非金属及其化合物的性质与应用：火山喷发中含硫物质的转化；"雷雨发庄稼"；氮的循环与氮的固定；工业合成氨、工业制硫酸（或硝酸）；氮肥的生产与合理使用；食品中适量添加二氧化硫的作用（去色、杀菌、抗氧化）；含氯消毒剂及其合理使用；氯气、氨气等泄漏的处理；酸雨的成因与防治；汽车尾气的处理。

●氧化还原反应和离子反应：电离理论建立的化学史料；氧化还原理论建立的史料；日常生活中的氧化还原反应。

主题 3：物质结构基础及化学反应规律

情境素材建议：

●原子结构与元素周期律：元素周期律（表）的发现史料；铝制品的合理使用，用铝和氢氧化钠的反应疏通下水管道；稀土资源、核能的开发与利用。

●化学键：化学键存在的证据，如水的三态变化与水分解过程中能量变化的比较；利用化学键讨论化学反应能量变化的本质，如氢气与氯气、甲烷燃烧等反应中能量的变化。

●反应限度和快慢：化学反应存在限度的证据，如高炉炼铁、合成氨、氯化铁与碘化钾的反应、氯气与水的反应等；汽车安全气囊的膨胀、食物腐败等生活中与化学反应速率有关的现象；催化剂在调控化学反应速率中的作用，如燃料电池、工业制硝酸（或硫酸）、合成氨、汽车尾气处理等反应中的催化剂。

• 化学反应与能量变化：能源的合理利用，如天然气、丙烷、煤、氢气等燃料的选择与使用，生物质能的获取（如制取沼气、焚烧垃圾等）与使用；化学反应热效应在生产、生活中的应用，如热敷袋与冷敷袋等；电池的历史沿革和发展，如伏打电池的发现、干电池的改进、燃料电池的应用。

主题 4：简单的有机化合物及其应用

情境素材建议：

• 原油的分馏、裂化及裂解产品和用途，常见燃油标号的含义；乙烯工业，用于水果催熟的乙烯制剂。

• 我国酿酒技术与酒文化，工业酒精的制备，不同饮用酒中酒精的浓度，乙醇汽油，固体酒精，酒后驾车的检验，酒精在人体内的转化，乙醇钠在药物合成中的应用；我国酿醋技术与食醋文化。

• 食物中的糖类、油脂、蛋白质在人体内的转化，常见体检指标中的有机化合物；有机合成高分子材料的性能和用途，塑料的分类及合理使用，水立方的外立面膜结构材料——ETFE 膜（乙烯－四氟乙烯共聚物）、塑胶跑道的材料、手机贴膜等。

主题 5：化学与社会发展

情境素材建议：

• 与化学有关的职业及其与化学科学领域的关系。

• 中外历史上的化学成就：合成氨、人工合成尿素、人工合成结晶牛胰岛素、提取青蒿素，以及中国近 30 年化学科学与技术及其应用的重要成果。

• 化学与材料开发：陶瓷、水泥、玻璃、光导纤维和单晶硅等无机非金属材料；功能高分子材料在医疗、航空航天等领域的应用；保水材料在沙漠治理中的应用；碳材料和纳米材料及其应用。

• 资源开发与能源利用：铝土矿、硫铁矿、煤等资源与能源的开发利用；从沙子到单晶硅；海水淡化；太阳能分解水制氢气（如使用二氧化钛催化剂）；燃料电池；化学在光伏产业中的应用；"循环经济"与"工业生态"的实施案例。

- 环境问题及处理：雾霾的主要成分与来源，汽车尾气与雾霾的关系；大气中的 VOC（挥发性有机化合物）的成分与来源；煤和石油的脱硝脱硫，烟囱排放中污染物的吸收；采矿和金属提炼的环境代价；水体富营养化、COD（化学需氧量）或 BOD（生化需氧量）的测定；垃圾及废弃物的分类、回收处理与循环利用；可降解塑料（如聚乳酸）。

（二）选择性必修课程

模块 1　化学反应原理

主题 1：化学反应与能量

情境素材建议：

- 氢气与氯气反应生成氯化氢的能量变化；氢气与氧气反应生成液态水或气态水的能量变化；不同燃料的燃烧热。

- 工业生产硝酸反应路线的选择；家用燃料和火箭推进剂燃料的选择；煤炭的综合利用。

- 铅蓄电池、锂离子电池等生活中常用的电池；氢氧燃料电池与电解水；化学电池的发展历史与新型电池的开发；电冶金，如电解熔融氯化钠或氧化铝；电解精炼铜；电解在污水处理、煤炭脱硫中的应用。

主题 2：化学反应的方向、限度和速率

情境素材建议：

- 有应用价值的可逆反应体系，如镍的精制、工业合成氨、高炉炼铁、水煤气、高压氧舱治疗一氧化碳中毒等；化学平衡影响因素的证据素材，如压强对二氧化氮 – 四氧化二氮平衡影响的数字传感器实验，酸碱指示剂的变色。

- 不同催化剂对淀粉水解速率的影响；氨氧化制一氧化氮反应中的催化剂的选择性作用；催化剂研究与诺贝尔奖；温度改变和活化能改变对化学反应速率的影响数据；飞秒化学。

- 调控化学反应的成功案例，如与工业合成氨相关的诺贝尔奖、汽车尾气处理，以及塑料的工业合成等。

主题 3：水溶液中的离子反应与平衡

情境素材建议：

• 同浓度盐酸、醋酸与镁条的反应；不同盐溶液的酸碱性；泡沫灭火器；碘化铅悬浊液静置后的上层清液中碘离子的检验；氯化银与碘化银、硫化锌与硫化银、氢氧化镁与氢氧化铁沉淀的转化；钡盐中毒与解毒。

• 水溶液中离子平衡的应用实例，如弱酸的制备、铝盐和铁盐的净水作用、缓冲溶液及其作用、溶洞和珊瑚礁的形成，以及可溶性钡盐的工业生产等。

模块 2 物质结构与性质

主题 1：原子结构与元素的性质

情境素材建议：

• 焰火、霓虹灯的颜色与原子结构的联系；激光与电子跃迁；原子吸收和发射光谱在元素分析中的应用，几种金属的焰色与发射光谱；氢原子的线状光谱与玻尔模型，钠原子的线状光谱对玻尔模型的挑战；量子力学的诞生，微观粒子的波动性思想是如何产生和得到证实的。

• 多样化的周期表排布方式；原子半径、电离能的测定方法，鲍林近似能级图和电负性概念；原子轨道能级顺序徐光宪 $n + 0.7l$ 规则；第一个稀有气体化合物（$XePtF_6$）的发现。

主题 2：微粒间的相互作用与物质的性质

情境素材建议：

• 价键理论的发展；用 σ 键和 π 键的知识解释氮分子的稳定性；蛋白质分子的重要化学键的键能与紫外线能量的关系；防晒霜防晒的原理。

• 碳酸酐酶消除人体内二氧化碳；配位化合物在医药科学、催化反应和材料化学等领域的应用，如抗癌药物，氧气与血红蛋白中的 Fe^{2+} 的作用。

• 氢键与生命的密切关系，如 DNA、蛋白质结构中的氢键。

• 手性分子在药物研究中的应用。

●氧族元素氢化物的熔点和沸点；羊毛制品水洗后形状的变化；范德华力概念的提出及其成因。

●晶体缺陷及其应用；合金的性能及合金与纯金属的比较；混合型晶体。

主题3：研究物质结构的方法与价值

情境素材建议：

●人类建立原子结构模型的历史；玻尔与爱因斯坦的争论。

●配合物与抗癌药物的设计，手性药物设计；碳的同素异形体及其应用；金属材料性能的优化；功能高分子材料的研制；元素周期表与超导材料；光伏材料、催化材料、纳米材料等新型材料。

●X射线衍射、原子光谱、分子光谱等结构分析技术。

模块3　有机化学基础

主题1：有机化合物的组成与结构

情境素材建议：

●李比希法分析碳氢元素含量的仪器装置与原理；现代仪器分析法的相关设备，典型有机化合物的质谱、红外光谱和核磁共振图谱信息。

●体现结构与性质关系的典型例证。例如，乙烯、乙醇、乙酸的典型性质及其与分子结构的关系，正丁醇与叔丁醇性质的差异，硬脂酸钠、烷基磺酸钠的结构特点及其乳化作用，反式脂肪酸的结构特征及其对人体健康的影响，构成生命体的氨基酸的手性特征，手性药物"反应停"中的对映异构体。

●有重要应用的、结构复杂的有机化合物分子结构图。例如，青蒿素、维生素B12、牛胰岛素、海葵毒素等。

主题2：烃及其衍生物的性质与应用

情境素材建议：

●自然界中存在的含各类典型官能团的有机化合物的结构、功能和用途。

●煤、石油、天然气的综合利用；工业上乙醇合成乙酸的路线，人体内乙醇的代谢，生活中常见的醇类物质及其应用；甲醛中毒的原理；糖尿病患者的尿样检测原理；乳酸的性质和应用；制皂原理；人造奶油的制备；酱油与氨基酸；茶与多酚类物质。

• 有机合成的案例。例如，季戊四醇、长效缓释阿司匹林、肉桂酸乙酯、有机玻璃的单体（甲基丙烯酸甲酯）、苯甲酸苯甲酯、医用胶的合成路线。

主题3：生物大分子及合成高分子

情境素材建议：

• 生命科学、材料科学的发展历程中有机化学的重要贡献。

• 淀粉、纤维素、蛋白质、脱氧核糖核酸、核糖核酸的结构示意图或分子模型；常见塑料、合成纤维和合成橡胶的结构简式、单体与合成路线。

• 人工合成的新材料：如水立方场馆的有机材料；不粘锅的表面涂层；宇航服面料和人工合成新药物等材料的结构简式、功能或用途。

• 塑料的发展：如从难降解的聚乙烯到易降解的聚乳酸；新型材料，如导电高分子（如聚乙炔）、医用高分子（如骨水泥、医用缝合线）等。

四、《普通高中化学课程标准（2017年版）》关于情境教学素材实施建议

（一）创设真实问题情境，促进学习方式转变

1. 创设真实且富有价值的问题情境

真实、具体的问题情境是学生化学学科核心素养形成和发展的重要平台，为学生化学学科核心素养提供了真实地表现机会。因此，教师在教学中应重视创设真实且富有价值的问题情境，促进学生化学学科核心素养的形成和发展。

真实的STSE问题和化学史实等，都是有价值的情境素材。例如，"氧化还原反应"的教学，教师可以提供有关"汽车尾气及其危害"的素材，使学生产生运用化学方法解决这一问题的欲望，提出"如何根据氧化还原原理对汽车尾气进行绿色化处理？"的问题。布置"什么是绿色化处理？""汽车尾气的主要成分有哪些？""如何将有害物质转化为无毒无害物质，转化需要哪

些条件?"等这些具体的问题解决任务,促使学生查阅文献、设计方案、开展实验探究等。正是在这样的问题解决过程中学生的化学学科核心素养得到了提升,生态文明的意识得到了增强。

2. 积极促进学生化学学习方式的转变

学生化学学科核心素养的发展是一个自我建构、不断提升的过程,教师要紧紧围绕化学学科核心素养发展的关键环节,引导学生积极开展建构学习、探究学习和问题解决学习,促进学生化学学习方式的转变。为此,教师应尽可能设计多样化的实验探究学习任务,应结合具体的化学教学内容的特点和学生的实际,引导学生开展分类与概括、证据与推理、模型与解释、符号与表征等具有学科特质的学习活动。应注意设计真实情境下不同复杂和陌生程度的问题解决活动,引导学生通过小组合作、实验探究、讨论交流等多样化方式解决问题。

(二) 试题的测试任务应融入真实、有意义的测试情境

根据学业水平考试的目的,化学学业水平考试命题必须坚持以化学学科核心素养为导向,准确把握"素养""情境""问题"和"知识"四个要素在命题中的定位与相互联系,构建以化学学科核心素养为导向的命题框架。

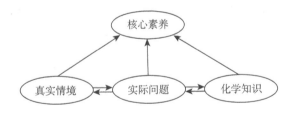

图 2-1-1 命题框架

上述框架表明,"情境"和"知识"同时服务于"问题"的提出与解决;"问题""情境""知识"三者之间存在着密切的联系;情境的设计、知识的运用、问题的提出与解决均应有利于实现对学生核心素养的测试。

1. 以真实情境为测试载体

试题情境的创设应紧密联系学生学习和生活实际,体现科学、技术、社会和环境发展的成果,注重真实情境的针对性、启发性、过程性和科学性,形成与测试任务融为一体、具有不同陌生度、丰富而生动的测试载体。

2. 以实际问题为测试任务

试题的测试任务应融入真实、有意义的测试情境；试题内容与提出的问题应针对本课程标准中的内容要求。突出化学核心概念与观念，符合学生心理发展阶段和认识发展水平，与所要测试的核心素养和测试目标保持高度一致，形成具有不同复杂程度和结构合理的测试任务。

3. 以化学知识为解决问题的工具

化学知识是解决实际问题、完成测试任务不可或缺的工具。应结合命题宗旨和目标，根据测试任务、情境的需要，系统梳理解决问题所要运用的化学知识与方法，注意考查学生灵活运用结构化知识解决实际问题的能力。

情境素材在课堂中的使用要合理地罗列组织结构，如果有一个完整的素材统一整堂课将是非常理想的，即使无法用一个素材统一整堂课，多素材的使用更应该注意彼此之间的逻辑关系，针对课堂的某个环节或教学任务进行引入、展开。素材之间要有逻辑关联。

总之，情境素材的选用是为承载教学内容而服务的，应该始终围绕着教学目标和教学内容而展开，运用一定的教学策略进行严格把控、深入加工，进行适当的取舍和裁剪，切忌简单的堆砌。教学实践中，笔者也常常出现这样的问题，教学素材一大把，觉得这也好那也好，不舍得丢弃，教学活动中一个接一个的用，导致结果天花乱坠却突不出重点，甚至有时还会偏离主题。

参考文献

［1］江合佩. 走向真实情境的化学教学研究［M］. 福建：福建教育出版社，2020.

［2］杜淑贤. 普通高中化学课程标准（2017 年版）解读：中学化学真实情境研究与案例［M］. 上海：上海教育出版社，2018.

第二节　高中化学情境教学设计路径

课标中明确提倡用真实的问题情境，给学生真实的表现机会。因此，基于认知内容创设真实情境，使得知境合一，不仅可以引发学生认知兴趣，而且可以促进教学走向深入。

教师应该精挑情境，深入挖掘其所承载的核心知识和素养功能，将认知内容转化为情境下的学科问题引发认知冲突，设计成任务引发思维发展，推进教学过程。

将学科知识与真实情境、学科问题与驱动任务、学生活动与教学评价有机整合，促进学生"身心投入"地深度学习，自主建构知识结构，把握其中的化学方法，形成正确的化学观念和社会责任，体现了素养教学实施的新理念、新方法。

一、寻找真实问题情境素材

关于真实问题情境，学界普遍认为问题情境是指学生知道要达到的"学习目的"但又不知道如何达到的心理困境。其初始时的机制是当学生学习的新内容与原有认知水平不和谐、不平衡时，学生内心就有一种迫切想知道新内容到底是什么的心理冲动，于是就产生了亟待"解惑"的心理状态。

王后雄从情境素材的来源入手，提出若干创设情境的策略。例如，利用生活经验创设情境，利用社会实践创设情境，利用化学实验创设情境，利用生动故事创设情境，利用化学史料创设情境，利用认知矛盾创设情境。

单旭峰依据课程标准中情境素材内容，参照课程情境素材分类方法，基于情境素材的来源将目前高考化学情境素材分为以下几个方面。

(一) 日常生活情境

生活中处处有化学，对于来源于生活中的化学问题，根据其功能可分为四个方面：①食物营养，包括微量元素、元素与人体健康、生命中的营养物质、食品中的添加剂等。②合成药物，包括抗生素、心血管药物、止痛药、抗过敏药等。③常见材料，包括光电材料、服饰制品、包装材料等。④能量转化设备，包括蓄电池、燃料电池、太阳能电池等。这些生活化的情境展现了化学学科的应用价值和功能，设计的内容比较宽泛，既包括元素方面也包括原理方面。但是在能力方面均为考查学生利用基本概念和原理阐释生活中的现象和问题，激发学生学习化学和应用化学的兴趣。

(二) 生产环保情境

生产环保情境主要来源于公开出版的各种专著和发表的论文。从物质来源的方式或者工业过程上可分为四个方面：①自然资源利用，其主要内容为以自然界中存在的物质为原料提炼、制造工业产品或生活用品。②生产条件优化，其素材来源为工业生产过程中为降低生产成本、提高生产效率的工艺条件。③废物回收利用，其基本形式为废弃物质经过回收及再生系列处理后又多次使用的过程。④毒害物质处理，其呈现方式为化学方法降解或转化有毒有害物质。这些试题主要考查元素化合物知识、实验基本操作及实践探究等方面的内容。这种试题情境的设置和呈现方式改变了过去以物质转化框图推断物质的考查方式。物质的反应和转化在真实的生产过程中呈现，并在流程中提供具体的操作和工艺条件，所涉及的问题是实际过程中的，解决问题需要的知识内容更加综合，因此有利于实现综合能力的全面考查。

(三) 学术探索情境

学术探索情境为化学学科前沿成果，是化学工作者发表的最新研究成果，其内容丰富、形式多样。根据中学化学内容特点，选取与中学化学知识内容密切相关的最新学术研究成果作为高考试题素材。目前高考中已经使用的学术探索情境主要包括三个方面：①最新合成方法。采用改进的新方法合成已有的物质，其基本特征是绿色、经济、高选择性，并且更加高效和环境友好。

目前最新合成方法主要在有机化学模块试题中体现较多。②新型功能材料。目前化学领域研究的一大热点是新型功能材料的制备及性能开发。新型功能材料的基本特征是新结构和新性能，因此该情境主要考查物质结构与性质。③新型催化技术。对于某些已经工业化的化学反应，采用新型的催化技术可提高转化效率、降低生产成本。催化属于反应原理的内容，考查学生推理反应过程中能量变化、判断反应历程和机理以及反应的转化率等。

（四）实验探究情境

为了研究某一问题，在中学阶段需要进行实验，提高学生认识物质的水平，提升实验探究能力。实际上实验目的就是一个问题情境，例如，要分析某种确定物质的组成就是定性与定量分析情境；在实验室利用常见药品制取目标物质，并进行分离提纯，就是物质制备与纯化情境；研究温度、浓度、压强等不同条件对反应速率和平衡的影响，就是探究反应规律的实验情境。

（五）化学史料情境

化学史资料蕴含着丰富的知识和智慧，蕴藏着科学家在研究过程中使用的科学思维和科学方法。回顾这些研究历程，领悟这些思维方法和研究思路，有利于激发创新灵感，开拓当前的研究思路。在试题中展现已有理论或成果研发时使用的仪器、方法以及研究数据，就是真实地再现已有理论的发现或成果的研发过程，可以考查学生在真实的研究背景下的科学思维能力。化学史料情境所包含的内容最丰富、情境最生动，可以激发学生学习化学的兴趣。这也是目前高中化学教科书分别以"科学史话""历史回眸""化学史话"等方式设置化学史料情境内容的重要原因，也是近年高考化学试题不断探索化学史料情境的主要原因。

真实情境承载着必备知识、关键能力与核心素养，在基于真实情境背景下转化成驱动性问题以此用核心知识解决实际问题。在平时课堂教学中经常看到课堂热热闹闹但课后学生问题不断，帽子戴的漂亮，空主题，解决不了实际问题。因此设计情境教学课堂需要确定：真实情境、教学目标、教学过程，以及教学评价、反思。

二、真实情境的确定

化学真实情境，是提升学生化学学科核心素养的重要载体。不同学者从不同的角度将化学真实情境划分为不同的类型。如邵传强依据真实情境指向化学核心素养的意义，将真实情境划分为实验型、问题型、任务型和综合型四种类型。刘菊从真实性特点出发，将真实情境划分为化学实验、化学历史、生活事件、社会热点、科学成就、自然现象以及工农业生产七类。单旭峰基于国际大规模考试经验以及化学学科特点，将真实情境划分为生活实践、生产环保、学术探索、实验探究以及化学史料五种。

如何选择真实问题情境？江合佩指出，真实情境的选择要基于学生经验、知识特点和课程标准等，来源于日常生产生活问题、社会热点问题和科技前沿问题等，要符合真实性、挑战性、应用性、体验性、实践性、综合性、逻辑性、复杂性和开放性等，能承载学科必备知识、关键能力和核心素养等。当然，理想化的真实情境须符合以上条件，在实际教学中，主要从以下几个方面来确定真实情境。

（一）根据课堂教学目标确定真实情境

教学目标是一个多层次的综合指标体系。对于情境素材的选择和加工，必须要立足于教学目标的基础上。比如在"盐类的水解"这一课例中，主要是让学生通过实验去理解盐类水解原理。也就是说，从趣味实验开始，引导学生挖掘熟悉事物中的化学本质。因此，教师要先明确本节课例的这一教学主线，再去选择合适的情境素材，对于每一种素材的选择都要满足趣味性、生活化的特征，让学生能够自然而然地投入到真实的情境中，去理解和感受生活中的化学知识。通过逐层递进、层层剖析的方式引导学生了解盐的化学性质。总而言之，教师要让学生通过真实的情境，使用真实的素材来不断解决问题，在解决问题的过程中提升学生的学习能力。

（二）根据学生学情确定真实情境

学情不只是学生的知识基础，还包括学习内驱力、学习状态、性格和毅力、表达和交往等众多的因素，且这些因素会随着时空变化而变化。对于刚接触的新知识，宜选择要素较少的、良性结构情境，而对于学习兴趣较为浓厚、化学学科基础较好的学生，宜选择更接近客观世界的不良结构情境。如在"沉淀溶解平衡"的新课学习中，测定 10mL 水的电导率—加入一定的氢氧化铜—测水溶液的电导率—当电导率不变时再次加入水继续测水溶液的电导率……以此观察实验中电导率的变化。在实验探究的引导下，学生能自主构建沉淀溶解和平衡存在的抽象概念。到了高三复习阶段，随着学生认知水平的增长和思维的发展，再设计不同的水量、加入不同的溶液、在不同的温度下等更多的复杂的、更接近客观世界的化学真实情境。从而使学生能多角度、动态地分析难溶电解质的溶解平衡，并运用难溶电解质的溶解平衡原理解决实际问题。

（三）根据课堂环节确定真实情境

不同的教学环节对真实情境的复杂程度有不同的要求。在导入环节，一般以激发学生学习兴趣为主，宜选用较为简单的表现物质的外表特征的真实情境为主。如在"烷烃"的教学中，可以从生活中常见的情境出发，如日常接触到的天然气、液化石油气、汽油、柴油、凡士林、石蜡等，既可以提高学生的学习兴趣，又有助于学生切实感受化学与生活环境的密切联系。在构建烃的认知模型这个主要的教学环节，则应该设计观察苯乙烯、乙苯与酸性 $KMnO_4$ 溶液反应实验等真实情境，在这个过程中诊断并发展了学生从官能团、化学键角度分析结构到关联性质、有机反应的自主分析能力，加深了学生对"结构决定性质"的理解等。当然，最佳的化学真实情境是能贯穿整节课甚至是整个单元的教学的。一个好的教学情境，应该能够不断地产生驱动性问题，驱动学生层层深入分析问题，解决问题，从而获得知识与方法。

如在"铁的单质"教学中，我们可以以"锻剑"为核心情境，展示古代锻剑原料相关图片—展示诗词"宝剑千金买，生平未许人"—展示广泛应用的铁制品—展示锻剑承装铁水的要干燥的模具—搭建实验装置观察实验现象—展示锻剑"淬火"步骤。这六个有内在关联的真实情境，一气呵成把铁的物性、类别通性、价类二维、高炉炼铁、铁水反应、冷水淬火等重要内容串联起来，设计问题的化学视角（如价类二维、类比已学知识等），发展学生宏观辨识、证据推理、科学探究、科学态度等化学学科核心素养。

（四）真实情境要指向学科核心素养

真实情境与化学学科核心素养不是简单的一一对应关系，一个情境素养可以呈现一个或多个维度的化学学科核心素养，某一维度的化学学科核心素养可以同时渗透于不同类型的真实情境。每一类真实情境都承载着一定的发展学生化学学科核心素养的教学功能。这就需要教师在日常教学中积累真实情境素材，给学生创设不同类型的真实情境，为学生化学的学习提供不同的感受和体验，促进不同维度、不同水平的化学学科核心素养的培养。如对元素化合物知识的学习，元素化合物知识在高中化学学习中占据核心地位，很多高中化学概念与原理都是在其基础上得到发展。基于化学素养的教学目标，元素化合物的教学主要侧重于培养"证据推理与模型认知""宏观辨识与微观探析""科学探究与创新意识"这三个维度的化学素养。为了更好地落实以上三个维度素养的培养，教师需要创设物质在生产、生活、科技等方面应用的真实情境，将真实情境作为探究物质核心知识或者是运用知识解释和解决问题的载体，引导学生借助实验探究物质性质，从微观原子结构给出解释，加深对物质应用的理解，形成元素化合物的认识模型。在这个过程中也凸显化学的学科价值，促进学生化学核心素养的培养。不能承载学科核心素养的真实情境，如一把古剑，如果只把其外表作为真实情境，则无法承载证据推理、科学探究、科学态度当中的任何一个核心素养。

在确定真实情境时，最忌讳的是"为情境而情境"和课堂上的"伪情境"等。我们所选择的情境要能服务于当节课的教学主题；在数量上，情境数量宜少不宜多，一般以 3 个以内为宜，情境多了，学生就会抓不住重点。

三、教学目标的确定

《普通高中化学课程标准（实验）（2003 年版）》倡导建构"知识与技

能""过程与方法""情感、态度与价值观"相互融合的高中化学课程目标体系，明确提出了三维目标。《普通高中化学课程标准（2017 年版）》基本理念提出：要培养学生正确的价值观念、必需兼备的品格和处理事情的关键能力，将三维目标更加具体化和形象化，更加注重提升学生综合素质的培养和核心素养的发展；把原来的三维目标的三个维度进行一体整合，学生更容易理解、学会、感受知识。

如何确定基于真实情境的教学目标？首先，根据真实情境承载的核心知识、关键能力、核心素养，根据课程标准要求，结合真实情境问题，初步设计教学目标；其次，结合学情分析，综合考虑学生发展进阶的空间，多方论证、系统思维，确定基于真实情境的教学目标；最后，要清楚学生学习易混淆、易错的点，帮助学生建构知识的来龙去脉，把握知识的内涵和外延，教学从天女散花到精准制导，从浅层向深度教学迈进。高中化学教学目标设计要循序渐进，应注重知识探究，突出学生主体地位，延伸课程目标，不断培养学生核心素养和综合能力，以此真正提高课堂教学效率。

（一）根据教学内容确定教学目标

不同的教学内容相应地承载着不同的学科核心素养，也就需要根据该课的主要内容确定不同的教学目标，并非所有的教学内容都能较好地实现所有的教学目标。有的教学内容主要承载化学学科知识，有的主要承载化学价值观，有的主要承载探究精神……教学目标有知识目标和思维目标、主要目标和次要目标、显性目标和隐性目标等，不要期望每一节课都能实现所有的教学目标。当然，一些重要的教学内容可以承载多方面的教学目标。

例如，人教版高一化学第一册教材中关于"物质及其变化"的教学目标：知识目标，要求学生了解物质分类方法、掌握基本物质性质、理解离子反应的本质并能够熟练书写离子方程式，充分了解氧化还原反应的实质性内容，且准确写出氧化还原方程式。素养目标，要求学生掌握有关离子反应、氧化还原反应等实验，并具备独立设计实验流程的能力，并能够通过对各类知识的融会贯通，形成发现问题、分析问题和解决问题的能力。价值观层面则要求学生在进行实际的实验操作后，能够描述化学反应现象、总结实验结论并能感受实验过程的奥妙，从而激发学生学习兴趣，引导其积极主动地获取知识。

（二）根据学情确定教学目标

学情分析可以从学生的发展空间以及知识内容两个维度进行分析。从学生发展空间维度考虑，首先需要清楚学生已有的生活经验、知识基础，这样在确定教学起点的时候，不至于教学落点太低，出现重复教学的状况，也不至于出现忽视学生一味挖深挖难的状况。其次是首先遴选学生进阶发展的维度，一节课不可能面面俱到，哪些是需要重点突出的，哪些是只需一笔带过的，都要有清醒的认识，紧紧抓住学生进阶发展的关键环节用力，使得教学从有效走向高效。再次，要清楚学生学习的障碍，要清楚学生的前概念，要清楚知识建构过程中的关键节点，针对学生的障碍点开展精准教学。

如，在"氧化还原反应"第二课时过程中，已经了解到学生经过第一课时的学习能够学会判断一个反应是否为氧化还原反应，并掌握了化合价升降与电子转移之间的关系。因此为了鼓励学生更为积极参与到学习中，进一步认识"氧化还原反应"的课程内容，笔者在设计素养教学目标时，首先通过层层递进的问题进行引导，让学生将所学的知识进行归纳，然后形成系统化、网络化的概念，能够熟练运用所学知识解决一些化学问题。学生以教学目标为引导，不仅将所学知识进行归纳，同时还能够与需要解决的问题建立桥梁，熟练掌握"氧化还原反应"第二课时的教学内容。

（三）教学目标要具体化、可视化

教学目标的具体化、可视化是指与课程标准一致，能够反映学业质量水平和学科核心素养水平的要求，以及采用可观测的行为动词陈述作为目标表述支撑等。具体化、可视化的教学目标是基于实践和学科核心观念的真实问题解决，在呈现方式上，强调以教师的教学目标、学生的学习表现作为实证依据，并且强调教师的教学目标、学生的学习活动目标以及评价目标在表述上的一致性。

例如，基于"氧化还原反应"专题所承载的学科素养，可以用以下六个方面的学习表现目标：学生通过对工业生产中冶炼金属等反应中物质的化合价等数据进行分析和解读，来辨识该反应是否属于氧化还原反应；学生通过对日常生活中燃烧现象等简单化学反应进行科学解释，来揭示氧化还原中物质元素价态变化规律；学生通过对实验室中燃烧现象等简单化学反应进行科学建模，来认识氧化还原反应中电子转移过程；学生通过对日常生活中燃烧现象等简单化学反应进行科学论证，来论述氧化还原反应中电子转移总数与化合价升降之间的关系；学生通过对实验室中目标产物制备进行实验方案设计与实施，来探究物质的氧化性或还原性；学生通过对日常生活中食品保鲜或钢铁腐蚀等化学反应问题进行科学解释，来预测和解释氧化还原反应的产物。

（四）教学目标要指向核心素养

高中化学具有综合性、理论性、工具性、科学性的特点，教师设置的核心素养教学目标也应当体现这些特点。基于化学核心素养，确定教学目标的主要方法有：使用化学思维，构建知识网络；借助实验教学，培养探究意识；组织实践活动，促进创新能力；坚持生本理念，凸显学生主体；结合社会生活，培养责任意识；依据教学内容，关注学生学情。

人教版高一化学第一册教材中关于"氯及其化合物"的教学目标，通过实验探究氯气的物理性质、化学性质，体会实验对认识和研究物质性质的重要作用，培养证据推理意识。能用氧化还原反应、离子反应的观点预测并解释氯气的化学性质，并能用化学方程式正确表达。以氯及其化合物知识的学习为线索，建立含氯元素的物质间的转化关系，进一步了解研究物质的思路和方法。通过含氯物质性质和用途的学习，感受物质性质与用途的关系，体会化学对生活、环境保护的重要意义，增强社会责任感。

四、教学过程的设计

教学设计是课堂教学实施的构思、谋划和预设，是教学实施的前期准备工作，终极目标是基于教学内容落实课程基本理念、促进学生核心素养的发展。教学目标确定后，需要对基于真实情境的教学进行整体规划，综合考虑问题解决过程、知识逻辑关系、学生的认知基础及发展思维等。教学过程的整体规划一般分为六个阶段：真实情境的遴选、问题表征、问题分析、问题分解、课时设计、系统优化。在整体设计的基础上，再在微观层面设计教学流程、活动方案、活动问题和活动时间等。

核心素养导向的化学教学设计，要探寻核心素养本真，构筑创新实践课堂；要加强化学学科理解，厘清教学设计思路；要树立"主题教学"观念，进行"整体教学"设计；要运用板块——任务式设计，呈现多元分析评价。

（一）以化学学科素养为主旨理念

教学价值取向是进行教学设计的基础。所谓教学价值取向是课堂教学所秉持的教学理念和价值追求的概括。纵观我国基础教育课程改革的发展，教学价值取向变革经历了知识取向、能力取向和素养取向三个阶段。2018 年提出"学科核心素养"，教学理念转变为素养取向。学科素养导向教学强调所学知识具有举一反三中"一"的功能，因此知识是未来学习的基础。教学中侧重于知识的本原性、结构化和功能化。知识获得是动态的，故强调知识习得的过程性。

化学学科核心素养是学科素养导向教学设计的主旨理念。这既是落实立德树人根本任务，发挥化学学科育人功能的集中体现，又是学科素养导向化学教学设计的"灵魂"；既是化学教学的目标指向，又为化学教学设计提供了一般思路。化学学科核心素养充分体现了科学认识论思想。"科学探究与创新意识"属于科学认识发生和形成范畴，"宏观辨识与微观探析"是认识化学的视角，"变化观念与平衡思想"是认识化学变化的视角，均属于化学思维方式，"证据推理与模型认知"属于化学思维方法，这四条属于科学认识发展范畴；"科学态度与社会责任"是化学认识的价值，属于科学认识价值范畴。化学学科核心素养结构既符合科学认识的一般过程，又符合人类学习知识、认识发展的一般规律。

（二）从宏观和微观视角分步设计

宏观视角包括教学价值取向、基本理念、设计层次、呈现脉络。以呈现脉络为主线，从形式和内容两方面对重点确立、目标设计、思路设计、流程设计、案例说明进行解读与抽提。学科活动是学科核心素养形成的主要路径。微观视角关注学习活动设计，包括静态设计与动态设计。静态设计包括活动方案、活动内容设计；动态设计包括活动情境、活动问题设计。

（三）突出任务驱动、问题导学，以板块化结构化形式呈现

教学流程是课堂教学实施的路径图。教学流程设计既要关注如何把化学知识科学、严谨、规范地教给学生，更要深刻挖掘化学知识背后的学科思想、学科方法和化学符号背后的逻辑意义、认知途径，以便落实教材的知识价值、学科价值和社会价值，丰富课堂教学内涵。教学内容组织要关注增补、删减、整合、重组，实现教材的二次开发；要重视知识关联的结构化、认知思路的结构化、核心观念的结构化，提升学生认知的结构化水平；要从知识发展、教材编写、学生认知多重视角厘清课堂教学的认知结构路径，凸显课堂教学的情境线、活动线、知识线、素养发展线。通过学习环节结构化、学习任务驱动化、学科知识问题化、问题解决过程化、学习活动合作探究化来实现核心素养的落地。

以"原子结构与元素周期表"第一课时为例，根据教材中的科学史话创设情境，对教材进行二次开发，探究发现原子结构发展史，知道原子结构模型的演变，深入学习核外电子排布规律，为下一节元素周期表教学做好铺垫。每个任务都要明确具体的学习内容、学习方式和素养发展价值，指明学科核心素养培育的着力点，让课堂教学思路外显，让课堂教学结构更流畅严谨，让核心素养的发展有知识载体和活动支持，不再空泛虚化。

（四）学习方式选择注重多元整合，承载学科思想和学科观念，凸显问题解决过程

传统教学过多关注知识符号授受、机械性重复记忆、模式化应试训练，更强调教师的主导作用、知识的功能价值，忽视学生学习的能动作用和素养

培育，造成课堂效率相对偏低。而在新课程实施过程中，又出现了从过分关注"师本"转向极端强调"生本"的问题，即过分强调学生的主体作用，对教师的主导作用关注不够。为更好地解决上述两个方面的极端问题，教学设计理念要从"情境化、碎片化的教学"转向"真实情境整体性教学"，从"听记教师讲述的实验现象和结论"转向"观察思考与实验探究"，从"反复背记化学方程式"转向"基于化学反应原理与规律的理解和证据推理"，从"单一的具体代表物的性质教学"转向"基于元素观的物质性质与转化的思路和方法教学"，从"抽象知识讲解、注重知识结论的教学"转向"解决综合复杂问题、彰显知识育人价值的教学"。

学习方式选择要突出科学探究、主题式教学、混合式学习、项目式学习、研究性学习、参与体验式学习、实践性学习、深度学习等多种方式的有机整合，凸显真实问题的解决过程，积极落实实验与探究、证据与推理、分类与表征、模型与解释等学科认知路径，落实宏观与微观相结合、定性与定量相结合、静态与动态相结合、多重表征的化学学科思维。例如，"电离平衡"的教学活动设计采用科学探究、证据推理、演绎归纳等认知路径，让学生探究醋酸酸性与盐酸酸性强弱的比较，比较三个实验与镁条反应、电导率、pH 的测定，从宏观与微观相结合、定性与定量相结合的视角揭示电离平衡的本质，发展学生宏观辨识与微观探究、证据推理与模型认知、科学探究核心素养。

五、教学评价、反思

（一）教学评价

教学评价是教育实践中不可或缺的一个组成环节，以教学目标为基础依据，采取符合科学标准的技术手段，衡量教学的过程与结果。教学评价的核心，实际上是对教学质量的测量、分析与评定。要结合核心素养的基本要求，建立高中化学"教—学—评"一体化评价模式。核心素养下的高中化学"教—学—评"一体化模式，指的是教师的"教"、学生的"学"和课堂的

"评"有机融合，做到教中有评，评中有学，以评促教，以评促学。将单一、独立的评价环节融入"教"与"学"的全过程中，在相互依存的关系中，达成评价要求。

1. 教师的"教"

高中化学的教学侧重点已经发生偏移，从理论知识的传递到核心素养的培养，以此来寻求教学改革的突破口。为了达成学生核心素养的培养要求，教师"教"的模式势必要做好优化。以化学必修第一册"离子反应"一课为例，应做好初中到高中知识的衔接，了解学生的知识起点和待发展的能力，倡导真实问题情境的创设，开展以化学实验为主的探究活动。对课本中"离子反应"的导电实验，很多老师都会以放视频的方式让学生观看，而忽视动手实验的重要性。

2. 学生的"学"

如"开发利用金属矿物和海水资源"一课的教学，需要学生知道金属的活动性不同采取的冶炼方法各有不同。如从能量的角度选择金属的冶炼方法，海水蒸馏的基本原理，海水淡化的几种方法，等等。这些内容的学习，要坚持循序渐进的基本原则，关注学习过程中学生的基本状态，将学生"学"的过程作为评价指标之一。

3. 课堂上的"评"

相比于结果评价，课堂上的及时评价能够发挥出良好的效果。教师在"教"和学生的"学"的过程中，每一个表现教师都要看在眼里，并给出及时的评价，用来肯定和鼓励学生的表现。这样的评价方式打破了传统的以"分数"为衡量标准的情况，学生的学习体验感更强烈，学习积极性、自信心得以增长。

（二）教学反思

教师在给学生传授化学知识时，需要不断提升教学反思能力，将反思和教学活动进行有效结合，有效保障高中化学教学活动的高效性。因此，教师需要逐渐意识到教学反思的意义，并在化学教学中积极反思和研究教学环境以及自身行为等，逐渐提高自身教学水平，不断提高高中化学课堂教学质量。化学教师在开展教学反思时主要有以下几个方面。

1. 反思教学观念

观念指导行动，学生活动反应教师教学观念。化学是一门以实验为基础的学科，很多化学实验，是否让学生动手做，是老师做实验学生观察，还是给学生看视频，不同观念的指导，学生就会有不同的表现。在知识学习过程中，是否重视允许学生课堂提问、收到学生课堂问题时是否作出积极回应等，会影响学生学习和提问的积极性，这都要求教师不能守旧，需要在反思中不断更新自己的教学观念。

2. 反思教学目标

化学教师应该对是否达到教学目标进行反思，主要是对教学过程中重难点把握的反思。教学过程中的成与败，主要与教师教学重难点的把握有关。化学教师在备课时要注重知识的重难点，教学方向和教学方法是必须确定的，因为它们是作为指引教师教学的"灯塔"。重难点把握得当，这对提高教师的课堂效率和学生的学习效率都是具有很大作用的，为教师营造创新和高效的课堂打好基础。此外，还要对教学主体的基本情况进行反思。学生是教育教学的主体，教师应该因材施教，根据学生的特长和知识基础，采取合适的方法引导学生接受知识，课后及时解答学生的困惑。

3. 反思教学过程

课前反思、课中反思和课后反思为教学过程的反思。在化学教学中，当教师讲到中和热的测定时，教科书上给出的保温方法是大小烧杯中间填充泡沫塑料，目的是起到防止热量散失的作用。化学教师可以引导学生，用生活中的用品代替实验中的保温装置。这时学生集思广益，相互讨论，课堂气氛瞬间活跃起来。学生积极回答，有说保温杯，有说保温饭盒和热水瓶等。起初教师不说行或者不行，哪一种好或者不好，而是让学生自己展开讨论和分析哪一种更合适，学生各抒己见，争得面红耳赤。在气氛活跃的课堂上，充分发挥了学生的潜能和个性以及拓展延伸了学生的知识。

教学过程的反思，既具有鼓励性，又具有批判性，使得这些教学经验理论化，这不仅仅为后人的借鉴提供材料，还对教师的评价能力和总结能力有很大的提高。

4. 反思教学方法

在化学教学中，化学教师可以大胆尝试教授一些还未学到的知识理论。如在讲到酯化反应的时候，教师可以适当地教授一些大学有机化学中酯化反应机理的知识，甚至画出机理图。让学生自己发现问题和总结问题，这样不仅有助于学生理解酯化反应中"酸脱羟基醇脱氢"，也有助于培养学生自主学习的能力，使学生真正成为课堂的主体。实验是化学教学的重要部分，教师在实验方法上的反思自然很重要，化学实验教学可以不用按部就班，可以提高实验的创新性，注重学生实验探究能力。如实验安排时，可将验证和探究实践结合，或增加探究实验比例，或把验证实验作为探究实验等。给学生亲自做实验的机会，多给学生对某一实验结果进行讨论的机会。以上方法有助于提高学生的实验操作、探究、分析问题和解决问题的能力。

参考文献

［1］胡蓉．核心素养背景下创设高中化学真实情境的教学策略及实践研究［D］．内蒙古：内蒙古师范大学，2022．

［2］江合佩．走向真实情境的化学教学研究［M］．福建：福建教育出版社，2020．

［3］何鹏．基于课程标准的化学学习表现性目标设计：理论基础、设计框架与案例解析［J］．化学教育（中英文），2022，43（13）：13－21．

［4］张翔．重塑化学教学的设计思路落实素养为本的课堂教学：评《核心素养导向的化学教学设计》［J］．化学教育（中英文），2022，43（15）：129．

［5］姜显光，刘东方．学科素养导向化学教学设计模式研究——基于

《普通高中化学课程标准（2017 年版)》教学与评价案例［J］．化学教学，2022（8）：36 - 41.

［6］王瑾瑜．核心素养下的高中化学教学评价的探索——以"化学与可持续发展"的教学为例［J］．中学理科园地，2022，16（93）：34 - 37.

［7］聂文丹．化学教师教学反思方法［J］．科学咨询（教育科研），2022（12）：216 - 218.

下　篇

深度学习下高中化学情境教学案例赏析

基于单元整体教学情境创设教学案例

案例1　补铁中的奥秘

——铁及其化合物

【教学单元规划】

《普通高中化学课程标准（2017年版2020年修订）》以发展化学学科核心素养为主旨，重视开展"素养为本"的教学。学科核心素养的形成以学科教学为基础，学科教学本身就是由若干个教学单元组成，单元教学最终细化成具体的课时。"元素及其化合物"在高中化学课程体系中具有核心地位。"铁及其化合物"是人教版高中化学必修第一册第三章第一节，"铁及其化合物"是元素及其化合物部分核心内容，根据课标的特点内容安排三个课时。

表3-1-1　"铁及其化合物"教学单元课时划分

课时	内容	重难点
课时1	走进铁的世界	铁的价类二维图的构建，铁粉与水蒸气反应的实验
课时2	如何科学补铁？	Fe^{2+} 与 Fe^{3+} 的性质及互相转化关系模型的构建
课时3	补铁剂中铁元素的检验	Fe^{2+} 与 Fe^{3+} 的定性与定量检验

【单元教材教法分析】

（一）情境创设教学法

由于《普通高中化学课程标准（2017 年版 2020 年修订）》对此部分内容的要求是"结合真实中的应用实例或通过实验探究，了解铁及其重要化合物的主要性质，了解这些物质在生产、生活中的应用"，如果只是单讲知识本身，就没有达到"知识为本"转向"素养为本"的高中化学教育变革的目的。

本节第一课时学习铁与水蒸气反应时，利用钢铁生产中钢水注入模具的真实图片，以此为情境为素材，提出问题"炽热的铁水或者是钢水注入模具之前，模具必须进行充分的干燥处理，不得留有水。这是为什么呢?"这不仅可以增强学生的学习兴趣，且可以让学生学习到铁相关的知识，在解决问题的同时体现学科价值。

图 3-1-1　生产情境：钢水注入干燥模具

本节第二课时学习 Fe^{2+} 与 Fe^{3+} 的性质及互相转化关系模型的构建时，利用真实的生活情境"如何科学补铁"作为大情境，贯穿第二课时的教学活动中。从探究缺铁性贫血原因、补铁剂的性质、补铁剂性质失效、补铁剂保存、如何科学补铁等一系列具体问题来学习 Fe^{2+} 与 Fe^{3+} 的性质及互相转化关系模型的构建。

本节第三课时学习 Fe^{2+} 与 Fe^{3+} 的定性与定量检验，创设真实的生活情境，对硫酸亚铁的补铁剂进行定性定量研究。

（二）实验探究法

在第一课时模拟工业上铁水注入模具中注意事项时，探究铁与水蒸气反应。我们在教学的过程中用铁粉与水蒸气反应的实验进行模拟。本实验需要用到三种药品，分别是铁粉、水和肥皂水。棉花尽量用玻璃棒送入到试管底部，再用纸槽把铁粉送到靠近棉花的位置；肥皂水浓度不能太稀，稍浓稠为宜，最后改用易起泡的儿童玩具里的泡泡水。在对实验设计过程中让学生感受实验严谨的重要性，发展学生证据推理的科学素养。通过探究活动，强化化学知识与生产、生活的密切联系与其真实应用。

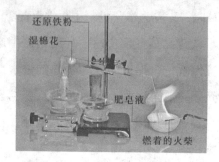

图 3 – 1 – 2　实验装置图：铁与水蒸气的反应

在第三课时，检验样品中铁元素存在形式时，利用实验探究验证方案的可行性。

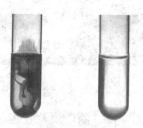

图 3 – 1 – 3　实验装置图：检验 Fe^{3+} 与 Fe^{2+}

（三）任务驱动法

为实现对铁及其化合物进行深度学习，课堂采用任务驱动教学法。课时一为突破教学的重难点，围绕三个任务展开：任务一，温习初中有关铁及其化合物的知识；任务二，构建知识网络，以价类二维图为核心，对铁及其化合物有较全面的认识；任务三，对铁与水蒸气反应的实验进行探究。

【单元教学目标设计】

（一）教学单元总目标

表 3-1-2 "铁及其化合物"教学单元总目标

课程标准	教学单元总目标
认识元素可以组成不同种类的物质，根据物质组成和性质可以对物质进行分类；同类物质具有相似性质，一定条件下各物质可以相互转化；认识元素在物质中可以有不同价态，可以通过氧化还原反应实现含有不同价态同种元素的物质的相互转化；结合真实情境中应用实例或者通过实验探究，了解铁及其重要化合物的主要性质，了解这些物质在生产、生活中的应用。结合实例认识金属及其化合物的多样性，了解通过化学反应可以探索物质性质、实现物质转化，认识物质及其转化在促进社会文明进步、自然资源综合利用的重要价值	了解铁元素在自然界中的存在形态、与人体健康的关系，体会化学对人类生活的重要意义；从我国古代应用铁的文化史感受中华民族在科技发展进程中的贡献，增强文化自信。能用氧化还原反应原理进一步认识铁的化学性质，基于实验事实写出铁与水蒸气反应的化学方程式，并用于解释生产中简单的化学问题，培养安全意识。通过实验探究铁的氢氧化物、铁盐和亚铁盐的化学性质，并能用化学方程式或离子方程式正确表示。体会实验对认识和研究物质性质的重要作用，形成证据意识。构建铁及其化合物的价类二维图思想模型，丰富研究物质的思路和方法。结合实例，将铁及其化合物性质的知识运用于解决生产、生活中简单的化学问题，强化性质决定用途的观点

（二）教学单元课时目标

表 3-1-3 "铁及其化合物"教学单元课时目标

课时	课时目标	评价目标
课时1：走进铁的世界。情境：钢铁厂在生产中，模具必须进行充分干燥的原因？构建铁及其化合物的价类二维图，深度学习铁粉与水蒸气反应的实验	1.1 通过学习铁及其化合物，学会从物质的类别和元素的价态的视觉认识具有变价元素物之间的转化关系，并构建认识模型，丰富研究物质的思路和方法，初步建构铁及其化合物的价类二维分析模型。 1.2 能从复分解反应、氧化还原反应原理预测铁及其化合物的化学性质，了解铁及其化合物的相互转化过程。 1.3 结合应用实例，将铁及其化合物性质的知识运用于解决生产、生活中简单的化学问题，强化性质决定用途的观念	1.1 通过学生对铁及其化合物价类二维图的构建，诊断学生是否形成研究物质性质的两个角度。 1.2 通过学生对铁及其化合物的转化分析讨论，诊断学生对物质及其转化思路的认知水平。 1.3 通过学生对铁与水蒸气的实验探究，诊断学生实验探究的水平

课时	课时目标	评价目标
课时2：利用补铁背景"缺铁性贫血原因"，通过情境学习补铁剂硫酸亚铁的性质，从而学会如何科学补铁，掌握 Fe^{2+} 与 Fe^{3+} 的性质及互相转化关系模型的构建	2.1 能够预测出 Fe^{2+} 盐的性质，结合价类二维图 Fe^{2+}、Fe^{3+} 的利用氧化还原原理相互转化，能书写相应的化学方程式。 2.2 能小组合作设计探究 Fe^{2+} 与 Fe^{3+} 的化学性质及相互转化规律。 2.3 能够选择合适的补铁剂，提出科学补铁的方法	2.1 通过学生对补铁剂 $FeSO_4$ 的性质预测与探究，诊断学生对价类二维模型认知的水平。 2.2 通过学生对 Fe^{3+} 与 Fe^{2+} 的互相转化，诊断学生宏观辨识与微观探析素养的水平。 2.3 通过学生提出科学补铁的方法，发展学生对化学价值的认识水平
课时3：通过情境"检验补铁剂铁元素的存在形式"，掌握 Fe^{2+} 与 Fe^{3+} 的定性与定量检验	3.1 对补铁剂的成分进行分析，寻找微粒的性质差异，进行检验试剂的选择。 3.2 设计检验方案并进行交流，改进方案，对异常现象进行分析，解释。 3.3 进行实验、总结物质检验的规律，培养学生处理复杂问题时的思路和方法	通过学生对定性和定量检测补铁剂铁元素的实验方案设计，诊断并发展学生解决实际问题的能力和水平及其对化学价值的认识水平

【教学起点分析】

（一）已有知识基础

初中时学生已经接触过金属的一些基础知识，对金属的性质有所了解。初中教材对铁也有专门介绍。前面已经讲过一些元素化合物的知识，如钠、氯等。关于铁的化合物在实际生产生活的应用学生也有了感性的认识，现在进一步学习新知识学生更容易接受。

（二）前概念

发生复分解的条件，氧化还原的理论知识。

（三）可能出现的学习困难

构建铁及其化合物的价类二维图分析模型并加以应用，掌握实验探究的基本过程，建立严密的科学思维。

（四）突破点

铁元素是高中化学必修第一册课本中第一种变价金属元素，学生对氧化还原反应知识的运用还不够熟悉，还不能从元素价态的角度去分析物质的性质，需要教师进行引导。学生虽然积累了一定的知识基础和生活经验，但缺乏将化学知识运用到生活中的意识和能力，因此讲解知识时需要选择学生熟悉的真实情境，引导学生学以致用。形成元素及其化合物一般的研究思路，从研究对象（元素和物质）、认识视角（价类）、解决问题（化学问题：物质的保存、使用、定性定量检验、性质、转化）、任务类型各维度展开。

【单元学习活动设计】

（一）教学内容划分

本次单元教学设计主要从氧化还原反应和离子反应视角，提升对铁及其化合物知识的认识，强化铁元素不同价态间相互转化，发展"宏观辨识与微观探析"的学科核心素养。强调运用来自生产或生活的素材创设真实情境，发展学生解决真实问题的能力。本单元教学内容主要包括两大部分：①铁单质；②铁的重要化合物，主要是铁的氧化物、氢氧化物、铁盐和亚铁盐。基于对高中化学学科素养的理解和课标对元素化合物教学要求，本单元主题定为"补铁中的奥秘——铁及其化合物"。第一课时"走进铁的世界"，以生产中的真实生产情境"钢铁厂在生产中，模具必须进行充分干燥原因"展开学习，引导学生构建铁及其化合物的价类二维图，重点学习铁单质、铁的氧化物的知识。本单元第二课时"如何科学补铁"和第三课时"补铁剂中铁元素的检验"，以生活中的"补铁剂"为大情境，基于该情境挖掘学习任务，以价类二维图为工具。学生在了解补铁剂成分的同时，通过实验探究活动展开习得铁的氢氧化物、铁盐和亚铁盐知识，形成较为深刻的认识视觉，提升了对陌生物质的性质预测和实验设计能力。

（二）学习活动设计

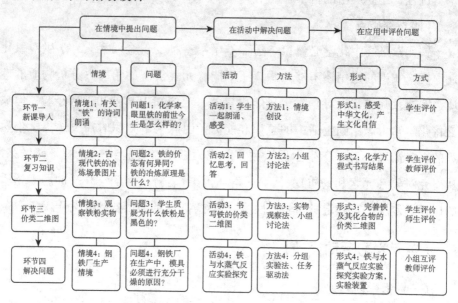

图 3 - 1 - 4　第一课时：走进铁的世界

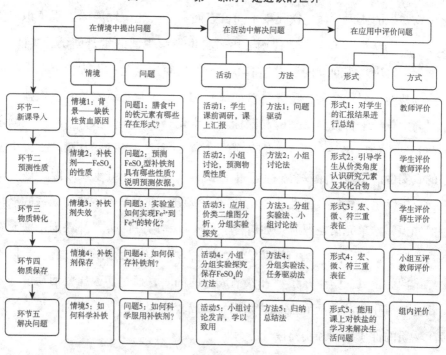

图 3 - 1 - 5　第二课时：如何科学补铁

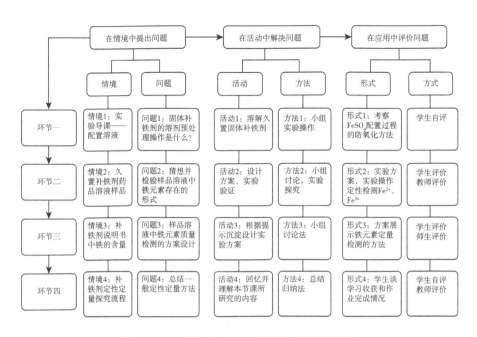

图 3 - 1 - 6　第三课时：补铁剂中铁元素的检验

（三）教学过程设计

表 3 - 1 - 4　"铁及其化合物"教学过程设计

单元	课时	问题	任务与活动
单元大背景：补铁中的奥秘。单元大问题：探究工业生产中铁与水蒸气反应的原理；探究如何科学补铁；探究补铁剂铁元素的存在形式	课时 1：走进铁的世界——构建铁及其化合物的价类二维图，学习铁单质、铁的氧化物知识。情境：真实生产情境"钢铁厂在生产中，模具必须进行充分干燥的原因"。问题：预测铁粉和水蒸气反应产物，并进行实验探究	1.1 铁的冶炼原理是什么？1.2 铁元素价态和物质类别有何异同，完成价类二维图。1.3 钢铁厂在生产中，模具必须进行充分干燥的原因是什么？	1.1 学生通过收集的资料了解铁的发展史，对比古代和现代冶炼铁的异同。1.2 书写总结学习元素及其化合物的一般方法，并完成价类二维图。1.3 查阅资料，预测，猜想。1.4 通过资料卡片，推测产物，进行实验探究

续 表

单元	课时	问题	任务与活动
单元大背景：补铁中的奥秘。单元大问题：探究工业生产中铁与水蒸气反应的原理；探究如何科学补铁；探究补铁剂铁元素的存在形式	课时2：如何科学补铁——Fe^{2+}与Fe^{3+}的性质及互相转化关系模型的构建。情境：补铁剂保存。问题：探究如何科学补铁？	2.1 膳食中铁元素有哪些存在形式？人体能够吸收什么形式的铁元素？ 2.2 探究$FeSO_4$型补铁剂可能具有哪些性质。说明预测的依据。 2.3 实验室怎样实现Fe^{2+}到Fe^{3+}的转化？ 2.4 久置$FeSO_4$样品溶液中添加维生素C片后的Fe^{2+}的含量如何变化？为什么？ 2.5 实验室怎样实现Fe^{3+}到Fe^{2+}的转化？ 2.6. 实验室的$FeSO_4$溶液如何保存？ 2.7 如何科学服用并妥善保存补铁剂？你会选择哪种食物作为自己的"补铁剂"？为什么？	2.1 查阅资料确定人体可吸收的铁元素是Fe^{2+}。 2.2 完成学案内容，应用价类从复分解和氧化还原反应来思考Fe^{2+}的性质。 2.3 运用Fe^{2+}还原性，寻找合适的氧化剂实现Fe^{2+}到Fe^{3+}的转化并进行符号表征。 2.4 根据的Fe^{2+}还原性来推测维生素C有还原性，保护Fe^{2+}不被氧化。 2.5 根据的Fe^{3+}氧化性，寻找合适的还原剂实现Fe^{3+}到Fe^{2+}的转化并进行符号表征。 2.6 根据上一讨论明确$FeSO_4$溶液中需要加入合适的还原剂来保护Fe^{2+}，小组讨论出保存和使用$FeSO_4$溶液的方案。 2.7 根据本节课所学内容，进行总结，最终学会科学服用并妥善保存补铁剂
	课时3：补铁剂中铁元素的检验——Fe^{2+}与Fe^{3+}的定性与定量检验。情境：补铁剂中铁元素检测。问题：对已变质$FeSO_4$型补铁剂药片，请设计实验分别定性和定量检验其中的铁元素，并阐述理由	3.1 检测样品溶液中铁元素存在形式，并进行验证。 3.2 样品溶液中铁元素质量测定方法。利用沉淀法来测定样品溶液中铁元素的定量检测，实验需要什么步骤？设计方案，评价方案。 3.3 如何利用得到的沉淀来计算铁含量，总结出具体的思路，并进行汇报	3.1 根据课本的知识和提供的资料卡片，选择最优的方法检测Fe^{2+}和Fe^{3+}，并做好实验记录。 3.2 小组讨论沉淀法实验方案的步骤，过程中掌握Fe（OH）$_2$转化成Fe（OH）$_3$的条件和现象，明确操作要求，评价方案的优劣，进行小组汇报。 3.3 计算样品溶液中铁元素含量

【单元"教学评"一体化】

表 3-1-5　"铁及其化合物"单元"教学评"一体化

课时	目标	活动	评价方法
课时1	1.1	1.2	学生用黑板或者多媒体展示自己的价类二维图：学生互评，教师反馈
	1.3	1.3，1.4	小组合作展示演示实验：学生互评，师生交流，教师分析反馈
课时2	2.1	2.2，2.4	学生运用价类二维两个角度，实现认识元素及其化合物的角度：学生互评，师生交流，教师分析反馈
	2.2	2.3，2.5	小组合作展示 Fe^{2+} 与 Fe^{3+} 互相转化的方法，总结一般方法：小组互评，教师总结反馈
	2.3	2.6，2.7	小组汇报补铁剂的保存方法和科学服用并妥善保存补铁剂的方法：小组互评，教师分析反馈
课时3	3.1	3.1	学生设计定性检测铁元素存在形式的实验方案：小组互评，师生互动交流，教师分析反馈
	3.2	3.2，3.3	小组合作展示定量设计方案并阐述相关原理：小组互评，教师总结反馈

【单元教学反思】

（一）课堂教学要变"知识为本"为"素养为本"

重视开展"素养为本"的教学是《普通高中化学课程标准（2017 年版 2020 年修订)》的基本理念。宋心琦等认为化学观念、化学思维方法应该超越化学知识，作为化学教学的最重要的目标。基于核心素养的教学目标需要教师站在学生学习心理和未来发展的角度。教师首先思考的不再是一个个具体的知识点，而是会对学生未来发展产生影响的观念方法。本案例借助探究实验，发展学生的"科学探究""变化观念""证据推理"等学科核心素养；借助构建"氧化还原反应"思维模型发展学生的"模型认知"学科核心素养。

(二）教学过程要变"知识解析"为"问题解决"

核心素养是借助问题解决的实践发展和培育起来的。基于核心素养的元素化合物的教学应根据教学目标的需要，精心设计实验探究活动，设计有价值的驱动性问题，组织有效的学生活动。让学生在经历知识学习、运用、反思的过程中体会化学学科的本质与特征，培养学生的化学学科核心素养。驱动性问题的设置应该难度适中、排列有序，要符合教学内容的知识结构和学生的认知规律。每一个驱动问题之间的连接要具有逻辑性和启发性，能展示学习过程，揭示思想方法，从而形成相互联系、循序渐进的问题系统，以利于核心素养的形成和发展。

(三）教学价值要变"教学形式主义"为"深度学习"

教学方法的组合运用也许是教学者对新课程教学观念的理解和具体教学实践的表现。只关注结论性知识与考点，而不注重化学知识内在的认识过程和价值意义，会使课堂教学严重缺乏"化学味"。本案例在教学实践中铁与水蒸气反应生成黑色产物，由于时间关系，故我们在课堂上仅用推理和给出信息的方式，推理生成的 Fe_3O_4，而由学生课后设计实验方案去研究。错过了课堂生成的深度问题，也错失了对学生进行"科学探究与创新意识"学科核心素养训练的良好机会，只能再寻找机会结合后面的教学内容进行弥补。课堂上最让笔者吃惊的是学生看到铁粉的好奇。他们在近距离观察铁粉时，表现出的好奇心和求知欲，让笔者思考着教师的一个小举动都可以让学生收获多多。所以我们化学课堂可以尽量让学生近距离感受到化学实验的可操作性。实际上，化学课堂多一些趣味，多一些行动，不怕麻烦，可以影响学生。素养为本的教学设计要求教师要有实事求是的态度，要有证实、证伪的方法和较真的勇气，要有实验为源、理论为本的治学理念，要有理论思维的勇气，才能真正带领学生进行深度学习。

案例 2　原子结构、元素周期表的化学史教学

【教学单元规划】

本节内容选自普通高中新 2019 人教版化学必修第一册第四章"物质结构元素周期律"中的第一节"原子结构与元素周期表",包括了原子结构、元素周期表、元素性质等内容。教材将原子结构与元素性质的关系、元素周期表作为重点,以碱金属、卤族元素为代表,呈现同族元素的相似性,引导学生发现规律。

教材以原子结构知识为基础,先介绍原子结构(构)与元素周期表(位)的关系,从原子核外电子数不同的角度,介绍周期表的结构;从原子核内中子数不同的角度,介绍核素。在"构"和"位"关系的基础上,以两族元素的性质为代表,构建出"位""构""性"的关系,使学生初步认识同类物质的共性及性质变化规律,形成结构决定性质的观念。教材以化学史的形式,系统介绍原子结构的发现过程,让学生感受科学的研究精神。

在 2017 年版课标中,高中必修阶段的原子结构主要内容集中在"原子结构与元素周期律"这个二级主题中,要求为"认识原子结构、元素性质与元素在周期表中位置的关系""知道元素核素的含义,了解原子核外电子运动状态""结合有关数据和实验事实认识原子结构、元素性质呈周期性变化的规律,建构元素周期律""知道元素周期表结构,以第三周期的钠、镁、铝、硅、硫、氯,以及碱金属和卤族元素为例,了解同周期和主族元素性质的递变规律""体会元素周期表在学习元素化合物知识与科学研究中的重要作用"。

课程标准要求关注概念理论知识的建构与各部分知识之间的逻辑关系,重视科学学习方法的教育,通过从真实历史情境出发,引导学生提出以及发

现有探究价值的问题，以培养和发展学生的化学核心素养。

而本节内容将"构""位""性"这三者的关系设计成 3 个课时，如表 3 - 2 - 1所示。

表 3 - 2 - 1 "原子结构、元素周期表的化学史教学"教学单元课时划分

课时	内容	教学情境
课时 1	"构"——原子结构	人类探索世界认识原子结构的发展史
课时 2	"位"——元素周期表	元素周期表的发展史
课时 3	"性"——原子结构与元素性质	碱金属、卤族元素的发现史

【单元教学学情分析】

学生在初中已经学习过宏观物质是由微观粒子构成，分子、原子、离子是构成物质的微观粒子，学习过原子结构的模型，知道原子的结构以及构成原子的粒子之间的关系，能自主书写元素原子核外电子排布。对于学习这部分内容的方法，学生更多的是死记硬背，完全没有认识到原子、核外电子的学习已经使他们进入了一个新的化学世界——化学微观世界。因此帮助学生建立从化学微观视角看物质是本单元教学的主要目标。

在学习本单元之前，学生已经学习了经典金属元素——钠，以及典型的非金属单质——氯气，并且以此为基础进行了元素化合物知识的学习。学生的思维逻辑可以由感性认识上升至抽象逻辑很强的理论知识的学习，因此学生具备建立微观化学世界的知识与能力。但需注意的是，学生在进行这部分知识的学习时处于高一第一学期的期末，学生对初中学习过的知识有部分遗忘，加之对元素化合物的学习会对学生造成一定的负向迁移，学生头脑中已有的知识观念的固着点已经有所松散，所以需要合理的情境引入帮助学生进一步的提高和发展抽象概括水平。

现阶段高一学生还没分班，普遍能力较差，因此要联系实际，从历史的

角度分析，多培养学生兴趣，树立学习化学的信心。同时，也为选修化学的学生提供深度思考空间，为他们建立统一的化学知识体系提前打好基础。

【单元教材教法分析】

基于对教学内容和课标要求以及学情的分析，在进行单元教学设计时应注重以下几点。

（一）重视化学史情境教学

创设化学史情境——原子结构、元素周期表、碱金属、卤族元素的发现历史，充分体现科学研究方法、观念和科学精神。

（二）突出宏观、微观、符号三重表征

本单元的内容是三重表征的典型模型。影响化学性质的本质在于原子的微观结构，而原子的微观结构示意图能形象地表征原子的微观结构。

（三）利用小组合作开展实验探究

在探究碱金属、卤族元素性质与原子结构教学中，重视预测、实践、现象、结论、分析的过程，深化预测及实验探究的科学精神。

（四）归纳—演绎思维方法

从原子结构和元素周期表出发，演绎元素的性质，再以理论和事实为依据，归纳得出同族元素的变化规律。

（五）"预测—观察—解释"策略（POE）

在实验演示前，学生根据自己已有的知识对实验现象进行预测。演示实验时，学生观察现象。实验结束后，学生对所观察到的现象进行解释。

【单元教学目标设计】

1. 知道原子的结构及构成原子的微粒间的关系；根据原子核外电子的排布规律，能画出 1～20 号元素的原子结构示意图。了解预测、假设、模型等方法在科学家研究原子结构中的作用。

2. 通过了解元素周期表的结构，认识原子结构与元素在周期表中位置间

的关系。

3. 知道质量数和$^A_Z X$的含义，知道元素、核素、同位素的含义。

4. 以 I A、ⅦA 族元素为例，通过探究认识同主族元素性质的递变规律，并能用原子结构理论初步加以解释；培养分析、处理数据的能力，尝试运用比较、归纳等方法对信息进行加工。

表 3 - 2 - 2   "原子结构、元素周期表的化学史"教学总目标

课时	教学目标
课时 1 "构"—— 原子结构	1. 结合有关数据和实验事实认识原子结构，知道构成原子的微粒间的关系。 2. 了解核外电子排布，根据原子核外电子的排布规律，能画出 1～20 号元素的原子结构示意图。 3. 了解预测、假设、模型等方法在科学家研究原子结构中的作用
课时 2 "位"—— 元素周期表	1. 能从原子结构的角度理解元素周期表的编排原则，能通过元素在周期表中的位置与原子结构之间的相互推导，掌握元素周期表的结构以及其位置表述方法，提升微观探析能力。 2. 了解元素周期表的发展历程，培养严谨、求实的科学态度，培养科学探究与创新意识等化学核心素养。 3. 认识核素、了解同位素，并学会原子符号的表达方式，促进宏观辨析与微观探析的化学核心素养的发展
课时 3 "性"—— 原子结构与 元素性质	1. 通过对相同主族元素原子的结构进行分析，预测其性质，并能设计实验进行验证。 2. 依据碱金属元素的学习，体会元素原子"位—构—性"基本观念，并建立认识元素原子的性质的模型，能依据模型对主族元素原子性质进行推理。 3. 通过实验方案的设计、分析和实施，体会科学研究的一般流程和科学研究的态度

【单元学习活动设计】

(一) 教学流程设计

表3－2－3 "原子结构、元素周期表的化学史"教学流程设计

		在情境中提出问题		在活动中解决问题		在应用中评价问题	
		情境线	问题链	活动线	方法链	评价线	方式链
课时1	环节一	视频《宏观到微观世界》	组成物质的最小微粒是什么？	学生观看视频	利用多媒体播放视频，感受物质的宏观和微观	感受宏观世界和微观世界的联系	教师评价
	环节二	人类探索世界认识原子结构的发展史	原子结构的发展的几种模型分别是什么样的？	阅读科学史话和视频材料，使用黏土制作模型	利用化学史情境教学，学生学习小组合作探究交流	了解原子结构的发展史，知道原子结构模型的演变	师生评价、生生评价
	环节三	回顾初中所学的原子结构	书写前20号元素原子核外电子排布	由学生学习小组汇报原子的结构	学生学习小组合作探究交流，学生代表发言	原子由原子核和核外电子构成，原子核由质子和中子构成	生生评价
	环节四	深入学习核外电子排布规律	元素原子的电子层排布有什么规律？	使用问题驱动，让学生自主探讨原子核外电子排布的规律	让学生小组内分工写出1~20号原子结构示意图，并寻找规律	总结核外电子排布的能量规律和数量规律	生生评价
课时2	环节一	20张1~20号元素的小卡片逐一排列	排列的规律是什么？	合作讨论，动手排序，寻找规律	学习小组合作探究交流	找出元素周期表的规律	师生评价
	环节二	元素周期表的发展历程	了解元素周期表的制定过程	阅读科学史话和视频材料	利用化学史情境教学	知道现行元素周期表的发展过程	师生评价

续 表

		在情境中提出问题		在活动中解决问题		在应用中评价问题	
		情境线	问题链	活动线	方法链	评价线	方式链
课时2	环节三	再探元素周期表的奥秘	进一步学习元素周期表的结构内涵	学生阅读课本并观察元素周期表，小组讨论后分享成果	学习小组合作探究交流	知道元素周期表的横行、纵行、族等基本排列规律	生生评价
	环节四	元素在周期表中的位置描述	对老师的问题进行深入思考并组织语言回答	自主探究法	正确描述元素在周期表中的位置	师生评价
	环节五	阅读材料	元素、核素、同位素	回答老师的提问并能举一反三	交流谈论法	知道元素、核素、同位素之间的关系	师生评价
课时3	环节一	碱金属、卤族元素元素发现化学史	碱金属、卤族元素元素发现过程与其活泼性的关系	阅读材料，观看视频	利用化学史情境教学	体会化学元素发现对化学研究和发展的重要性	师生评价
	环节二	分析碱金属、卤族元素原子结构信息	其结构的相似性和递变性与其性质变化有何关系？	填写碱金属、卤族元素的原子结构的信息，推测其性质	自主探究、小组合作	推测出碱金属元素的化学性质具有相似性	师生评价、生生评价
	环节三	探究实验	探究碱金属元素的化学性质	设计实验并结合视频材料等信息验证前面的推测并形成结论	小组合作探究	得到碱金属元素的相似性和递变性规律	生生评价
	环节四	设计探究实验	如何证明卤族元素相似性和递变性规律？	设计实验并结合对应的实验视频作为依据验证结论	小组合作探究。预测—观察—解释	得到卤族元素的相似性和递变性规律	生生评价、师生评价
	环节五	总结提升结构与性质的关系	元素的性质与原子结构有何关系？	结合实验结果讨论交流总结	教师引导，学生总结	得到金属性、非金属性的递变规律	师生评价

（二）教学过程设计

表3-2-4 "原子结构、元素周期表的化学史"第一课时教学过程设计

教学环节	教学任务	教师活动	学生活动	设计意图
环节一：导入新课	创设情景引入课程	播放视频《宏观到微观世界》。几千年来，人类从未停止过对大自然的探索，早在公元前，人们就开始追问，大自然是由什么构成的？组成物质的最小微粒又是什么？	观看视频，思考	让学生在观看视频的过程中感受宏观世界和微观世界的联系
环节二：原子结构模型	道尔顿模型	1803年英国化学家道尔顿提出：原子是构成物质的基本粒子，它们是坚实的、不可再分的实心球。问：原子真的是不可分割的球体吗？	学生用手中的黏土做出原子模型	道尔顿模型重在让学生理解其对化学成为一门基础学科的贡献
	汤姆孙原子模型	1904年，英国物理学家汤姆孙提出：原子是一个平均分布着正电荷的粒子，其中镶嵌着许多电子，中和了正电荷，从而形成了中性原子	学生用手中的黏土做出原子模型	汤姆孙原子模型重在让学生制作模型
	卢瑟福原子模型	解释卢瑟福α粒子散射实验的结果：1. 绝大多数α粒子通过。2. 少数α粒子大角度偏转。3. 个别α粒子被反弹	观看卢瑟福α粒子散射实验动画视频，学生重在理解对实验现象的解释，得出原子模型被修正的原因	重在实验证据与推理，发展学生证据推理与模型认知的化学素养
	玻尔原子模型	1913年，丹麦物理学家玻尔提出：电子在原子核外空间的一定轨道上绕核做高速圆周运动	思考模型一直被修正的原因，并让学生体会到现在学习的科学理论只代表人类对客观事物认识的一个阶段，而人们对客观事物的认识，还会不断深入和发展	通过原子结构的发展史，以及原子结构模型的演变，可以让学生更直观地了解原子结构的真实情况
	电子云模型	1926—1935年薛定谔电子云模型：电子在原子核外很小的空间内做高速运动，其运动规律与一般物体不同，没有确定的轨道		

续 表

教学环节	教学任务	教师活动	学生活动	设计意图
环节三：原子构成	回顾新知——初中学习的关于原子的构成	由学生汇报原子的结构。原子：是指化学反应中不可再分的基本微粒。原子由原子核和核外电子构成。原子核由质子和中子构成。原子的空间关系：原子核只占极小空间，绝大部分空间被电子占据。分析数据，总结构成原子的微观关系（1）电荷关系：_____（2）质量关系：_____	获取质量信息，计算相对原子质量。归纳质子数、中子数、电子数的关系	认识原子内部结构，为"位—构—性"的学习打下基础
	认知新知——质量数	质量数：质子和中子的相对质量都近似为1，忽略电子的质量，将原子核内所有质子和中子的相对质量取近似整数值相加，所得的数值叫作质量数。质量数(A)=质子数(Z)+中子数(N)	归纳质子数、中子数、质量数的关系，通过相关计算理解它们之间的关系	
环节四：核外电子排布规律	核外电子排布规律	从课本中稀有气体元素原子的电子层排布，你能发现什么规律？请思考并讨论下列问题。1. 当K层为最外层时，最多能容纳的电子数是多少？除了K层，其他各层为最外层时，最多能容纳的电子数是多少？2. 次外层最多容纳的电子数是多少？3. 归纳出第n层最多能容纳的电子数是多少？给学生准备好1~20号的卡片和磁性白板，让学生小组内分工写出1~20号元素原子结构示意图，并寻找规律	学生独立思考，不懂的问题由小组讨论。小组抢答汇报。最后总结核外电子排布的能量规律和数量规律。学生所绘制的1~20号元素的原子结构示意图，把20张1~20号元素的小卡片贴在合适的位置上，并把合作成果贴到白板上	使用问题驱动，让学生自主探讨原子核外电子排布的规律，掌握本节内容的重点。巩固刚学的原子核外电子排布规律并为下一节课元素周期表的学习做好铺垫

表3－2－5 "原子结构、元素周期表的化学史"第二课时教学过程设计

教学环节	教师活动	学生活动
环节一	回顾上节课学生所绘制的1～18号元素的原子结构示意图，把20张1～20号元素的小卡片贴在合适的位置上，并把合作成果贴到白板上。 编排的规律是什么？	合作讨论，动手排序，寻找规律。 横行：电子层数目相同，原子序数从左到右递增。 纵行：最外层电子数相同，电子层数由上而下递增
环节二	展示与元素周期表的发展历程相关的科学家，了解元素周期表的制定过程	任务一：探寻元素周期表的发展历程
环节三	观察元素周期表，解决以下问题： 1. 元素周期表有几个横行？构成几个周期？分几类？依据是什么？每个周期的元素种类是多少？ 2. 元素周期表有几个纵行？构成几个族？族分为几类？ 3. 在元素周期表的轮廓上标出周期序数和族序数，标明碱金属元素、卤族元素、稀有气体元素、过渡元素所处的区域	阅读教材、观察元素周期表，小组讨论后分享成果
环节四	指出原子序数分别为10、14、19、51的元素在周期表的位置	Ne：第二周期，第0族 Si：第三周期，第ⅣA族 K：第四周期，第ⅠA族 Sb：第五周期，第ⅤA族
环节五	阅读课本，思考：什么是元素？什么是核素？什么是同位素？同位素有哪些应用呢？ 同位素的应用： 同位素的应用 → $^{14}_{6}C$ → 考古中推断生物体的存在年代 → $^{3}_{1}H$ → 制造氢弹的原料 → $^{232}_{92}U$ → 核反应堆的燃料 → $^{12}_{6}C$ → 相对原子质量的标准原子 → $^{32}_{15}P$ → 同位素示踪原子	元素是具有相同质子数（核电荷数）的一类原子的总称。 具有一定数目质子和一定数目中子的一种原子叫作核素。 同一元素的不同核素互称同位素。 质量数 $\xleftarrow{\quad}$ $^{A}_{Z}X$ $\xrightarrow{\quad}$ 元素符号 质子数

表 3 - 2 - 6 "原子结构、元素周期表的化学史" 第三课时教学过程设计

教学环节	教师活动	学生活动	设计意图
环节一	提供碱金属、卤族元素的发现史阅读材料和视频	阅读材料观看视频并提取信息	通过化学史创设教学情境,激发学生化学学习兴趣
环节二	1. 从上到下碱金属元素的核电荷数、原子半径的变化有什么特点?(核电荷数递增,原子半径逐渐增大) 2. 观察碱金属元素的原子结构示意图,它们的原子核外电子排布有什么特点?(随着原子的核电荷数递增,核外电子层数逐渐增加,但是最外层电子数都是 1 个)从哪一点可以推测出碱金属元素的化学性质具有相似性? 3. 根据右面的表格信息,碱金属元素单质物理性质的变化规律是什么?〔从锂到铯,随着核电荷数的增大,碱金属单质的密度增大(钾反常),熔点和沸点都升高〕	填写下表,分析其原子半径变化规律。 见下表 归纳碱金属元素原子物理性质	提升学生处理信息和归纳总结能力
环节三	过渡:根据上述的分析,下面我们来进行一个实验探究,探究一下碱金属元素的化学性质。 设疑:钠有什么化学性质?(与氧气反应,与水反应) 设疑:结合锂、钠、钾的原子结构特点,预测锂、钾可能具有哪些与钠相似的化学性质?(与氧气、水都能发生反应)	设计碱金属与氧气和水反应的对比实验: 碱金属元素的相似性:碱金属元素的原子最外层都只有 1 个电子,在反应中容易失去,所以它们的化学性质相似,都能与氧气、水反应。反应方程式如下: $4Li + O_2 \xrightarrow{\triangle} 2Li_2O$ $2Na + O_2 \xrightarrow{\triangle} Na_2O_2$ $2Na + 2H_2O = 2NaOH + H_2\uparrow$ $2K + 2H_2O = 2KOH + H_2\uparrow$	培养学生的实验设计、观察和归纳总结的能力

填写下表,分析其原子半径变化规律。

元素名称	元素符号	核电荷数	原子结构示意图	最外层电子数	电子层数	原子半径/nm
锂						0.152
钠						0.186
钾						0.227
铷						0.248
铯						0.265

续　表

教学环节	教师活动	学生活动	设计意图
环节四	归纳卤族元素单质物理性质。 1. 卤族元素单质物理性质的变化规律是什么？（从氟到碘，随着核电荷数的增大，卤族元素单质的颜色加深，密度增大，熔点和沸点都降低）。 2. 根据卤族元素的原子核外电子排布特点，参考碱金属元素原子结构和性质，显然我们可以猜想卤族元素也一样具有相似性和递变性。那么氟、氯、溴、碘在化学性质上表现出来的相似性和递变性是什么？（都是活泼的非金属单质，在反应中表现一定的氧化性，例如：都可以与氢气或金属单质反应。从氟到碘，卤族元素的原子半径增大，得电子能力减弱，反应越来越困难）	根据原子结构示意图，能够看出卤族元素的原子核外电子排布有什么特点？（随着原子的核电荷数递增，核外电子层数逐渐增加，但是最外层电子数都是7个） 根据表格信息，由氟到碘，卤族元素单质与氢气反应的难易程度的变化规律是什么？（反应逐渐变得困难）反应生成的氢化物的稳定性的变化规律是什么？（稳定性逐渐减弱）卤族元素非金属变化的规律是什么？（非金属性逐渐减弱） 探究实验： 演示实验：分别向 KBr 和 KI 溶液中滴加氯水，观察现象。 演示实验：向 KI 溶液中滴加溴水，观察现象。 结论：随着核电荷数的增加，卤族元素单质的氧化性，按照 F_2、Cl_2、Br_2、I_2 的顺序依次减弱	培养学生的实验设计、观察和归纳总结的能力
环节五	上面我们研究了两个具有代表性的主族：碱金属和卤族元素。可以看出，元素的性质主要与原子核外电子排布，特别是最外层电子数有关。原子结构相似的一族元素，它们在化学性质上表现出相似性和递变性。同主族元素由上到下原子核外电子层数依次增加，原子半径逐渐增大，失电子能力逐渐增强，得电子能力逐渐减弱，所以金属性逐渐增强，非金属性逐渐减弱	师生交流互动	帮助学生形成"结构决定性质"的大概念

【单元"教学评"一体化】

表 3 - 2 - 7　"原子结构、元素周期表的化学史"单元"教学评"一体化

课时	目标	活动与任务	评价方法
1	1.1	回顾新知——初中学习的关于原子的构成。 认知新知——质量数	由学生汇报原子的结构，知道构成原子的微粒间的关系
	1.2	写出 1～20 号元素原子结构示意图并分小组展示，寻找规律	能总结得到核外电子排布的能量规律和数量规律
	1.3	认识原子结构发展史中的各种模型	通过原子结构的发展史，以及原子结构模型的演变，能直观地了解原子结构的真实情况
2	2.1	根据 1～20 号元素原子结构示意图寻找规律并排序，探究元素周期表的编排原则。 分小组讨论元素周期表的结构	在学生小组合作探究中找到横行和纵行的排序规律。 横行：电子层数目相同，原子序数从左到右递增。 纵行：最外层电子数相同，电子层数由上而下递增。 进一步认识元素周期表的结构，能严谨地使用化学语言描述元素在元素周期表中的位置
	2.2	阅读材料，了解元素周期表的发展历程	学习门捷列夫以及其他科学家对元素周期表的发现史，感受推理在科学研究中的重要价值，体会科学研究的精髓是在前人经验基础上进行的拓展
	2.3	阅读材料，掌握核素、同位素概念以及其用途	理解核素的表达方式及个别核素的应用。 质量数 $\longleftarrow$ $^{A}_{Z}X$ $\longrightarrow$ 元素符号 质子数 掌握微观粒子的表征方式

续　表

课时	目标	活动与任务	评价方法
3	3.1	小组讨论分析碱金属元素、卤族元素原子的结构特点，并根据钠和氯气的性质预测同主族元素单质的性质，并设计实验验证	掌握碱金属单质、卤族元素单质的物理化学性质的相似性与递变性规律，能设计实验证明该结论
	3.2	从碱金属元素、卤族元素这两个典型的主族元素的结构与性质的学习中得出元素周期表结构与元素性质的结论	能归纳得到以下结论： 同主族元素由上到下原子核外电子层数依次增加，原子半径逐渐增大，失去电子能力逐渐增强，得电子能力逐渐减弱，所以金属性逐渐增强，非金属性逐渐减弱
	3.3	进行化学史的学习和小组讨论展开的探究实验设计	掌握科学研究的一般流程和学习科学研究的态度

【单元教学反思】

通过本单元内容的学习，可以帮助学生形成物质微观构成的科学思维。学生对物质的理解与认识不仅仅停留在肉眼可见的范围内，而是建立了微观视角。指导学生理解物质是由微观粒子在一定相互作用下构成，不同物质之所具有不同的宏观表象，是由于它们的微观构成存在显著性差异。

本单元内容的学习可以发展学生宏观辨识与微观探析的学科核心素养。而且注重发展学生的证据推理与模型认知的学科核心素养。通过化学史以及不同的科学实验，注重引导学生基于实验事实性证据进行科学推理。例如在本单元第 1 课时原子结构的学习中，教师引导学生观看汤姆孙葡萄干布丁模型，卢瑟福 α 粒子散射实验，通过科学事实引导学生进行推理，得出结论。这不仅发展学生证据推理的核心素养，也可以让学生在学习过程中感受科学研究过程中"矛盾—分析现象—建立模型—解释现象"的基本流程，发展学生科学探究素养，对单元知识进行梳理并建立"位—构—性"的化学基本认识模型，发展学生模型认知核心素养。

单元教学有助于学生构建知识体系。从整体角度把握课程，突出内容和过程的联系性和整体性，能依据学生的认知特点和某个单元的教学内容，设计合理的、有一定思维梯度的科学学习过程，注重学习的阶段性和层次性，避免了传统课时教学的随意性与盲目性。

　　同时，单元教学也有助于教师不断完善自身的智能结构。教师的教学设计视野从单课时的微观范畴转向更为宽阔的单元宏观范畴，教师能够从单元整体上把握教学目标、内容和方法，有利于使宏观层面的课程目标落到实处。

案例3　解密人体血液酸碱性

——电离平衡

【教学单元规划】

"电离平衡"是人教版（2019年）选择性必修一第三章"水溶液中的离子反应与平衡"第一节的内容，是学科大概念"可溶电解质在水溶液中的平衡"下的弱电解质的电离平衡。既是化学平衡的延续，又为水解平衡的学习奠定基础，起到很好的承前启后的重要作用。

在常规教学中，往往忽视了在真实情境下学习弱电解质的电离，导致学生对抽象知识的理解不够和运用不到位。"血液的酸碱平衡"是"水的电离和溶液的pH"中提供的素材。该素材涉及人体健康的知识，是学生较为感兴趣的课题。涉及的平衡知识囊括了"电解质在水溶液中的行为""电离平衡""水解平衡""离子反应与平衡的应用"这些核心概念。简而言之，以"血液的酸碱平衡"为情境进行单元整体教学设计，不仅能很好地凸显大概念"可溶电解质在水溶液中的平衡"的统领作用，还能较好地落实新课标的学业要求。

表3-3-1　新课程标准及2022年人教版教材对"弱电解质的电离"的内容编排

新课程标准相关要求	人教版教材
3.1 从电离、离子反应、化学平衡的角度认识电解质水溶液的组成、性质和反应。 3.2 认识弱电解质在水溶液中存在电离平衡，了解电离平衡常数的含义	第三章　水溶液中的离子反应与平衡 第一节　电离平衡 一、强电解质和弱电解质 二、弱电解质的电离平衡 三、电离平衡常数

新旧课标对比分析：新课标更加凸显知识的应用价值，思考平衡问题的方式更多体现在 $K-Q$ 关系层面，发展学生的微粒观、平衡观和守恒观，发展学生核心素养，培养系统思维能力。新旧教材对比分析：新教材把科学视野中的电离平衡常数改为正文，根据 $K-Q$ 关系判断水溶液中的平衡成了本章学习的重要工具；新教材删掉了"图 3 − 3 弱电解质电离过程中离子生成和结合成分子的速率随时间的变化"这一常用素材，旨在从粒子、反应和平衡角度，建立水溶液的认识思路。

【单元教材教法分析】

在教材的处理上，人教版通过对比实验让学生从宏观上认识相同体积、相同浓度的盐酸与醋酸的性质差异；通过展示二者在水中的电离示意图，从微观层面引导学生关注它们电离时的差异，由此形成强、弱电解质的概念。再将化学平衡的知识迁移来学习电离平衡，引导学生用类比的方法认识浓度等对电离平衡的影响。对于电离平衡常数概念的介绍，教材在编写时同样采用类比其他化学平衡的方法，引导学生了解电离平衡常数的意义、影响电离平衡常数大小的因素，以及电离平衡常数的大小与弱电解质相对强弱的关系。

教材没有一个统一的真实问题情境作为线索，难以真正培养学生的化学学科素养。本单元整体设计上，以"血液的酸碱平衡"这一真实情境承载弱电解质的电离的核心知识，一开始由吵架引起"碱中毒"，分析原因过程中认识电解质的强弱；接着通过"看溶液""看动画"从微观角度认识弱电解质的电离；再设计实验探究弱电解质的电离平衡及其影响因素，并利用平衡移动知识解密吵架引起"碱中毒"；最后通过分析"碱中毒"患者的化验单，引出电离平衡常数，设计实验探究电离平衡常数的影响因素，并利用电离平衡常数的计算分析"碱中毒"的 pH 是否正常。基于此，将本单元内容分为 2 个课时。

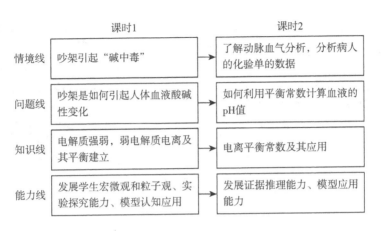

图 3 - 3 - 1　"电离平衡"单元内容规划

整个单元设计，紧紧围绕"解密人体血液酸碱性"这一真实情境。学生在教师引导下，利用手持技术进行实验探究活动，结合问题线索开展活动。在实验探究和学生活动中不断发展培养学生的实验探究、思维建模、数据处理、证据推理等高阶思维。学生最终运用所学知识一步一步寻找到碱中毒的原因和分析碱中毒患者的血液 pH 是否正常。

【单元教学目标设计】

表 3 - 3 - 2　"电离平衡"单元教学目标

单元目标	课时	课时教学目标
1. 通过探究吵架引起"碱中毒"的原理，运用平衡移动原理解析血浆中酸碱度变化对 $H_2CO_3/NaHCO_3$ 缓冲体系的影响，认识弱电解质概念，掌握弱电解质的电离平衡及其移动影响因素	第一课时	1.1 通过同浓度醋酸和盐酸 pH 测定等实验探究了解强电解质和弱电解质的区别。 1.2 通过"看"溶液与画醋酸中微观粒子图活动，能从宏观现象、微观图示和化学符号三个维度表征弱电解质的电离平衡。 1.3 通过设计实验，能从实验现象、数据等证据素材辨析论证醋酸的电离平衡，并形成认识水溶液中离子平衡的基本思路和一般模型。运用平衡移动原理解析血浆中酸碱度变化对 $H_2CO_3/NaHCO_3$ 缓冲体系的影响

续 表

单元目标	课时	课时教学目标
2. 了解临床上利用动脉血气分析诊断人体血液的酸碱性，通过用化学方法分析病人的化验单中的真实问题，掌握电离平衡常数及其应用	第二课时	2.1 了解电离平衡常数的意义及影响因素；能正确书写电离平衡常数表达式，构建电离常数模型。 2.2 能进行电离常数及氢离子浓度的简单计算；能用符号表征多元弱酸的电离平衡。 2.3 能利用电离平衡常数模型解释弱电解质在水溶液中发生的变化

【教学起点分析】

（一）基础

电解质的电离、离子反应、强酸与弱酸。

（二）前概念

化学平衡状态、化学平衡常数、影响平衡移动的因素、勒夏特列原理。

（三）认知障碍

从微观角度认识和分析电解质在水溶液中的行为，多元弱酸的电离平衡常数的应用。

（四）突破

宏微结合、多重表征、实验探究、数据分析、构建模型。

【单元学习活动设计】

（一）教学内容划分

"弱电解质的电离"是"水溶液中的离子反应与平衡"中的重点内容，也是整个中学化学教学的重点内容之一。它在高中化学有关化学平衡的学习中起到了承前启后的作用，既是初中所学的有关酸、碱、盐的概念及电离知识的深化，又是化学平衡理论知识的应用、延伸和拓展；同时还是研究物质在水溶液中行为的重要环节，是学生学习盐类的水解的基础，是连接化学平衡和溶解平衡的纽带。参考 2022 年人教版教参，本单元教学内容计划分为两个课时：第一课时，由宏观实验现象引入强弱电解质的概念，再从微观层面探究弱电解质在水溶液中的存在形式，再用弱电解质电离方程式的书写符号表征弱电解质的电离，然后设计实验分析弱电解质在水溶液中的电离平衡的建立，以及影响电离平衡的因素，从而引导学生从定性的角度探索弱电解质电离行为；第二课时，引导学生从定量的角度探索弱电解质电离行为，掌握弱电解质电离平衡常数及其应用，从数据分析、实验探究、计算验证等多角度分析电离平衡常数的影响因素。

（二）教学过程设计

表 3 - 3 - 3 "电离平衡" 教学过程设计

单元	课时	问题	任务与活动
单元主题：解密人体血液酸碱性。 单元问题：吵架是如何引起人体血液酸碱性变化的？如何利用平衡常数计算血液的 pH 值？	课时1：弱电解质的电离平衡。 情境：吵架引起碱中毒	问题1.1 碱中毒是什么？ 问题1.2 吵架是如何引起人体血液酸碱性变化的？ 问题1.3 如何用微观角度解释强弱电解质区别？	任务1.1 观看"吵架引起碱中毒"视频，了解什么是碱中毒。 任务1.2 通过实验探究对比盐酸、醋酸的酸性，从宏观角度来认识电解质的强弱。 【问题1】你能设计实验证明醋酸的酸性比盐酸弱吗？请大家讨论、交流，并简述实验方案。 | 实验方案	预期现象	方案结论 | |---|---|---| | 方案1. 用pH试纸测试比较等体积、等浓度的两种酸的pH | pH(醋酸)>pH(盐酸) | pH高者酸性较弱，pH低者酸性较强 | | 方案2. 取等浓度、等体积两种溶液于试管中，分别加入等量镁条，观察反应剧烈程度 | 反应剧烈程度：醋酸<盐酸 | 反应剧烈者酸性较强，反应相对平缓者酸性较弱 | | 方案3. 测试比较等体积、等浓度两种溶液的导电能力强弱 | 导电能力强弱：醋酸<盐酸 | 导电能力强者酸性较强，导电能力弱者酸性较弱 | 【探究1】完成上述3个实验，根据实验现象，对比预期现象，验证实验结论。 pH(HCl)=1.0　pH(CH₃COOH)=2.8　反应剧烈程度：醋酸<盐酸　导电能力强弱：醋酸<盐酸 任务1.3 画出醋酸溶液中的微粒，观看动画演示醋酸电离过程，书写弱电解质电离方程式，从微观探析和符号表征认识弱电解质的电离。

续 表

单元	课时	问题	任务与活动
单元主题: 解密人体血液酸碱性。 单元问题: 吵架是如何引起人体血液酸碱性变化的? 如何利用平衡常数计算血液的 pH 值?	课时 1: 弱电解质的电离平衡。 情境:吵架引起碱中毒	问题 1.4 如何通过定量实验证明醋酸在水中存在电离平衡?	【探究2】"看溶液"活动:你"看到"了什么? 请用 ○ 表示微粒,在 ○ 内写上微粒符号,表示你"看到"的盐酸和醋酸的区别(醋酸可以简写成HAc, 醋酸根可简写为 Ac⁻)。 $HCl \Longrightarrow H^+ + Cl^-$ $HAc \rightleftharpoons H^+ + Ac^-$ 【问题2】如何解释等浓度的盐酸和醋酸在水中电离的差异? 醋酸溶液中的这些粒子之间可能存在怎样的相互作用? 请尝试解释像醋酸这样的弱电解质在水中为什么不能完全电离。 化学—电离平衡的建立 CH₃OOH ── H⁺ + CH₃OO⁻ H₃O⁺ 提示:为了简化我们将H₃O⁺简写为H⁺ 【问题3】如何书写弱电解质电离方程式? $CH_3COOH \rightleftharpoons H^+ CH_3COO^-$ $NH_3 \cdot H_2O \rightleftharpoons OH^- + NH_4^+$ $H_2CO_3 \rightleftharpoons H^+ + HCO_3^-$ (主) $HCO_3^- \rightleftharpoons H^+ + CO_3^{2-}$ 任务 1.4 类比化学平衡,设计实验证明醋酸电离平衡的存在,归纳总结电离平衡的特征、影响因素,建立电离平衡模型。 【探究3】向0.1mol/L醋酸溶液中加入少量醋酸铵固体,向0.1mol/L盐酸中加入少量NaCl固体,测两种酸溶液前后的pH,通过pH的变化来判断醋酸电离平衡的移动方向,进而佐证醋酸溶液中存在电离平衡。 pH 4.77 pH 1.04 pH (HCl) =1.0 pH (HAc) =2.8 醋酸+醋酸铵 盐酸+氯化钠

续 表

单元	课时	问题	任务与活动
单元主题：解密人体血液酸碱性。 单元问题：吵架是如何引起人体血液酸碱性变化的？如何利用平衡常数计算血液的pH值？	课时1：弱电解质的电离平衡。 情境：吵架引起碱中毒	问题1.5吵架气到"中毒"，从平衡移动的角度解答如何解毒？	【探究4】将0.1mol/L醋酸溶液稀释1000倍，将0.1mol/L盐酸稀释1000倍，测两种酸溶液稀释前后的pH，通过pH的变化来判断电离平衡移动方向，进而佐证醋酸溶液中存在电离平衡。 pH 4.47 pH 4.04 pH (HCl) =1.0 pH (HAc) =2.8 醋酸稀释1000倍 盐酸稀释1000倍 （见下表） **任务1.5** 从电离平衡的认识中，解密吵架气到"中毒"的原因，寻找血液碱中毒的解毒措施：缓解情绪、戴口罩回收 CO_2 等 解密吵架气到"中毒"的原因 已知人体血液中存在如下平衡： $CO_2 + H_2O \rightleftharpoons H_2CO_3 \rightleftharpoons H^+ + HCO_3^-$ 人体血液的pH需维持在7.35～7.45。当pH<7.35会导致酸中毒，pH>7.45会导致碱中毒。 吵架后"中毒"，与上述平衡相关，因为随着吵架，呼出大量 CO_2，平衡状态发生改变，向左移动，就会发生了轻微碱中毒。

室温下，0.1 mol/L CH_3COOH（aq）：

$$CH_3COOH \rightleftharpoons H^+ + CH_3COO^-$$

条件改变	平衡移动方向	H^+数目	c (H^+)	溶液的导电能力
加水稀释	向右	增大	减小	减弱
加少量 CH_3COONH_4 (s)	向左	减小	减小	增强
加少量 NaOH (s)	向右	减小	减小	增强
通入少量 HCl (g)	向左	增大	增大	增强
加少量 Mg	向右	减小	减小	增强
升高温度	向右	增大	增大	增强

续表

单元	课时	问题	任务与活动
单元主题：解密人体血液酸碱性。单元问题：吵架是如何引起人体血液酸碱性变化的？如何利用平衡常数计算血液的pH值？	课时2：电离平衡常数。情境：分析病人的化验单	问题2.1 如何表征人体血液内存在的离子平衡关系？问题2.2 电离平衡常数受哪些因素影响？	任务2.1 了解动脉血气分析，分析某一个病人化验单（pH模糊），类比化学平衡常数，引出电离平衡常数的概念、表示方法，以及多元弱酸、多元弱碱的电离平衡常数。

有个病人的化验单上pH值变模糊看不清了，能不能通过其他数据计算判断该病人血液pH值是否正常呢？

【活动1】阅读课本P57，类比化学平衡常数，形成电离平衡常数的概念与表达形式。

1.概念

在一定条件下，弱电解质的电离达到平衡时，溶液中弱电解质电离所生成的各种离子浓度的乘积，与溶液中未电离分子的浓度之比是个常数，这个常数称为电离平衡常数，简称电离常数。

K_a表示弱酸（acid）的电离平衡常数

K_b表示弱碱（base）的电离平衡常数

【活动1】阅读课本P57，类比化学平衡常数，形成电离平衡常数的概念与表达形式。

2. 表示方法

(1)一元弱酸HA的电离常数：

根据HA ⇌ H^+ + A^-，可表示为 $K_a = \dfrac{c(H^+) \cdot c(A^-)}{c(HA)}$

(2)一元弱碱BOH的电离常数：

根据BOH ⇌ B^+ + OH^-，可表示为 $K_b = \dfrac{c(B^+) \cdot c(OH^-)}{c(BOH)}$

$c(A^-)$、$c(B^+)$、$c(HA)$和$c(BOH)$均为达到电离平衡时各粒子在溶液中的浓度

环节一　电离平衡常数　　　　　　　【模型类推】

【活动1】阅读课本P57，类比化学平衡常数，形成电离平衡常数的概念与表达形式。

3. 多元弱酸、多元弱碱的电离平衡常数

多元弱酸的电离是分步进行的，每步各有电离平衡常数，通常用K_1、K_2等来分别表示。例如：

$$H_2CO_3 ⇌ H^+ + HCO_3^- \qquad K_{a1} = \dfrac{c(HCO_3^-) \cdot c(H^+)}{c(H_2CO_3)}$$

$$HCO_3^- ⇌ H^+ + CO_3^{2-} \qquad K_{a2} = \dfrac{c(CO_3^{2-}) \cdot c(H^+)}{c(HCO_3^-)}$$

电离常数的大小：$K_{a1} \gg K_{a2}$，多元弱酸的酸性主要由第一步电离决定。

任务2.2 通过分析资料数据，计算验证（三段式法计算），得出电离平衡常数的影响因素。

环节二　电离平衡常数的影响因素　　　【数据分析】

【活动2】分析资料1中所给的数据，已知酸性大小：HF>CH_3COOH>HClO，得出影响电离平衡常数大小的因素是什么？

资料1：25℃时，几种弱酸的电离常数

名称	电离常数
HF	3.5×10^{-4}
CH_3COOH	1.8×10^{-5}
HClO	3.0×10^{-8}
H_2CO_3	4.3×10^{-7}

影响因素1——内因

相同温度下，不同电解质的电离常数不同，即影响电离常数大小的主要因素是弱电解质本身的性质。

单元	课时	问题	任务与活动
单元主题：解密人体血液酸碱性。 单元问题：吵架是如何引起人体血液酸碱性变化的？如何利用平衡常数计算血液的pH值？	课时2：电离平衡常数。 情境：分析病人的化验单	问题2.3 电离平衡常数有哪些应用？	**环节二　电离平衡常数的影响因素**　【数据分析】 【活动3】结合资料1和资料2中所给的数据，分析两种情况下H_2CO_3的电离常数不同的原因。 资料1：25℃时，几种弱酸的电离常数 资料2：人体血液中$K_{a1}(H_2CO_3)=8.024×10^{-7}$，请解释25℃与人体血液中碳酸电离常数不一样的原因。 影响因素2——温度： 由于弱电解质电离一般都吸热，所以升高温度能促进电离，电离常数会增大。（越热越电离） **环节二　电离平衡常数的影响因素**　【实验探究】 【活动4】设计实验证明醋酸的电离平衡常数与浓度的关系。 上图是上节课我们用pH传感器测定的0.10 mol·L⁻¹ CH₃COOH(aq)及其稀释1000倍后0.00010 mol·L⁻¹ CH₃COOH(aq)的pH实验数据图。 **环节二　电离平衡常数的影响因素**　【计算验证】 【活动4】设计实验证明醋酸的电离平衡常数与浓度的关系。 求算0.00010mol/L 醋酸的电离平衡常数 $K_a=\dfrac{c(H^+)·c(CH_3COO^-)}{c(CH_3COOH)}=\dfrac{10^{-4.47}×10^{-4.47}}{10^{-4}-10^{-4.47}}≈1.74×10^{-5}$

任务2.3 类比化学平衡常数的应用，构建模型，得出电离平衡常数的应用。

环节三　电离平衡常数的应用　【模型认知】

1. 判断电离平衡的移动

借助$K、Q$关系来判断 $\begin{cases}K>Q，平衡正移。\\K=Q，平衡状态。\\K<Q，平衡逆移。\end{cases}$

室温下，0.1 mol/L CH₃COOH(aq)：CH₃COOH ⇌ H⁺ + CH₃COO⁻

条件改变	K_a	Q	电离平衡移动方向
加入量NaOH(s)	不变	变小	向右（促进电离）
加少量Mg	不变	变小	向右（促进电离）
升高温度	变大	变小	向右（促进电离）

环节三　电离平衡常数的应用　【模型认知】

2. 比较弱电解质的相对强弱

不同弱电解质具有不同的电离常数，K值越小，表明弱电解质越难电离，所以电离常数是表征弱电解质相对强弱的特征值，可以用于比较常见弱酸（或弱碱）在相同条件下的酸性（或碱性）强弱。

某些弱电解质的电离常数（25℃）

弱电解质	电离常数	弱电解质	电离常数
$H_2C_2O_4$	$K_{a1}=5.6×10^{-2}$ $K_{a2}=1.5×10^{-4}$	CH₃COOH	$K_a=1.75×10^{-5}$
H_2SO_3	$K_{a1}=1.4×10^{-2}$ $K_{a2}=6.0×10^{-8}$	H_2CO_3	$K_{a1}=4.5×10^{-7}$ $K_{a2}=4.7×10^{-11}$
HF	$K_a=6.3×10^{-4}$	HClO	$K_a=4.0×10^{-8}$

预测酸性：$H_2C_2O_4>H_2SO_3>HF$
CH₃COOH>H₂CO₃>HClO

设计实验验证

单元	课时	问题	任务与活动
单元主题：解密人体血液酸碱性。单元问题：吵架是如何引起人体血液酸碱性变化的？如何利用平衡常数计算血液的pH值？	课时2：电离平衡常数。情境：分析病人的化验单	问题2.4 如何利用平衡常数计算血液的pH？	**环节三 电离平衡常数的应用** 【实验验证】 实验3-2：向盛有2 mL 1 mol/L醋酸的试管中滴加1 mol/L Na₂CO₃溶液，观察现象。 实验现象：溶液中产生气泡，即放出CO₂气体。 实验结论：依据"强酸制弱酸"，说明CH₃COOH的酸性比H₂CO₃强。 $K_a(CH_3COOH) > K_{a1}(H_2CO_3)$ 推出 酸性：$CH_3COOH > H_2CO_3$ 任务2.4 利用电离平衡常数和化验单的数据，计算病人化验单中的pH，判断该病人的pH是否正常 **环节四 人体血液中的离子平衡** 【学以致用】 已知人体血液中： $K_{a1}(H_2CO_3) = 8.024×10^{-7}$, $c(H_2CO_3) = PCO_2 × 0.03$（0.03为血浆内37℃时的溶解度常数） $c(HCO_3^-)$为实际血浆碳酸氢根（随地空气的血液样本在实验条件下所测血气）。 请根据左图报告单中的数据计算该份血液样本的pH值。 **环节四 人体血液中的离子平衡** 【学以致用】 $c(H_2CO_3) = 46.2 × 0.03 = 1.386$ mmol/L $c(HCO_3^-) = 31.4$ mmol/L $K_{a1} = \dfrac{c(HCO_3^-)·c(H^+)}{c(H_2CO_3)} = 8.024×10^{-7}$ $c(H^+) = 3.542×10^{-8}$ ⟹ pH=7.45 该份血液样本的pH值在正常范围

（三）学习活动设计

环节	问题线	活动线	知识线	能力线
环节一 创设情境：吵架引起碱中毒，引发问题，认识电解质的强弱	提出研究问题：碱中毒是什么？吵架是如何引起人体血液酸碱性变化的？通过实验探究对比盐酸、醋酸的酸性来认识电解质的强弱	设计实验证明盐酸和醋酸酸性强弱的方案	盐酸和醋酸的酸性强弱	从生活情境着手，提升获取关键有效信息的能力，设计实验分析问题并解决的能力
环节二 微观探析，认识弱电解质的电离	如何用微观角度解释强弱电解质区别？	画出描述醋酸溶液中溶质的微粒，分析平衡的建立	能从宏观现象、微观图示和化学符号三个维度表征电离平衡	将化学平衡与电离平衡联系起来，发展学生宏观现象与微观探析的能力
环节三 认识弱电解质的电离平衡	如何通过定量实验证明醋酸在水中存在电离平衡？	设计浓度实验证明醋酸平衡的存在，并建立电离平衡模型	能从实验现象、数据等证据素材辨析论证醋酸的电离平衡及影响因素	提高学生实验探究的能力，发展学生证据推理与科学探究的素养
环节四 应用平衡，体会化学学科价值	吵架气到"中毒"，从平衡移动的角度解答如何解毒	从电离平衡的认识中，寻找血液碱中毒的解毒措施	认识人体血液存在H₂CO₃/HCO₃⁻缓冲体系	模型应用，提高学生用化学知识解决生活问题的能力

图3-3-2 课时1：弱电解质的电离平衡

情境线	问题线	活动线	知识线	能力线
环节一：了解临床上利用动脉血气分析诊断人体血液的酸碱性的方法	如何表征人体血液内存在的离子平衡关系	类比化学平衡常数，掌握电离平衡常数的概念	电离平衡常数的概念及表达	运用平衡思想动态地分析物质在水溶液中的变化
环节二：根据人体血液的碳酸电离平衡常数和常温下的区别，分析其原因	电离平衡常数有哪些影响因素？设计实验探究方案并形成结论	测量常温下0.10mol/L醋酸溶液的pH值，以及稀释后的pH值，计算其电离平衡常数	利用三段式计算，得到结论：电离平衡常数与溶液浓度无关，只受温度影响	实验设计和证据推理能力
环节三：实验探究，探索电离平衡常数的应用	如何通过实验比较不同弱酸的电离常数大小？	小组合作实验：向盛有2mol/L醋酸的试管中滴加1mol/L Na₂CO₃溶液	理解"强酸制弱酸"，认识到"强酸制弱酸"就是争夺氢离子的过程	提高实验分析能力，发展宏观辨识与微观探析能力
环节四：人体血液pH的计算	如何利用电离常数计算血液的pH	请根据报告单的数据计算该份血液样本的pH	电离平衡常数的计算	认识人体血液中的酸碱平衡，诊断并发展学生信息处理的水平

图 3 - 3 - 3　课时 2：电离平衡常数

【单元"教学评"一体化】

表 3 - 3 - 4　"电离平衡"单元"教学评"一体化

课时	目标	评价方法
课时 1	1.1	讨论设计方案，组织语言用规范的化学用语回答老师的问题，动手完成实验，得出实验结论并理解强、弱电解质的本质区别，教师总结反馈
	1.2	通过"看"溶液活动和微观动画演示醋酸的电离，分析弱电解质水溶液中各离子和分子浓度的变化及特点，个别学生单独描述，教师总结反馈
	1.3	设计实验证明弱电解质电离平衡存在，完成速率—时间图
	1.4	类比化学平衡，总结弱电解质的电离平衡规律，教师总结反馈
课时 2	2.1	类比化学平衡常数，小组讨论得出电离平衡常数的概念及表示方法，教师总结反馈
	2.2	查阅资料，分析数据，分析出影响电离平衡常数的因素，设计实验进行探究，并独立计算验证
	2.3	类比化学平衡常数，小组讨论得出电离平衡常数的应用，教师总结反馈

【单元教学反思】

第一，核心素养引领下的大概念单元教学，能够促使教师深入思考知识背后更为本质的思想方法（大概念），促进教师知识与方法的结构化，提升教师思维的深度与广度，进而提升学生的思维品质和学习效率。

第二，本单元以创设人体血液内微粒之间的关系为教学情境，展开弱电解质电离的教学。为了方便学生理解，我们以醋酸的电离平衡为例进行探究，再使用该电离平衡模型了解人体血液中微粒之间存在的平衡关系与变化，旨在让学生感受化学与生命科学的紧密联系，激发学生对化学的学习兴趣。

第三，单元设计，融合的关键在于解决真实情境驱动性问题所需的必备知识的难度。例如，在认识血浆中 H_2CO_3/$NaHCO_3$ 缓冲体系中碳酸的过程中，因为碳酸是二元弱酸，其电离过程较为复杂，所以在探讨强电解质和弱电解质的区别时，应先以醋酸为例，在评价时再结合情境来分析碳酸，这样可以降低学生的认知障碍。

第四，实施过程中，技术融合是很关键的部分。例如，pH 传感器（或手持技术）对教学效率或者课堂效率的提高都可以起到关键性作用。

第五，不足之处是本单元的计算数据是基于真实情境，比如化验单数据，学生没有计算器没办法在课堂上计算得到结果，仅仅通过分析解题思路，学生缺乏体验计算过程。

案例4　因地制宜，物尽其用

——自然资源的开发利用

【教学单元规划】

《普通高中化学课程标准（2017年版2020年修订）》中对本节内容的要求是能以海水、金属矿物、煤、石油等的开发利用为例，了解依据物质性质及其变化综合利用资源和能源的方法。课标中对该内容的学业要求是能举例说明重要资源和能源的主要类型、成分和用途；能从化学的角度分析从资源到产品的转化途径，能对资源的开发利用和能源的使用方案进行评价；辩证地看待资源使用的利弊及其对环境和社会的影响。

本节内容的教学主题是"因地制宜，物尽其用"。以金属矿物、海洋资源、化石燃料等自然资源的综合利用为背景，巩固复习前面所学的氧化还原反应理论以及物质之间的相互转化等知识，揭示了化学在金属矿物、海水资源和化石燃料开发利用中的作用，体现了化学为开发利用自然资源提供了科学依据。同时，从保护资源和保护环境的角度对化学的应用和发展提出了新要求，在教学中发挥化学学科的育人功能，培养学生的科学态度和社会责任等核心素养。根据课标要求及其内容特点，本节将安排三个课时。

表3-4-1　"自然资源的开发利用"教学单元课时划分

课时	内容	重难点
课时1	金属矿物的开发与利用	掌握常见金属的冶炼方法，建立金属冶炼的一般模型
课时2	海水提溴	掌握海水提溴的一般方法，建立工艺流程的思维模型
课时3	身边的化石能源	掌握煤、石油综合利用的方法

【单元教材教法分析】

（一）情境创设教学法

第一课时引入金属矿物开发利用时，介绍紫金县的宝山铁矿，由此引起学生对身边矿产资源的关注，激发学生对金属冶炼过程的好奇心与求知欲。

第二课时以惠州的海洋资源为例引入海水资源的综合利用问题，以溴在生活中的用途凸显化学在生活中的重要作用。从我国的溴产量不太乐观的现实状况入手，让学生意识到学习提溴的必要性。

第三课时让学生重点关注身边的化石能源，增强环境保护意识和社会责任感。

（二）实验探究法

第二课时探究如何使海水中的溴离子氧化成溴单质，在课堂上设计了微型的创新实验。在小的西林瓶中加入模拟海水，用注射器加入不同的氧化剂，探究溴离子的氧化过程；并在课堂上使用空气吹出法模拟海水提溴的过程，观察低浓度的橙黄色溴水被空气吹出颜色变浅的过程。

（三）问题驱动法

在第一和第二课时使用任务驱动法，围绕着"金属冶炼的核心步骤""海水提溴的过程"展开学习，不断提出问题。在和学生讨论探究中解决问题，从而发展了学生的证据推理和模型认知的能力。

（四）综合实践法

在第三课时教学之前，分配学生综合实践任务，通过实地走访和网络查找资料了解身边化石能源的使用情况。

【单元教学目标设计】

(一) 教学单元总目标

表 3 - 4 - 2　"自然资源的开发利用"教学单元总目标

课程标准	教学单元总目标
以海水、金属矿物、煤、石油等的开发利用为例，了解依据物质性质及其变化综合利用资源和能源的方法。 认识化学对构建清洁低碳、安全高效的能源体系所能发挥的作用，体会化学对促进人与自然和谐相处的意义	掌握金属矿物的开发利用，能从微观角度认识物质的性质与冶炼方法的选择。 了解海洋中元素的多样性，能根据物质的性质及变化规律寻找合适的方法，设计简单的工艺流程。 了解碳中和概念，通过实践调查和对化石能源综合利用的学习，培养科学态度与社会责任化学核心素养

(二) 教学单元课时目标

表 3 - 4 - 3　"自然资源的开发利用"教学单元课时目标

课时	课时目标	评价目标
课时 1：金属矿物的开发与利用	1.1 了解我国金属冶炼的发展过程，感受化学在社会发展中的作用。 1.2 通过古文的阅读与分析，掌握不同的活泼性金属冶炼方法，并形成金属冶炼的一般模型。 1.3 在资源的综合利用过程中，树立变废为宝意识，形成绿色观念和可持续发展的意识	1.1 学生分析古文等文献材料，书写化学方程式。 1.2 在总结对比古代金属冶炼的方法中，提炼出金属冶炼的模型，了解现代冶炼金属的方法——电解法，并归纳出金属冶炼的本质：金属阳离子被还原为金属单质。 1.3 提出合理利用矿物资源的方法
课时 2：海水提溴	2.1 了解海洋中元素的多样性，感受海洋资源的丰富与应用开发前景，培养学生科学态度与社会责任。 2.2 掌握海水提溴的工艺流程，能理解物质的性质与变化及其相关的核心化学反应，形成资源综合利用和环境保护的意识。 2.3 了解工业生产需要考虑的问题，形成工艺流程的认知模型，提高学生的问题意识和解决问题的能力	2.1 了解海洋资源的种类及综合利用方法。 2.2 知道工业提溴过程中如何选择氧化剂及核心方程式的书写，掌握富集的思想。 2.3 能利用工艺流程一般模型应用于分析其他物质的提纯过程

续 表

课时	课时目标	评价目标
课时3:身边的化石能源	3.1 了解碳中和概念,掌握煤、石油、天然气综合利用的内容,培养变化观念的学科素养。 3.2 知道节约能源及防止污染的重要性,培养关注社会可持续发展的科学态度与社会责任	3.1 能区分煤的干馏、气化、液化是化学变化,知道对化石能源综合利用的原因。 3.2 在碳中和背景下,提出减碳的策略

【教学起点分析】

(一) 已有知识基础

本节内容是高中化学必修部分的最后一章。学生已经掌握了元素及其化合物的性质、氧化还原反应原理、离子反应、元素周期律等知识,为本节课的学习奠定了知识和能力基础。

(二) 可能出现的学习困难

必修部分对物质的分离与提纯涉及的并不多,删减了旧教材的萃取、过滤、蒸发等操作,使学生对工艺流程的分析产生一定的障碍,学生对真实生产了解的不多,对工艺流程的核心思想还较为陌生。

(三) 突破点

结合查阅古文史料、具体生产情境、分组实验探究等方式,还原生产过程中存在的问题,在解决这些问题的过程中达到深度学习的效果。

【单元学习活动设计】

(一) 教学流程设计

表 3 – 4 – 4　"自然资源的开发利用"教学流程设计

课时	环节	情境线	问题线	知识线	活动线	素养线
第一课时	环节一:新课导入	从紫金矿产资源说起	金属冶炼过程中哪一步最为核心?	金属冶炼一般步骤:采矿、选矿、预处理、冶炼、精炼、生产生活应用	阅读紫金矿山资料	家乡认同感

续　表

课时	环节	情境线	问题线	知识线	活动线	素养线
第一课时	环节二：穿越历史，追随古人寻"宝"	司母戊鼎、越王勾践剑。阅读古文文献，了解其涉及的金属冶炼方法	根据文献信息，请你谈谈，人类冶炼金属的顺序可能跟哪些因素有关，并写出相关的化学方程式	金属的活泼性。金属在自然界的存在形态。金属在地壳中的储量。金属矿物的开采难度等	阅读古文，思考讨论后回答问题	证据推理与模型认知，文化自信
	环节三：因地制宜，探究现代炼"宝"	高炉炼铁、拿破仑的铝碗	高炉炼铁的原理及反应方程式。活泼金属如何冶炼	还原剂焦炭、CO、H_2、Na、Al 等将相对不活泼的金属从其化合物中置换出来	思考讨论古代碳炼铁、高炉炼铁、铝热炼铁的优缺点	变化观念
	环节四：金属冶炼模型建立	不同的金属冶炼方法不同的原因	总结金属冶炼的一般方法	金属冶炼的本质：金属阳离子被还原为金属单质	根据金属冶炼的本质，建立金属冶炼模型	模型认知
	环节五：物尽其用，合理用"宝"	铝制饮料罐的回收、镁的冶炼	如何合理利用矿产资源，如何在镁的生产工艺中降低成本、减少污染	加强金属资源的回收和再利用	形成绿色观念和可持续发展意识	科学态度、社会责任
第二课时	环节一：情境引入	惠州的海景图	如果你居住在海边，如何因地制宜，利用海洋资源？海水提溴需要考虑哪些问题？	海洋中有丰富的资源，有生物资源、化学资源、水资源、矿产资源、能源等	分析资料信息	获取信息能力

续表

课时	环节	情境线	问题线	知识线	活动线	素养线
第二课时	环节二：产品制备	我国溴素主要产地在山东，产量长期处于低位水平，产品进口依赖度较高	海水提溴的工艺如何确定每一个环节呢？工业生产中该如何选择氧化剂？结合资料，思考原料预处理方法。结合液溴的物理性质，选择合适的方法分离溴	得到海水提溴的工艺流程	小组实验寻找氧化剂，分析资料信息，确定生产工艺的环节	证据推理和模型认知
	环节三：模型应用	海水制备无水氯化镁，工业上利用海带提碘	利用工艺流程认知模型分析利用海水制备氯化镁的过程	工艺流程思想	信息迁移，模型应用	证据推理与模型认知
第三课时	环节一：煤的综合利用	本地蜂窝煤的使用情况	为什么蜂窝煤的使用越来越少了？	提出煤综合利用的途径，学习煤的干馏、气化、液化	走访小摊贩、农村等使用蜂窝煤的地方了解情况。煤的干馏演示实验	培养学生调查、分析、解决问题的能力
	环节二：石油的综合利用	石油产品的使用情况	煤气（液化石油气），加油站的各类汽油、煤油、柴油是什么？	分享石油分馏和裂化的原理，并结合本地实际展示其产品用途	走访本地液化石油气的销售点、加油站，并结合网络资源获取有用信息	培养获取信息及分析能力

续 表

课时	环节	情境线	问题线	知识线	活动线	素养线
第三课时	环节三：天然气的综合利用	生活中天然气的使用情况	天然气和煤气的区别；本地居民天然气的使用情况如何	天然气的成分和我国天然气的储存和开采情况	走访天然气销售点，了解天然气的使用情况，查找资料分享可燃冰的开采	培养沟通和获取信息的能力
	环节四：总结提升	碳中和背景下的分析	谈谈在碳中和背景下对能源利用的看法	进一步认识碳中和与能源之间的关系	小组学生代表发言	培养学生的社会责任、环保意识

（二）教学过程设计

表 3 – 4 – 5　"自然资源的开发利用"教学过程设计

课时	问题	任务与活动
课时 1：金属矿物的开发与利用	1.1 从矿石到金属单质，金属冶炼过程中哪一步最为核心？ 1.2 结合人类冶炼金属的顺序时间表，推测这可能跟哪些因素有关。 1.3 结合古文炼铁文献资料判断其属于哪些金属的冶炼并写出相关的化学方程式。 1.4 归纳金属冶炼的原理。 1.5 思考讨论古代碳炼铁、高炉炼铁、铝热炼铁的优缺点。 1.6 现代冶炼金属铝的方法。 1.7 形成金属冶炼的模型并应用	1.1 学生根据信息资料推测，回答。 1.2 讨论金属的活泼性、存在状态等特点并进行分析。 1.3 学生欣赏古文并讨论分析。 1.4 归纳古代金属冶炼的共同点。 1.5 对比分析三种冶炼铁的方法，并作出评价和判断。 1.6 阅读资料，并得到金属冶炼的本质：金属阳离子被还原为金属单质。 1.7 在学习讨论过程中形成绿色观念和可持续发展意识
课时 2：海水提溴	2.1 海洋资源的利用有哪些呢？	2.1 根据已有的知识和生活经验，讨论如何利用海洋资源。

课时	问题	任务与活动
课时2：海水提溴	2.2 想从海水中提取溴单质，如何选取氧化剂？ 2.3 如何对海水进行预处理？ 2.4 如何分离低浓度的溴？ 2.5 工业上为什么用二氧化硫吸收吹出来的溴单质，并且再进行二次氧化得到溴？ 2.6 归纳海水提溴的工艺模型，并应用于海水制镁	2.2 学生进行试验探究，选择可以氧化溴离子的氧化剂，同时考虑价格等因素，最终选择氯气。 2.3 结合老师提供的资料，选择最优方案。 2.4 根据溴的物理性质和课堂上的演示实验，选择空气吹出法分离溴。 2.5 学生分析前后的溴水浓度变化。 2.6 思考，讨论，交流
课时3：身边的化石能源	3.1 为什么蜂窝煤的使用越来越少了？ 3.2 生活中有哪些能源是石油的产品？煤气（液化石油气），加油站的各类汽油、煤油、柴油是什么？ 3.3 天然气和煤气的区别？本地居民天然气的使用情况如何？ 3.4 谈谈在碳中和背景下对能源利用的看法	3.1 走访小摊贩、农村等使用蜂窝煤的地方了解情况，结合网络资料，分析得到煤直接利用的缺点，进而寻找综合利用的方法。 3.2 学生课前了解身边能源的使用情况，并查找资料，找出石油综合利用的产品有哪些。 3.3 走访天然气销售点，了解天然气的使用情况，查找资料分享可燃冰的开采。 3.4 进一步认识碳中和与能源之间的关系

【单元"教学评"一体化】

表3-4-6 "自然资源的开发利用"单元"教学评"一体化

课时	目标	评价方法
课时1：金属矿物的开发与利用	1.1	投影学生的化学方程式书写情况
	1.2	师生交流，在互动中评价反馈
	1.3	课堂题目检测反馈
课时2：海水提溴	2.1	师生口头交流反馈
	2.2	学生动手实验探究，汇报、讨论、交流
	2.3	学生应用模型分析解题，生生评价、师生评价
课时3：身边的化石能源	3.1	学生课前开展调查研究，课堂上进行小组成果汇报，师生交流评价
	3.2	学生个人汇报交流，教师总结点评

【单元教学反思】

本单元主题是"因地制宜，物尽其用"，选自人教版（2019 年）必修第二册第八章第一节内容，旨在引导学生思考自然资源的开发利用问题，感受化学的价值，培养学生在真实情境下解决问题的能力。通过不同价态元素的转化与分离、提纯，培养学生的粒子观、元素观和变化观，能够完整体现自然界物质提取的一般流程和方法，帮助学生建立方法模型；通过自主探究实践，了解化石能源的综合利用方法，培养学生的科学态度和社会责任等核心素养。

对比新旧教材发现，新教材的内容编排更加规范、合理。把旧教材中第二节内容（煤、石油和天然气综合利用）合并到本节，更加符合本节资源的开发利用的主题，归类更加规范，编排更加合理。

新教材中删除了"铝热反应""海带提碘实验"等实验，丰富了"海水提溴流程"示意图，这正是依托于新课标"重视开展素养为本的教学"中倡导的真实情景而创设。

本单元设计是基于真实的生产生活情境出发，使原本孤立的分节知识更具系统化。让学生融入真实的生产、生活情境中，感受化学给生产、生活带来的影响，以情境为依托，助力学生健全、巩固自身的化学知识体系，基于整体的角度从根本上培养学生的化学素养。

本单元设计，意在提高学生课堂参与度，让学生成为学习的主体。达到了课标对本单元教学内容的要求，使证据推理与模型认知、科学探究与创新意识、科学态度与社会责任等化学核心素养落地。

但也存在不尽人意的地方，如本单元的内容使得课堂上可开展的学生探究实验有限，而且第三课时的开展需要学生投入大量的精力和时间。本单元教学设计在深度学习视域下的课堂教学上还有待改进。

案例5　汽车尾气的"前世、今生和来世"

——氮及其化合物

【教学单元规划】

教材没有一个统一的真实问题情境作为线索，从物质类别的角度分别介绍了氮气、氮氧化合物、硝酸和酸雨的防治，学生学习时容易产生知识碎片化和运用能力薄弱等问题。本单元整体设计上，以"汽车尾气的产生、危害及转化"这一真实情境承载氮及其化合物的核心知识。单元划分为两个课时，第一个课时以"汽车尾气的产生和危害"为线索，引导学生从元素质量守恒和元素价态的角度分析汽车尾气中氮氧化合物的产生和危害，并通过实验探究验证。第一课时主要涉及的知识包含氮气的性质、氮氧化合物和硝酸的性质。第二个课时主要以"汽车尾气的转化"为核心设计思想，将化学与社会、化学与技术主题模块相结合，能够让学生深刻认识和感受化学在技术创新中的价值。选择这样的综合主题，有利于提升学生解决实际问题的能力，并使学生接受、吸收、整合化学信息的能力有所提高。第二课时主要涉及的知识有氮氧化合物、氨气及铵盐的性质。

【单元教材教法分析】

"氮及其化合物"是人教版（2019年）必修第二册第五章"化工生产中的重要非金属元素"第二节的内容。氮元素在化工生产中扮演着重要角色。根据《普通高中化学课程标准（2017年版2020修订）》，教师要能结合真实情境，通过实验探究的手段，在情境和实验中带领学生认识氮及其化合物的主要性质，认识氮在生产生活中的应用以及对环境生态的影响；学生要能从物质类别、元素价态两个维度，利用复分解反应和氧化还原反应原理，预测、探究氮及其化合物的主要化学性质，形成一般实验探究的基本思路，并能运用所学知识参与到社会性议题的讨论中。

在常规教学中，经常按部就班的一个物质一个物质的介绍，往往忽视了在真实情境下学习元素化合物的知识，导致学生对抽象知识的理解不够和运用不到位，无法深层次的感受元素化合物对我们生产生活的影响。因此，要落实学科核心素养的课堂教学，就要求教师积极创设真实且富有价值的问题情境。本次单元设计选取的"汽车尾气的产生、危害及转化"这一真实情境，通过分析问题、解决问题，促使学生通过查阅文献、设计实验探究等，在问题解决过程中，不断提升化学学科核心素养。

【单元教学目标设计】

表 3 – 5 – 1　"氮及其化合物"单元教学目标

单元目标	课时	课时教学目标
1. 通过探究分析汽车尾气中氮氧化物的产生和对生产生活的危害，从物质类别和元素价态的角度认识氮气以及 NO、NO_2 的性质，了解自然界形成硝酸的过程，并通过认识硝酸型酸雨的危害来学习硝酸的性质。	第一课时	1.1 通过分析空气成分，推测汽车尾气中氮氧化物的产生原因，并利用实验探究验证。 1.2 通过阅读资料，了解氮氧化物对环境的影响，并设计实验，体会 NO、NO_2 之间的相互转化，了解自然界形成硝酸的过程。 1.3 预测硝酸型酸雨的危害，实验验证硝酸的酸性和强氧化性
2. 了解汽车尾气处理的一般方法，通过研究汽车尾气处理的演变来渗透氨气及铵盐的性质。培养学生环境保护和资源回收再利用的意识，树立人与自然、社会和谐、可持续发展的价值观	第二课时	2.1 了解汽车尾气处理中的氨水吸收法，通过分析其原理和缺陷，渗透氨气的一般性质。 2.2 通过提出改善氨水吸收法的设想，引导学生学习铵盐的性质。 2.3 介绍其他尾气处理的方法，充分培养学生环境保护和资源回收再利用的意识，树立人与自然、社会和谐、可持续发展的价值观

【教学起点分析】

(一) 基础

学过氯、硫等典型非金属元素的性质,掌握学习一般元素化合物知识的能力。

(二) 认知障碍

元素化合物知识学习碎片化;应用知识解决问题的能力薄弱,与生产生活脱节;从多种角度认识元素的能力欠缺;预测分析、实验探究的能力有待提高。

【单元学习活动设计】

(一) 教学流程设计

表 3 – 5 – 2　"氮及其化合物"教学流程设计

课时	问题	任务与活动
课时 1:汽车尾气的"前世"和"今生"(涉及汽车尾气的产生和危害)	1.1 汽车尾气中氮氧化物可能的产生途径有哪些? 1.2 氮气与氧气反应是生成 NO 还是 NO₂? 1.3 汽车尾气中的氮氧化物在空气中会发生什么样的转化?	1.1 通过分析汽车尾气的主要成分和汽油的主要成分,预测推断汽车尾气中氮氧化物的产生原因,并了解 N_2 的性质。 1.2 通过实验探究氮气与氧气反应是生成 NO 还是 NO_2。 **实验探究** [资料3]NO是无色的有毒气体,不溶于水;NO_2是红棕色、有刺激性气味的有毒气体。 N_2+O_2 →(放电) NO →(设想一/设想二) NO_2　$2NO+O_2\!=\!=\!=\!2NO_2$(常用于检验NO)　注入氧气 1.3 通过分析氮氧化物的危害认识氮氧化物在空气中的转化过程。学生通过实验探究 NO_2 与水反应的产物。

续表

课时	问题	任务与活动
课时1：汽车尾气的"前世"和"今生"（涉及汽车尾气的产生和危害）	1.4 请根据所学知识和资料信息提示，预测硝酸的性质。	（实验图示）注入石蕊试液 → 注入氧气 $3NO_2+H_2O=2HNO_3+?$　　　$3NO_2+H_2O=2HNO_3+NO$ 1.4 根据提供的信息和已学的知识，预测硝酸型酸雨有哪些危害，分别体现了硝酸的什么性质。 **实验探究** 【实验3】在两个装置内各放入一块铜线，分别加入稀硝酸和浓硝酸，观察发生的现象。 **实验现象**（稀硝酸）：反应缓慢，有少量气泡产生，<u>溶液变蓝</u>试管口有红棕色气体产生 **实验现象**（浓硝酸）：反应剧烈，有<u>大量气泡</u>产生，<u>溶液变蓝</u>，液面上有<u>红棕色</u>气体产生 **实验结论**（稀硝酸）：铜与稀硝酸常温下缓慢反应生成<u>NO</u>气体 **实验结论**（浓硝酸）：铜与浓硝酸常温下剧烈反应生成<u>NO_2</u>气体 1.5 知识迁移运用，请学生在下面价类二维图中画出"雷雨发庄稼"过程中涉及的物质转化及相关化学反应方程式 （价类二维图） 氮元素化合价：+5 HNO_3、+4 NO_2、+2 NO、0 N_2、-3 NH_3·H_2O NH_4^+ 物质类别：氢化物　单质　氧化物　酸　碱　盐 氮及其化合物的"价类"二维图
课时2：汽车尾气的"来世"（涉及汽车尾气的消除）	2.1 减少汽车尾气中的氮氧化物的途径有哪些？ 2.2 在尾气处理过程中，如何提供氨气？ 2.3 如何减少氨气供给装置的体积？	2.1 减少汽车尾气中的氮氧化物的途径有哪些？ 第一，可以从产生的"源头"发动机入手，换发动机（比如电动车）或使用清洁燃料；第二，调整发动机工作参数（空燃比），还有废气再循环技术或稀燃技术；第三，增加尾气处理装置。 2.2 介绍选择性催化还原技术，引出氨气可以还原氮氧化物，引导学生根据信息写出化学反应方程式，感受氨气的还原性。 $$6NO+4NH_3 \xrightarrow{\text{催化剂}} 5N_2+6H_2O$$ $$6NO_2+8NH_3 \xrightarrow{\text{催化剂}} 7N_2+12H_2O$$ 2.3 提供氨气的物理性质，引导学生思考在尾气处理过程中，如何提供氨气。 学生会回答：将氨气溶于水制成氨水。为了体现氨气极易溶于水的性质，可演示氨溶于水的喷泉实验。

课时	问题	任务与活动
课时 2：汽车尾气的"来世"（涉及汽车尾气的消除）	2.4 尾气处理有没有更好的技术？	（见下方内容）

2.4 尾气处理有没有更好的技术？

氨气

氨气

酚酞溶液

酚酞溶液

$$NH_3 + H_2O \Longrightarrow NH_3 \cdot H_2O$$

然后由浓氨水分解得到氨气，介绍简易制氨气的装置。

可以用哪些方法快速制氨气：

①加热浓氨水法

②浓氨水加生石灰法
（生石灰吸水、溶解时放热）

浓氨水

浓氨水

CaO

$$NH_3 \cdot H_2O \xrightarrow{\triangle} NH_3\uparrow + H_2O \qquad NH_3 \cdot H_2O + CaO = NH_3\uparrow + Ca(OH)_2$$

2.4 SCR 技术需要更大的安装空间，如何减少氨气供给装置的体积？引导学生思考能提供氨气的固体物质，引入铵盐的性质介绍。

$$NH_4Cl \xrightarrow{\triangle} NH_3\uparrow + HCl$$

$$NH_4HCO_3 \xrightarrow{\triangle} NH_3\uparrow + CO_2\uparrow + H_2O$$

$$NH_4NO_3 + NaOH \xrightarrow{\triangle} NaNO_3 + NH_3\uparrow + H_2O$$

$$2NH_4NO_3 \xrightarrow{300℃} 2N_2\uparrow + O_2\uparrow + 4H_2O$$

$$2NH_4Cl + Ca(OH)_2 \xrightarrow{\triangle} CaCl_2 + 2NH_3\uparrow + 2H_2O$$

2.5 由于铵盐提供氨气的缺陷，最后实际应用中选用了尿素溶液来提供氨气，但 SCR 系统容易造成氨气的泄漏，氨气本身具有极强的腐蚀性，容易造成设备的损坏，因此最后经常会加装氧化装置将多余的氨气去除。介绍氨气的催化氧化反应。

$$4NH_3 + 5O_2 \xrightarrow[\triangle]{催化剂} 4NO + 6H_2O$$

（氨气的催化氧化）

2.6 由于其存在的缺陷，SCR 技术主要在消除一些固定源中氮氧化物污染（如发电厂排放的氮氧化物）方面运用比较成熟。介绍 NSR 技术，其能兼具稀燃发动机高能效和 SCR 技术低排放的优点。

续表

课时	问题	任务与活动
课时2：汽车尾气的"来世"（涉及汽车尾气的消除）		2.7 知识迁移与运用。 阅读下列材料并回答问题。 （1）常见的大气污染分为一次污染和二次污染。二次污染指的是排入环境中的一次污染物在物理、化学或生物因素作用下发生变化，或与环境中的其他物质发生反应生成新的污染物，如 $2NO + O_2 \xlongequal{\quad} 2NO_2$，二氧化氮就是二次污染物。在 SO_2、NO、NO_2、HCl、CO 五种物质中，不会导致二次污染的是 <u>HCl、CO</u>。 （2）汽车尾气（含一氧化碳、二氧化硫和氮氧化物等）是城市空气的污染源之一，治理的方法之一是在汽车的排气管上装"催化转化器"。它能使一氧化碳和氮氧化物发生反应生成可参与大气生态循环的无毒气体。 ①汽车尾气中易造成光化学烟雾的物质是 <u>NO 等氮氧化物</u>。 ②写出一氧化氮与一氧化碳反应的化学方程式：<u>$2NO + 2CO \xlongequal{\text{催化剂}} N_2 + 2CO_2$</u>

（二）学习活动设计

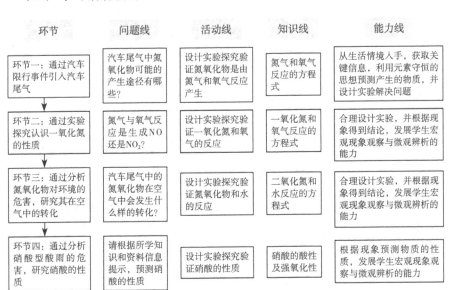

图 3-5-1　课时1：汽车尾气的"前世"和"今生"

环节	问题线	活动线	知识线	能力线
环节一：引导学生思考减少汽车尾气的方法	减少汽车尾气中的氮氧化物的途径有哪些？	小组讨论分享	氮氧化物的性质和氨气的还原性	锻炼学生分析问题、解决问题的能力，培养学生节能减排、尾气处理的思想
环节二：引导学生思考在尾气处理过程中如何提供氨气	在尾气处理过程中，如何提供氨气？	根据资料信息，利用氨气的物理性质思考问题	氨气极易溶于水以及和水反应的方程式	获取关键信息的能力，并运用信息解决问题
环节三：引导学生不断优化装置	如何减少氨气供给装置的体积？	探究铵盐的性质	铵盐的分解和与碱反应的方程式	根据目的，提出假设并通过实验验证
环节四：介绍SCR技术的缺点并提供更好的尾气处理方法	尾气处理有没有更好的技术？	引导学生思考其他还原剂或者催化剂的选择	氨气的催化氧化反应	根据需求优化方案，提高学生解决问题的高阶思维

图 3-5-2　课时2：汽车尾气的"来世"

【单元"教学评"一体化】

表 3-5-3　"氮及其化合物"单元"教学评"一体化

课时	目标	评价方法
课时 1	1.1	获取关键信息，利用元素守恒的思想预测物质的产生，并设计实验解决问题，动手完成实验，得出实验结论并验证猜想
	1.2	合理设计实验，并根据现象得到结论，发展宏观现象与微观辨析的能力，学生阐述实验结论，教师总结反馈
	1.3	学生根据信息预测硝酸的性质，并能有效开展实验验证
课时 2	2.1	小组讨论解决方案，组织规范的化学用语回答老师的问题。能有效依据节能减排、尾气处理的思想提出相应措施，并根据氨气的性质提出相应的尾气处理装置中氨气供给装置的方法。教师总结反馈
	2.2	查看资料，获取有效信息，能有效根据铵盐的性质改善氨气供给装置
	2.3	能根据需求优化方案，提高学生解决问题的高阶思维。课后能发展环境保护和资源回收再利用的意识，树立人与自然、社会和谐、可持续发展的价值观

【单元教学反思】

第一，在真实情境下学习元素化合物的知识，能加强学生对抽象知识的理解和运用，深层次的感受元素化合物对我们生产生活的影响。（将化学与社会、化学与技术主题模块相结合，能够让学生深刻认识和感受化学在技术创新中的价值，使学生接受、吸收、整合化学信息的能力有所提高）

第二，不足之处是本单元为了充分贯彻大单元的真实情境，对一些知识进行了删减，比如工业合成氨的反应就没有涉及，需要在后续的学习中进行讲解。

案例6　有机官能团的转化

——乙醇与乙酸

【教学单元规划】

"乙醇与乙酸"是人教版（2019年）必修第二册第七章"有机化合物"第三节的内容。由教材的编写上提取出"结构决定性质"的基本学科大概念，高度概括事物的性质、特征以及事物间内在联系及规律。

不同于多数章节以大情境统领单元教学，一是因为乙醇、乙酸本身的教学情境就比较多，不需要另外增加情境；二是以有机官能团的转化为知识主题，能够对乙醇、乙酸的课程进行深化和升华。整个过程，体现"物质结构—预测性质—实验验证—解释结论"的学习思路与方法，设计"认识官能团—官能团性质—官能团的转化"三个递进环节掌握课堂，建构了学生学习有机化学的思维模式。

表3-6-1　新课程标准及2019年人教版教材对"乙醇与乙酸"的内容编排

新课程标准相关要求	人教版教材
1. 能辨识常见有机化合物分子中的碳骨架和官能团。能概括常见有机化合物中碳原子的成键类型。 2. 能描述乙醇、乙酸的主要化学性质及相应性质实验的现象，能书写相关的反应式，能利用这些物质的主要性质进行鉴别	第七章　有机化合物 第三节　乙醇与乙酸 一、乙醇 二、乙酸 三、官能团与有机化合物的分类

新旧教材对比分析：人教版（2004 年）把这一模块称作"生活中两种常见的有机物"，旨在引导学生发现生活中的化学；人教版（2019 年）则是将其称作"乙醇和乙酸"，并增加了"官能团与有机化合物的分类"和"认识有机化合物的一般思路"的方法引导。新教材更加注重培养学生"结构决定性质，性质决定用途"的有机化合物的学习方法，提高证据推理和模型认知的化学核心素养。

【单元教材教法分析】

高中化学课程在本章之前已经介绍了化学基本概念、原理和典型的金属、非金属元素及其化合物，尚未涉及有机化合物；而接下来第八章"化学与可持续发展"的教学需要学生具备一定的有机化学知识基础。为构建完整的学科知识体系和进行必修模块的教学，学生们学习有机化学，了解有机化学的概貌都是十分有必要的。

乙醇与乙酸是人类较早发现、制备和应用的有机化合物，在生活和生产中的用途广泛，学生十分熟悉；二者也是醇类和羧酸这两类烃的含氧衍生物的典型代表。教材在第二节介绍了乙烯，反应产物中涉及卤代烃，学生已经初步接触了含有官能团的有机物。本节在此基础上，结合乙醇的实例给出官能团的概念，让学生从结构的角度理解决定有机物分类与化学性质的特征基团，并从官能团转化和物质类别变化的角度认识有机物之间的转化，初步认识有机合成。同时，教材在本节最后结合官能团的作用，从结构和性质的角度对常见有机物进行分类，通过"方法引导"栏目初步总结认识有机物的一般思路，使学生掌握方法，进一步强化有机物的认知模型。

根据课程标准和学时要求，以及考虑到选择性必修阶段还将会对有机物进行更加全面及深入的学习，所以针对这方面的知识学生主要掌握物质的结构、官能团、乙醇的氧化反应及乙酸的弱酸性及酯化反应即可。

【单元教学目标设计】

表 3 – 6 – 2 　 "乙醇与乙酸" 单元教学目标

单元目标	课时	课时教学目标
1. 通过"望、闻、查、鉴"掌握乙醇与乙酸的物理性质。 2. 搭建球棍模型,掌握乙醇与乙酸的结构。 3. 以乙醇在人体中的代谢过程,做鱼时加酒和醋,学习官能团羟基、醛基、羧基、酯基,并掌握官能团的转化及有机化学的学习方法。 4. 以官能团类别对物质进行分类,再探究官能团间的转化	第一课时	1.1 能通过"望、闻、查",归纳乙醇的物理性质。 1.2 能通过球棍模型的搭建预测乙醇可能具有的结构。设计实验,并从实验现象、数据等证据中,推理乙醇的结构,培养科学探究及证据推理能力。 1.3 能掌握乙醇在人体内的消化过程,学习乙醇、乙醛、乙酸的相互转化,获得有机官能团间转化的方法
	第二课时	2.1 能巧妙设计酒精、醋酸、水的鉴别活动,引导学生自主总结乙酸的物理性质。 2.2 能通过球棍模型的搭建,掌握乙酸的结构。 2.3 通过生活中乙酸除水垢引出乙酸的酸的通性,掌握乙醇与乙酸的酯化反应,宏微结合掌握乙酸中官能团羧基的性质
	第三课时	3.1 能识别常见物质的官能团,系统的掌握官能团的种类及根据官能团对物质分类。 3.2 能复原常见物质的性质,掌握官能团的性质,建构"结构决定性质"的思维方法,掌握有机化学的学习方法,培养学生模型认知的化学核心素养。 3.3 能设计合成路线——"以乙烯为原料,合成乙酸乙酯",学习官能团相互转化的方法

【教学起点分析】

(一) 基础

学生已经学习了甲烷、乙烯,掌握了取代反应、加成反应,学习了乙烯具有官能团的性质,初步了解到分子性质与官能团间存在必然的联系。

（二）前概念

取代反应、加成反应。

（三）认知障碍

从官能团角度分析物质性质；化学键的活性部位的判断；官能团间的相互转化及条件。

（四）突破

通过本节课的学习，加深对官能团与有机化合物性质间关系的学习，并形成以官能团为分类标准的有机化合物的分类，掌握官能团间相互转化关系及条件，并形成初步的有机合成思维及有机化合物的学习方法。

【单元学习活动设计】

（一）教学内容划分

乙醇与乙酸的知识在必修和选修阶段都是重点的内容。对比必修与选修，必修阶段重在形成"官能团"的概念，形成有机物的类别意识；选修阶段重在应用"官能团"的概念，认识有机物类别通性。在必修课程中应着力把握好教学的广度和深度，形成有机化合物的基本概念的同时，掌握基本的有机化合物的学习方法及有机基团间的相互转化。

参考人教版（2019 年）教参，本单元教学内容计划分为三个课时实施：

第一课时，通过班级篮球赛的失利导致学生失落情绪引出诗句"何以解忧？唯有杜康"。由生活情境进入文化情境，引发学生的学习兴趣，进而结合生活经验总结出乙醇的一般用途。然后给出本节课的三个任务：认识乙醇的物理性质；探究乙醇分子的结构；探究乙醇在人体内的转化。同时，充分应用导学案，设计模型拼插、学生实验等活动，结合真实情境，体现了"物质结构—预测性质—实验验证—解释结论"的学习思路与方法，构建了"有机物官能团相互转化"的思维模型。达到了深度学习的目标可达，情境可入，思维可视，能力可练的四大维度。

第二课时，承接上一节课杜康发明酿酒工艺引出乙醇，通过历史典故杜康的儿子黑塔发明酿醋工艺——"醋的来历"引入新课。本节课有三个任务：认识乙酸的物理性质和分子结构；掌握乙酸具有酸的通性；掌握乙酸乙醇的酯化反应及原理。整节课围绕多个问题情境，密切联系生活实际，充分发挥学生主体作用，高效落实学科核心素养。通过这节课，学生掌握了必备知识，具备了关键能力，提升了核心素养。

第三课时，是前两节课"乙醇"和"乙酸"的拓展延伸和深化。任务有三个：认识有机物的官能团及分类；有机物官能团的性质；官能团的转化。承接前两节课的内容，设计乙酸乙醇溶解碳酸钙的实验引入，引出官能团的重要作用，自然过渡到常见的有机物的官能团的学习。然后分小组讨论常见官能团都具有哪些性质，并由小组派代表分享，老师补充总结。引导学生归纳出认识有机化合物的一般思路：有机物结构—官能团种类—官能团性质—有机物性质。最后以乙烯制备乙酸乙酯的设计思路，构建了"有机物官能团相互转化"的思维模型。

（二）教学过程设计

表 3 – 6 – 3　"乙醇与乙酸"教学过程设计

单元	课时	问题	任务与活动
单元主题：有机官能团的转化——乙醇与乙酸	课时 1：乙醇。情境：为什么有的人千杯不醉，有的人一杯就倒？问题：乙醇在人体内究竟发生了哪些化学变化？	1.1 结合生活经验谈谈酒精在生活中有哪些应用和用途。1.2 请同学们结合有机物成键的规律推测分子式为 C_2H_6O 可能的结构？并设计实验验证乙醇的结构。	1.1 认识乙醇的物理性质，了解乙醇的用途。1.2 探究乙醇分子的结构：通过拼插预测乙醇可能具有的结构式，并设计实验验证乙醇的结构，形成"羟基"作为官能团的概念。活动：①回顾钠可以和水反应，且钠保存在煤油中，推断 C–H 不与钠反应，O–H 与钠反应，预测若钠与乙醇反应则结构为 $\begin{matrix} & H & H & \\ & | & | & \\ H- & C- & C- & O-H \\ & | & | & \\ & H & H & \end{matrix}$。②开展乙醇与钠反应的实验，并结合已知信息验证得出乙醇的结构。

单元	课时	问题	任务与活动
单元主题：有机官能团的转化——乙醇与乙酸		1.3 有的人千杯不醉，有的人一杯就倒，有的人喝酒面不改色，有的人一喝酒就面红耳赤，这是为什么呢？乙醇在人体内究竟发生了哪些化学变化？ 1.4 铜作为催化剂，模拟乙醇在人体内氧化生成乙醛。观察实验现象及书写化学反应方程式。 1.5 为什么家里酿的黄酒会变酸？怎样检验司机是否酒后驾车？乙醇作为燃料又发生怎样的断键方式？	**预测推断** A: H—C—C—O—H B: H—C—O—C—H 回顾知识：①钠与H_2O（H—O—H）反应生成H_2； 　　　　　②钠能保存在煤油中（煤油为C_{10}~C_{16}烷烃，含C—H键） 推断：C—H不与钠反应，O—H与钠反应 预测：若乙醇与钠反应生成氢气，则乙醇的结构式为A； 　　　若乙醇与钠不反应生成氢气，则乙醇的结构式为B。 **实验验证——乙醇与钠反应** 【实验7-4】操作：　钠——无水乙醇　验纯后　迅速铜栓　　澄清石灰水 现象：①钠开始沉于试管底部，最终慢慢消失，产生无色可燃性气体； ②烧杯内壁有水珠产生； ③向烧杯中加入澄清石灰水不变浑浊 1.3 探究乙醇在人体中的转化。 **任务三：探究乙醇在人体内的转化** 【问题】有的人千杯不醉，有的人一杯就倒，有的人喝酒面不改色，有的人一喝酒就面红耳赤，这是为什么呢？乙醇在人体内究竟发生了哪些化学变化？ 　乙醇　乙醇脱氢酶　乙醛 CH_3CHO　乙醛脱氢酶（ALDH）　乙酸　CO_2+H_2O+热量 ①转化第1步——乙醇的催化氧化。 活动：学生分组实验，探究乙醇的催化氧化。 **转化第1步——乙醇的催化氧化** 【实验7-5】操作：　铜丝　乙醇　插入乙醇中　乙醇 现象：铜丝 $\xrightarrow{\Delta}$ 变黑（CuO） 插入乙醇中 又变红 闻到刺激性气味［乙醛（CH_3CHO）］ 总反应方程式：$2CH_3CH_2OH + O_2 \xrightarrow[\Delta]{Cu/Ag} 2CH_3CHO + 2H_2O$ **为什么有的人一喝酒就会面红耳赤？** 通过实验，学生观察到红色的铜丝先变黑又变红，同时产生具有刺激性气味的气体，深刻认识铜的催化剂功能，同时分析乙醇的断键方式与性质。

续 表

单元	课时	问题	任务与活动
单元主题：有机官能团的转化——乙醇与乙酸			②转化第2步——氧化为乙酸。 以家里酿的黄酒有时会变酸及利用酸性重铬酸钾进行酒后驾驶的检测为情境，分析存在乙醇氧化为乙酸的官能团的转化，剖析发生变化的活性基团。 ③转化第3步——氧化为二氧化碳。 通过乙醇在人体中的代谢情境认识乙醇在人体外的多种氧化反应，充分发挥"有机物官能团相互转化"核心概念的统摄作用，引导学生从官能团的视角分析化学键的变化，认识有机化合物的性质
	课时2：乙酸 问题：乙酸具有什么结构及性质？	2.1 有三支试管分别装着酒、醋、水，请同学们想一想，如果不用其他试剂能不能将这三者鉴别出来。 2.2 食醋可以清除水壶中的水垢，这是利用了乙酸的什么性质？	2.1 自主总结乙酸的物理性质。 2.2 通过学生小组模型拼插活动认识乙酸，分析乙酸结构。

续　表

单元	课时	问题	任务与活动
单元主题：有机官能团的转化——乙醇与乙酸		2.3 酒醋蒸鱼去腥提香，加热时乙醇与乙酸发生了什么反应？特别的香味是什么物质？ 2.4 为什么做糖醋鱼时需要加入酒和醋？为什么说："酒是陈的香"？	2.3 结合生活经验认识以及以前学习的知识认识乙酸具有酸的通性。 活动：实验①，往乙酸溶液中滴入几滴紫色石蕊试液；实验②，相同浓度的乙酸、盐酸分别与等量的碳酸钙反应。 在生活经验的基础上认识乙酸，使学生对乙酸的感性认识发展到理性分析上，增强实验探究与证据推理能力。 2.4 乙酸与乙醇的酯化反应。 活动实验：乙酸与乙醇的酯化反应。 带领学生学习乙酸与乙醇的酯化反应这一重点，巧用紫色石蕊改进实验，既使酯化反应的实验现象更明显，也让学生理解饱和碳酸钠溶液的作用，从宏观方面认识酯化反应的特点（难、慢、不完全），认识乙酸乙酯的官能团及其物质类别，培养了学生科学探究与创新意识。最后以同位素示踪法分析酯化反应断键情况，从微观层面突破酯化反应的断键机理及反应实质为取代反应
	课时3：有机物的分类和官能团的转化	3.1 家中水壶中的水垢可用乙酸溶液除去，如用乙醇溶液则不可以。请思考原因。	3.1 认识官能团。 通过识别一些常见的物质，认识物质中具有的官能团，掌握官能团的结构。

续 表

单元	课时	问题	任务与活动
单元主题：有机官能团的转化——乙醇与乙酸		3.2 乙酸乙酯是市场上需求量大的化工原料，假设你是化工厂的技术员，你能以乙烯为原料设计方案进行生产吗？	3.2 官能团的性质。 以熟悉的物质的性质出发，总结官能团的性质，掌握一类物质的性质，掌握有机化学学习的一般方法。 3.3 官能团的转化。 通过以乙烯为原料合成乙酸乙酯的情境，分析在合成过程中有哪些基团发生了哪些变化，掌握官能团的相互转化。 发挥"官能团"的核心概念的统领作用，深入对比两种烃的含氧衍生物乙醇与乙酸的异同，进一步发展"结构决定性质"概念，培养有机化学类别观，初步形成有机化合物学习的一般方法，掌握官能团转化的方法

（三）学习活动设计

环节	问题线	活动线	知识线	能力线
环节一 创设情境：古人"何以解忧？唯有杜康"引出乙醇，通过"望、闻、查"，探究乙醇的物理性质	结合生活经验，谈谈酒精在生活中有哪些应用和用途？观察酒精，结合生活经验，总结乙醇有哪些物理性质	归纳总结乙醇的用途，并辨识乙醇的物理性质	认识乙醇的物理性质	通过联想生活中的乙醇、辨识试剂瓶里的乙醇，培养学生宏观辨识素养
环节二 应用"预测—方案—验证—结论"的科学思路探究乙醇分子的结构	请同学们结合有机物成键规律，推测分子式为 C_2H_6O 可能的结构式？请结合实验7-4和提供信息，推测乙醇的结构式，并写出相应的方程式	搭建模型预测乙醇的结构，设计实验验证假设，最终得出乙醇的结构	探究乙醇的结构	通过对乙醇结构的预测及探究，形成研究物质结构的一般的思路和方法，培养学生证据推理能力及科学探究素养
环节三 以乙醇在人体内的转化为载体，探究乙醇转化为乙醛、乙酸、二氧化碳的官能团的转变	每个人的酒量都不一样，乙醇在人体内究竟发生了哪些化学变化？为什么有的人喝酒会面红耳赤？家里酿的酒为什么会变酸？怎样检验司机是否酒后驾车？	掌握乙醇在人体的转化，模拟乙醇在人体内转化成乙醛、乙酸的实验	探究乙醇的化学性质、过量饮酒的危害及酒驾检验方式	通过剖析乙醇在人体的代谢过程，形成了醛基、有机氧化还原反应的概念，认识到基团的转化，培养学生具有科学的态度与社会责任感

图 3-6-1　课时1：乙醇

环节	问题线	活动线	知识线	能力线
环节一 创设情境：如何鉴别乙酸、乙醇和水，引出乙酸的物理性质	1.有三支试管分别装着酒、醋、水，请同学们想一想，如果不用其他试剂能不能将这三者鉴别出来。2.请将鉴别出来的醋分成两份，分别倒入另外两支试管中，观察溶解现象	归纳总结乙酸的物理性质	认识乙酸的物理性质	通过小实验，探究乙酸的味道及溶解性，培养学生宏观辨识能力
环节二 乙酸球棍模型的拼搭	根据元素的成键特点，搭建乙酸的球棍模型	搭建模型	掌握乙酸的结构和官能团	通过对乙酸球棍模型的拼搭，微观上认识羧基及乙酸的结构
环节三 以乙酸可以除去水垢、做鱼时加入酒和醋可以提香，深入了解乙酸的酸性和酯化反应	1.食醋可以清除水壶中的少量水垢（主要成分碳酸钙），这是利用了乙酸的什么性质？请写出相关反应的化学方程式。2.如何比较乙酸与碳酸、盐酸的酸性强弱？设计实验方案。3.酒醋蒸鱼去腥提香，加热时乙醇与乙酸发生了什么反应？特别的香味是什么物质？	能设计实验，证明乙酸的酸性弱于盐酸；酯化反应演示实验，学生掌握实验操作及药品的用途，设计创意方案清晰的看到实验现象；利用同位素示踪法分析反应的断键机理	掌握乙酸的化学性质和酯化反应，了解酯基	通过乙酸与金属单质、碱、氧化物、碱的反应，多重证据推理乙酸具有酸性，并设计实验据推理乙酸的酸性小于盐酸，培养学生证据推理能力；通过酯化反应的操作及实验的创新，培养学生科学探究与创新意识；同位素示踪法分析断键机理，培养学生微观探析能力

图 3-6-2　课时2：乙酸

环节	问题线	活动线	知识线	能力线
环节一 创设情境，剖析乙醇与乙酸的性质差异的原因，引出官能团	家中水壶中的水垢可用乙酸溶液除去，如用乙醇溶液则不可以。请思考原因。这些物质的官能团是什么？你能指出以下物质的官能团吗？	理解和感受因为官能团差异导致的性质差异，识别官能团	认识官能团	识别物质具有的官能团，从微观上辨识物质
环节二 从熟悉的物质入手，总结官能团性质，对物质进行分类，了解有机化合物学习的一般方法	能说出乙烯、乙醇、乙酸的性质吗？	回顾常见有机化合物的性质，具有相同官能团物质的性质	官能团的性质	从官能团性质推理一类物质性质，深入应用结构决定性质原理，提高学生模型认知能力
环节三 从官能团的性质出发，设计乙烯合成乙酸乙酯的合成路线，体会官能团的转化	假设你是化工厂的技术员，你能以乙烯为原料设计乙酸乙酯的生产方案吗？	设计乙烯合成乙酸乙酯合成路线，分析官能团的转化	官能团的转化	掌握从官能团的性质出发，设计物质生产的合成路线的能力

图 3-6-3　课时3：有机物官能团的转化

133

【单元"教学评"一体化】

表 3 - 6 - 4   "乙醇与乙酸"单元"教学评"一体化

课时	课时教学目标	评价方法
第一课时	1.1	通过学生集体描述，诊断学生的归纳总结能力和对乙醇物理性质的掌握情况
	1.2	通过乙醇分子结构模型的搭建，推理验证乙醇分子结构实验的设计，诊断并发展学生信息加工运用能力与动手能力
	1.3	通过学生模拟乙醇在人体内代谢的实验操作，诊断学生对官能团转化的掌握情况及实验操作、现象描述的能力，发展学生的科学探究水平
第二课时	2.1	通过学生对乙酸物理性质的描述，诊断学生对乙酸的物理性质的掌握情况
	2.2	通过搭建乙酸分子的球棍模型，诊断学生的信息加工能力及动手能力
	2.3	通过书写乙酸与金属单质、碱、碱性氧化物、盐反应的化学方程式，掌握乙酸的酸性，再设计实验证明乙酸的酸性弱于盐酸，诊断学生对乙酸的酸性的掌握情况；通过酯化反应实验现象、试剂的分析、断键方式的判断，诊断学生对新的有机反应类型、官能团的掌握情况
第三课时	3.1	通过个别同学回答问题，诊断学生对官能团结构的识别和掌握情况
	3.2	通过学生对物质的性质的回忆，再给出陌生物质让学生分析物质可能具有的性质，诊断学生对官能团性质的掌握情况
	3.3	通过设计合成路线，诊断学生对有机物官能团转化的理解，体验有机化学学习的价值及为更深入的学习有机化学奠定基础

【单元教学反思】

第一，本单元以有机物官能团的转化为教学情境，展开对羟基、醛基、羧基、酯基的学习，丰富学生的有机化学知识，便于其形成以官能团类别为分类标准的有机化合物分类思路，形成"有机物结构—官能团种类—官能团性质—有机物性质"的学习思路，形成决定性质的有机化学学习的一般思路，激发学生对有机化学学习的兴趣。

第二，采用球棍模型和实验探究的方法分析乙醇、乙酸的结构，有利于学生形成"预测—方案—验证—结论"的有机化学探究的科学思路，增强学生实验探究与创新意识以及证据推理能力。

第三，不足之处是在讲解乙醇和乙酸的过程中，因为乙醇和乙酸的生活情境都是特别的丰富，素材用得比较多，没有很好地进行取舍和整合，某些情境会喧宾夺主。

案例7　乙醇与乙酸

【教学单元规划】

乙醇与乙酸是两种重要的烃的含氧衍生物，也是生活中常见的两种有机化合物。《普通高中化学课程标准（2017 年版 2020 年修订）》（简称"新课标"）中明确提出"重视以学科大概念为核心，使课程内容单元化，以主题为导向，使教材知识情境化，促进学科核心素养的落实"。乙醇与乙酸是生活中常见的有机化合物，在日常生活和工业生产中的用途广泛，学生对这两类物质有一些的认知；也是醇和羧酸这两类烃的含氧衍生物的重要代表物。课本在本节课之前介绍了烃的相关性质，以及出现了卤代烃等相关物质，学生对官能团的知识有初步了解。本节在此基础上，结合乙醇的实例给出官能团的概念，让学生从官能团的角度认识有机物，抓住官能团决定性质，总结有机物反应断键成键的特点。同时，教材在本节最后结合官能团的作用，从官能团和反应类型的角度对常见有机物进行分类，通过思维导图栏目初步总结认识有机物的一般思路，使学生掌握方法，进一步强化有机物的认知模型。

表 3－7－1　课程标准及其他版本教材（2019 版）中"乙醇与乙酸"的内容编排

课程标准相关要求	人教版	鲁教版
1. 能根据物质类别推测物质性质，从"羟基"的视角建构"醇"的概念，从"羧基"的视角建构"酸"的概念，掌握乙醇和乙酸的组成和结构特点、化学性质、转化关系及其在生产、生活中的重要应用。	第七章　有机化合物 第一节　认识有机化合物 第二节　乙烯与有机高分子材料 第三节　乙醇与乙酸 第四节　基本营养物质 整理与提升	第三章　简单的有机化合物 第一节　认识有机化合物 第二节　从化石燃料中获取有机化合物 第三节　饮食中的有机化合物

课程标准相关要求	人教版	鲁教版
2. 能运用微粒结构图式描述并论证乙醇和乙酸的化学键断裂部位，能够基于化学键、有机反应规律归纳乙醇和乙酸的反应类型	实验活动 8　搭建球棍模型认识有机物化合物分子结构的特点 实验活动 9　乙醇、乙酸的主要性质	微项目　自制米酒——领略我国传统酿造工艺的魅力 本章自我评价

【单元教材教法分析】

（一）学生情况分析

1. 已有基础

学生从有机物的结构掌握区分甲烷、乙烯化学性质，认识"结构决定性质"的学科核心观念，可以让学生进一步从"官能团"的角度认识乙醇、乙酸的性质。乙醇和乙酸是学生非常熟悉的两种烃的含氧衍生物，结合生活经验探究分析乙醇、乙酸的物理性质，可加深学生对这两种物质的性质和用途的认识。

2. 发展需求

学生初步学习有机化学，需要在学习中形成"结构决定性质"观念、有机化合物类别意识、探究有机化合物的基本思路与方法，丰富对有机物转化关系的认识。

3. 困难障碍

学生的有机化合物的微观表征能力不足，未能深入由化学键的变化认识有机反应的本质，难以将有机物间的转化关系与官能团的化学特性联系起来。

（二）教学内容分析

本节课为新授课，内容选自人教版（2019）高中化学必修第二册第七章"有机化合物"第三节"乙醇与乙酸"。对比选择性必修三第三章"烃的含氧衍生物"介绍乙醇、乙酸，不同模块在内容广度、知识深度、活动难度方面有所差别，体现了高中化学教学螺旋上升的特点。必修阶段重在形成"官能团"概念，形成有机物类别意识；选修阶段重在应用"官能团"概念，认识有机物类别通性。在必修课程中教师应着力把握好教学深广度、活动难度，引起学生探知有机物世界的兴趣和好奇心。

【单元教学目标设计】

（一）教学目标

1. 基于宏观实验和微观探析分析乙醇与乙酸的结构特点，通过官能团的性质认识乙醇和乙酸的化学特性。

2. 形成"官能团"核心概念，由官能团特性认识物质类别通性，发展"结构决定性质"概念。

3. 在多种角色视角中认识乙醇、乙酸在日常生活、化工生产、手工制作、医疗卫生等不同领域的应用，提升学生的核心素养和社会责任感。

（二）评价目标

1. 通过实验探究辨析并提升学生的实验探究能力、证据推理能力。

2. 基于宏观实验与微观反应机理认识官能团特性，认识乙醇与乙酸的性质，辨析并提升学生"结构决定性质"观念。

3. 在 STSE 情境中发现、分析并解决问题，诊断并发展学生的化学人文素养水平。

【单元学习活动设计】

（一）教学思路设计

本单元以学科刺激大概念为线索，运用内容分析法梳理乙醇与乙酸有关的知识内容，建构知识层级，让学生明确学习内容结构是什么？性质是什么？物质的用途是什么？官能团和物质性质的关系是什么？物质的性质和用途之间又有什么联系？通过不断的探究分别帮助学生建立"结构—性质—用途"的认知模型；提升学生通过物质的结构分析问题、解决问题的能力。

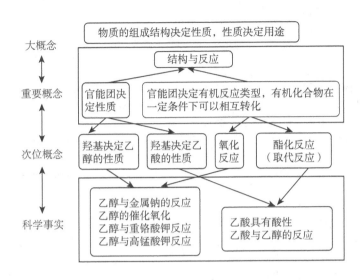

图 3-7-1 "乙醇与乙酸"教学思路

（二）教学过程设计

表 3-7-2 "乙醇与乙酸"教学过程设计

课时	教学过程
课时1：乙醇	情境1： 学生活动1：通过视频了解茅台酿制过程以及现场模拟酿酒。 **设计意图**：通过模拟实验，培养学生实验探究能力。 任务一：探究乙醇的物理性质。 教师活动：同学们在生活中对乙醇有一定认识，结合生活常识，试着归纳出乙醇的物理性质。 学生活动2：从颜色、气味、状态、密度、熔沸点、溶解性、特殊性质等角度归纳乙醇物理性质。 **设计意图**：通过观察、分析，培养学生自主学习的能力。 任务二：实验探究乙醇的分子结构。 学生活动3：通过乙烷分子式（C_2H_6）和结构，根据碳、氢、氧的成键原则，拼接出乙醇可能的结构。 乙醇可能的分子结构模型 教师活动：①钠可以保存在煤油里面（主要成分是烷烃）。②钠与水剧烈反应。③乙醇和钠反应的现象和原理是什么？

续 表

课时	教学过程
课时1：乙醇	实验演示7-4：乙醇与钠反应。 **设计意图**：通过模型搭建和实验探究，分析乙醇分子的结构，培养学生合作能力、观察能力、迁移能力、探究能力和分析能力。 学生活动4：分析乙醇和钠的反应原理。 教师活动：分析乙醇的结构中存在羟基—OH，并分析断键的机理。 **设计意图**：探究乙醇结构，通过分析结构中出现的情况，逐步探究出乙醇的分子结构。在从宏观现象引出对微观结构的探究中，体现"宏观辨识与微观探析"素养。 任务三：探究乙醇的化学性质。 情境2： 乙醇汽油是由乙醇和一定比例的普通汽油组成，属于混合物。为什么乙醇可以作为汽车的燃料呢？ 学生活动5：书写乙醇燃烧的化学方程式，并分析乙醇可以作为汽车燃料的原因。 **设计意图**：通过情境，让学生书写燃烧方程式，培养学生的科学素养，使学生能够通过所学知识分析物质在生活中应用的原理。 情境3： ①铜器焊接时，会生成发黑的氧化膜；②把发黑的铜制品趁热蘸一下酒精又光亮如初。这是为什么？ 铜件焊接时氧化变黑，处理后又恢复红色。 学生活动6：小组实验，完成实验7-5，观察归纳实验现象。 学生活动7：经查阅资料得到产生刺激性气味的物质为乙醛，根据乙醛结构，利用模型将乙醇催化氧化成乙醛的断键成键机理拆拼出来。 **设计意图**：通过对乙醇的催化氧化原理的分析，结合实验探究，更容易认识乙醇被氧化的过程，培养了学生从实际生活中发现化学知识，应用化学知识的能力。 教师活动：通过搭建球棍模型，引导学生分析出：乙醇分子中连接羟基的C上的氢原子和羟基上的氢原子脱去结合氧原子生成水，而乙醇上的碳氧单键变成了碳氧双键，生成乙醛。同时得出Cu作为催化剂的特点。 学生活动8：书写乙醇催化氧化总反应式。 **设计意图**：利用实验探究和球棍模型的搭建，分析乙醇催化氧化的断键成键的特点，更加直观掌握反应机理，激发学生学习兴趣，同时总结乙醇催化氧化发生的条件。这不仅让学生从搭建模型巩固了新知，完善了知识网络，还强化了"结构决定性质"的观念，体现了"科学探究与创新意识"素养。

续 表

课时	教学过程
课时1：乙醇	教师活动：动画演示乙醇与氧气发生催化氧化的过程。让学生深度思考乙醇催化氧化的断键成键机理。 情境4： 乙醇 $\xrightarrow{氧化}$ 乙醛 $\xrightarrow{氧化}$ 乙酸 $\xrightarrow{氧化}$ $CO_2 + H_2O$ CH_3CH_2OH 乙醇脱氢酶 CH_3CHO 乙醛脱氢酶 CH_3COOH • 乙醇在消化道内不需要消化即可被吸收，一旦进入血液就会在几分钟内迅速随血液进入各个器官，最后影响大脑和高级中枢神经系统。人体内乙醇脱氢酶、乙醛脱氢酶可加快乙醇的代谢，减少乙醇对中枢神经的影响。 • 有些人缺少乙醛脱氢酶，导致在乙醇代谢过程中大量乙醛积积。乙醛具有让毛细血管扩张的作用，会引起脸色泛红甚至身上皮肤潮红等现象。人体乙醇脱氢酶的含量决定"酒量"，乙醛的囤积对身体造成更大伤害！　　我怎么了？ 学生活动9：在酸性 $K_2Cr_2O_7$（2mL）中滴加少许乙醇，观察实验现象。 **设计意图**：采用了从生活中取材，强化了"性质决定用途"观念，让学生利用化学知识解决生活现象，体会到化学与生活息息相关，培养学生"科学态度与社会责任"学科素养。 教师活动：总结乙醇的化学性质，进行整节课的知识小结。 无色、有特殊香味的液体 密度小于水 易溶于水和有机溶剂 — 物理性质 沸点较低，易挥发 使酸性高锰酸钾溶液褪色 — 与强氧化剂反应 与羟基相连的碳上必须有氢原子 — 催化氧化 淡蓝色火焰 — 燃烧 乙醇与钠反应 — 取代反应 氧化反应 — 化学性质 乙醇 — 分子组成和结构：结构式、分子式：C_2H_6O、官能团：—OH 用途：燃料、化工原料、医用消毒剂 **设计意图**：用思维导图等表达形式，帮助学生对知识进行归纳总结整理，从而便于学生日后的复习与回顾，培养学生归纳总结的学科能力。 教师活动：图片展示问题。酒为什么越陈越香，官能团发生了什么变化？厨师烧鱼时常加醋并加点酒，这样鱼的味道就变得香醇，为什么？请同学们课后通过查阅资料掌握其中的化学知识。 **设计意图**：从生活中取材，培养学生探究精神，使学生能够学以致用，用化学知识解释生活实例，为下个课时做铺垫
课时2：乙酸	情境：为何在醋中加少许白酒，醋的味道就会变得芳香且不易变质？厨师烧鱼时常常会加醋并加点酒，为何这样鱼的味道就变得无腥、香醇、特别鲜美？通过酿醋有关视频了解酿醋的原理。乙酸有两个重要化学性质，就是它有酸的通性和能发生酯化反应。为什么乙酸会有这些性质呢？要从结构上来认识。下面我们研究乙酸的分子结构。

续　表

课时	教学过程
课时2：乙酸	任务1：乙酸的结构，在初三化学中我们已经学习了乙酸的简单性质，也知道性质决定于结构，请回忆乙酸的结构。 生：乙酸的结构含有甲基（—CH$_3$）和羧基（—COOH）。 展示：乙酸分子的比例模型。 师：请同学们写出乙酸的分子式、结构简式和官能团。（一位同学到黑板上写） 生：分子式为 C$_2$H$_4$O$_2$，结构简式为 CH$_3$COOH，官能团为—COOH（羧基）。 任务2：结合生活知识，请思考乙酸有哪些典型的物理性质。展示乙酸样品，让学生观察其颜色、状态，并闻其气味。结合初中所学知识概括出乙酸的重要物理性质及用途。 任务3：酸的通性，实验设计，根据下列药品设计实验方案证明乙酸的确有酸性。药品：镁粉、NaOH 溶液、Na$_2$CO$_3$ 粉末、Na$_2$SO$_3$ 粉末、乙酸溶液、酚酞、石蕊。 方案一：往乙酸溶液中加石蕊，使酸碱指示剂变色。 方案二：往镁粉中加入乙酸溶液，和活动性顺序表中 H 前金属发生置换反应生成 H$_2$。 方案三：NaOH 溶液与乙酸溶液混合，和碱、碱性氧化物反应。 方案四：往 Na$_2$CO$_3$ 粉末中加入乙酸溶液，和盐反应。 任务4：酯化反应，酯化反应是怎样发生的？（多媒体动画模拟）酯化反应的化学键断裂过程。（同位素示踪法） 反应特征：酸脱羟基醇脱氢。我们做酯化反应的实验时需加热、加入浓硫酸。浓硫酸在这里起什么作用？浓硫酸在这里既是催化剂又是脱水剂。 师：为什么用来吸收反应生成物的试管里要装饱和碳酸钠溶液？ 生：在实验中闻到乙酸乙酯的香味，是因为饱和碳酸钠溶液吸收了乙酸，如果改用水吸收产物，就很难闻到香味。所以，使用饱和碳酸钠溶液，一是为了吸收乙酸；二是乙酸乙酯在无机盐溶液中溶解度减小，容易分层析出。 师：为什么出气导管口不能插入碳酸钠溶液下面？ 任务5：物质的用途都跟性质有关。乙酸有酸性，能生成多种金属乙酸盐，如乙酸锰、乙酸铝。乙酸铝在染色工业中被广泛地用作媒染剂，也可作合成染料的原料。乙酸跟多种低级脂肪醇形成的酯都是喷漆溶剂的主要成分。乙酸跟不饱和醇形成的酯可聚合成高分子化合物，制成纤维。有些酯是香料，如乙酸异戊酯是香蕉精。乙酸经氯化后，得到的一氯乙酸和三氯乙酸，是医药和农药的原料。乙酸还能制得乙酸酐，它是重要的化工原料

（三）学习活动设计

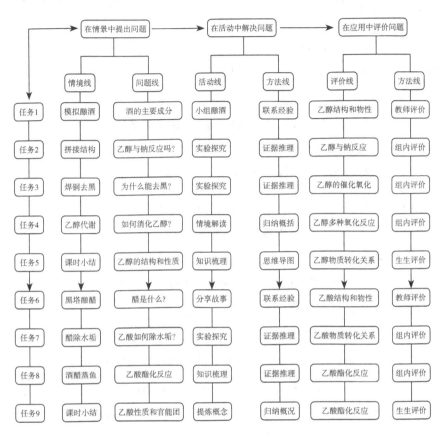

图 3-7-2　"乙醇与乙酸"学习活动设计

【单元"教学评"一体化】

《普通高中化学课程标准（2017 年版 2020 年修订）》中强调实施"教、学、评"一体化，有效开展化学学习评价。化学学习评价的方法有很多，各有优缺点，教师应该从操作层面掌握化学学习评价的方法，结合课程目标和要求，以评价内容为载体和媒介，真正将化学学习评价落到实处。对本主题中的两个课时分别设置评价目标。

【单元教学反思】

新课标强调课程内容的结构化，所谓的结构化包括知识结构化、认识角度结构化和认识思路结构化。单元教学是实现结构化的重要途径，单元教学方式也是实现教学的有效途径。基于大概念理念的单元教学要做好以下两点。

（一）从学生已有知识或经验出发，落实建构主义教学理念

从单元的教学设计来看，是从日常生活中乙醇和乙酸的常见用途认识其物理性质和化学性质，然后进阶到认识有机物的转换关系及"结构和反应"的关系上，最后上升到从官能团的角度认识有机物。学生的认识角度从物理水平上升到系统水平，体现了建构主义的教学理念。

（二）注重生活实验探究

注重基于生活的选材探究。本单元的教学设计注重实验探究，使学习从课内向课外拓展，体现化学知识的实际价值和育人价值。研究在日常生活中常见的例子，通过酿酒和酿醋激发了学生们学习探究的积极性，并由此提出一系列的问题。学生还主动学习了乙醇和与乙酸间的转换和反应条件调控的知识，掌握了单一变量实验方法。整个学习过程，让学生体会到我国传统酿酒和酿醋工艺中所蕴含的化学知识，深刻体会到化学内涵和魅力。本教学实际也存在一些值得反思之处，主要是耗时较长，需要提前布置相应任务，课程实施以及课后检测也要比较长的时间。

案例1　化学与生命健康

——肾结石的形成过程与防治

【项目式教学主题分析】

本课例选自人教版选择性必修一第三章第四节"沉淀溶解平衡",从教材内容体系来看,本节内容包括"难溶电解质的沉淀溶解平衡"和"沉淀溶解平衡的应用"两个部分。本课例以"难溶电解质的沉淀溶解平衡"为教学主题,项目来源于对本地域高发疾病之一肾结石的调查研究。研究目的是通过项目式学习,了解肾结石形成过程中所涉及的化学原理,在项目完成的过程中建构起沉淀溶解平衡的原理,进一步培养学生应用原理来制定降低患肾结石疾病的健康方案,体会化学的价值。研究任务选择"肾结石的形成原理",具体以"医院肾结石病人体检报告"为真实情境。项目学习过程中学生能真正行动起来,因此更能激发学生研究的兴趣,更有利于项目式学习的开展。

沉淀溶解平衡是化学反应平衡和电离平衡知识在难溶电解质溶解过程中的具体应用。化学不仅与经济发展、社会文明关系密切,也是材料科学、环境科学、能源科学、信息科学和生命科学等现代科学技术的重要基础。人的生命健康就有许多问题可以运用我们的化学知识进行理解和解释。本节课我们将学习"沉淀溶解平衡——难溶电解质的电离平衡",解释肾结石的形成过程与防治。

【项目式教学目标】

1. 结石的成分是什么？

2. 结石是如何出现在人的身体里面的？

3. 结石病有什么防治办法？

4. 掌握难溶电解质的沉淀溶解平衡及其影响因素，能多角度、动态地分析难溶电解质的溶解平衡。

5. 了解溶度积的意义，建立根据溶度积和离子积的大小关系判断反应进行方向的思维模型。

【项目学习规划】

（一）项目学习设计思路

本节课以"医院肾结石病人体检报告"为真实情境，提出探究肾结石疾病的形成过程及防治的项目。通过向本地知名三甲医院寻求帮助，获取相关数据和相关专业知识支持，初步了解本地区肾结石疾病的发病概率，肾结石的成分，肾结石的形成在医学专业方面的解释。然后以探究肾结石的主要成分 CaC_2O_4 来探究物质在水中的溶解性，从而建立起沉淀溶解平衡的概念。接着继续提出"结石是如何出现在人的身体里面的？"的问题，从平衡常数角度去定量解释沉淀是如何产生的。最后讨论外界因素对 CaC_2O_4 的沉淀溶解平衡的影响，指导学生制作出预防肾结石疾病的健康方案。采取项目引领、任务驱动、情境教学、实验探究、小组合作等教学方法，通过开展收集数据、调查报告、专家访谈等多种形式的学习活动，设计了四个教学环节和五个学习任务，让学生体验了参与项目研究的过程。以学生为主体，自主建构起沉淀溶解平衡的知识，并培养了学生应用所学解决实际问题的关键能力，落实了学生的核心素养。

（二）项目任务及教学流程

表4-1-1　"肾结石的形成过程与防治"教学流程

教学环节	活动任务	问题解决	能力目标与素养目标
环节一 创设情境 引入课堂	体会情境，提出问题	创设问题情境，激发学习兴趣	培养学生运用知识解决实际问题的意识和能力
环节二 收集数据 专家访谈 理论建构	任务一 收集本地区肾结石疾病患者数据，获取发病率、群体分布、结石成分种类等相关数据	让学生通过调查活动，获取信息，分析处理数据得出肾结石的主要成分，以及结合发病群体所处地域的自然条件，对肾结石疾病高发的原因进行简单预测	培养学生独立思考、小组合作的能力。 培养学生证据推理与模型认知的素养
	任务二 通过文献调查、对有关专家进行访谈，了解肾结石疾病的发病原理	初步了解相关理论，寻找与高中化学课程相关内容的切入点，从而与课堂相结合	培养学生自主收集信息、总结归纳的学习能力，培养学生人际交往能力
环节三 实验探究 优化方案	任务一 实验探究 CaC_2O_4 在水中的溶解性	通过实验探究 CaC_2O_4 在水中的溶解性，建构难溶物在水中存在沉淀溶解平衡的概念	培养学生理论联系实际、科学探究和小组合作的能力
	任务二 探究肾结石产生的原因	建构溶度积常数 K_{sp} 的概念，通过定量计算分析沉淀产生的原因	培养学生综合分析、解决问题的能力
	任务三 分析沉淀溶解平衡的影响因素，制作预防肾结石疾病的健康方案	引导学生在解决问题时，要从多方面综合考虑，采取最优的问题解决策略	培养学生理论联系实际、全面分析和解决问题的能力
环节四 课堂评价 总结升华	总结收获、畅谈感想	让学生感受化学的学科价值，增强健康意识	渗透科学态度和社会责任等核心素养，体现学科的科学价值

【项目实施过程及教学成果】

项目式教学实施过程实录如下：

环节一：创设情境，引入课堂

情境：播放一张医院的尿液检验报告，提出以下问题：①肾结石的主要成分是什么？②肾结石是如何在人体内部产生的？③如何从这张检验报告获取数据，判定其是否患有肾结石疾病？

本节课请同学们尝试运用所学的化学知识来对它进行分析。

临床检验报告

尿常规(门诊)

No 项目名称	结果	单位	参考区间 提示	No 项目名称	结果	单位	参考区间 提示
1 尿亚硝酸盐	-		阴性(-)	17 白细胞镜检	0	/HP	0-4.0
2 酸碱度(pH)	6.0		4.6-8.0	18 上皮细胞镜检	0	/HP	0-1
3 尿糖	-		阴性(-)	19 维生素C	0		
4 尿蛋白	-		阴性(-)	20 尿钙	2.60	mmol/L	2.5-7.5
5 微白蛋白	10.00	mg/L	<=30	21 透明管型	0	/LP	0-1
6 微白蛋白/尿肌酐	<3.40	mg/mmol	<3.4	22 颗粒管型	0	/LP	0
7 尿隐血	-		阴性(-)				
8 尿酮体	-		阴性(-)				
9 尿肌酐	17.70	mmol/L	4.4-17.7				
10 尿胆红素	-		阴性(-)				
11 尿胆原	3.4		<=17				
12 尿比重	1.025		1.003-1.03				
13 尿红细胞计数	1.0	/ul	0-22				
14 尿白细胞计数	0.0	/ul	0-22				
15 上皮细胞计数	0.0	/ul	0-5.1				
16 红细胞镜检	-	/HP	0-4.0				

图 4 - 1 - 1　尿液检验报告

学生观看图片，提取信息，思考。

设计意图：创设问题情境，激发学习兴趣，培养学生运用知识解决实际问题的意识和能力，形成在今后的个人发展中看懂基本检验报告的能力。

环节二：收集数据，专家访谈，理论建构

任务一：收集本地区肾结石疾病患者数据，获取发病率、群体分布、结石成分种类等相关数据。

肾结石是泌尿系统常见的疾病，反复肾结石造成泌尿道梗阻会引发肾功能衰竭，已经成为影响我国公共健康的重要疾病之一。近年其患病率呈上升趋势，且有明显的地区性，河源地区发病率高达 5%～15%，再发率几乎达50%。组织学生通过相关文献调查，向本地知名三甲医院获取公开的数据，进行分析，得出相关报告。

表 4 - 1 - 2　肾结石发病因素及结石成分

相关因素		例数/例	患病例数/例 患病率/%
高嘌呤饮食	5 ~ 7 次/周	8294	876（10.6）
	1 ~ 2 次/周	10706	606（5.7）
高钠饮食	3 ~ 4g/餐	9102	939（10.3）
	1 ~ 1.5g/餐	9898	543（5.4）
饮水量	≤3L	12784	1183（9.3）
	>3L	6216	298（4.8）
结石成分	CaC_2O_4	812	640（78.8）
	HUr（尿酸）	812	155（19.1）

提问：肾结石的主要成分是什么，它的形成与什么因素有关？

学生分析数据，得出结论：肾结石的主要成分是 CaC_2O_4 和 HUr（尿酸），它的形成与高嘌呤饮食、高钠饮食及饮水量少有关。

任务二：通过文献调查、对有关专家进行访谈，了解肾结石疾病的发病原理。

活动：同学们，为了进一步了解肾结石形成的原因，我们邀请到了医院里的专家进行指导，同学们可以带着以上问题，寻求专家帮助。

访谈记录摘要：

肾结石形成与饮水量的关系：饮水量多则可以有效预防肾结石的形成，大量饮水不仅可以促进小的结石排出，还可以稀释尿液，使钙离子和草酸根的浓度降低，形成不了草酸钙结石，并能延缓已形成的结石的增长速度。

肾结石形成与钠摄入量的关系：氯化钠表达上调与低枸橼酸尿有密切关系，在肾结石发病中起重要作用。随着摄入钠盐的增加，尿钙的排泄量增加，从而增加了肾结石发病的危险性。

肾结石形成与高嘌呤饮食的关系：高嘌呤可以增加钙结晶形成的危险致

高尿酸尿，形成尿酸结晶，吸附甘氨酸和其他有机物，促进草酸钙结晶形成。

设计意图：以活动为导向，设计自主学习活动，培养学生收集信息、数据处理、归纳总结的能力，锻炼学生的社会实践能力，人际交往能力，让学生在活动中获取知识，做到理论联系实际，落实科学素养。

环节三：实验探究，设计方案

任务一：实验探究 CaC_2O_4 在水中的溶解性。

展示：教材第79页的表3-3，几种电解质的溶解度（20℃）。

总结物质在水中的溶解性标准：

表4-1-3 物质在水中的溶解性标准

溶解性	标准
易溶	$S \geqslant 10g$
可溶	$1g \leqslant S < 10g$
微溶	$0.1g \leqslant S < 1g$
难溶（不溶）	$S < 0.1g$

提问：如何证明 CaC_2O_4 在水中可以溶解？请同学们结合所学知识设计实验方案。

实验原理：检测 CaC_2O_4 悬浊液的上清液中是否存在 $C_2O_4^{2-}$，从而说明 CaC_2O_4 是否可以溶解。

实验用品：$0.1mol/L\,Na_2C_2O_4$ 溶液、$0.1mol/L\,CaCl_2$ 溶液、酸性高锰酸钾溶液、试管、胶头滴管。

实验步骤：

① CaC_2O_4 悬浊液的制备：取 $1mL\,0.1mol/L\,Na_2C_2O_4$ 溶液，向其中逐滴加入 $0.1mol/L\,CaCl_2$ 溶液至不再产生沉淀，静置。

② $C_2O_4^{2-}$ 的检验：取上层清液，向其中先加入酸性高锰酸钾溶液，观察并记录实验现象。

学生分组实验。

汇报酸性：高锰酸钾溶液由紫红色褪为无色，说明溶液中存在 $C_2O_4^{2-}$，

因此 CaC_2O_4 可以溶于水。

总结：难溶电解质在水溶液中存在沉淀—溶解平衡。

① 定义：一定温度下，沉淀溶解成离子的速率等于离子重新结合成沉淀的速率，形成饱和溶液，固体质量和溶液中各离子的浓度保持不变的状态。

② 平衡建立过程：

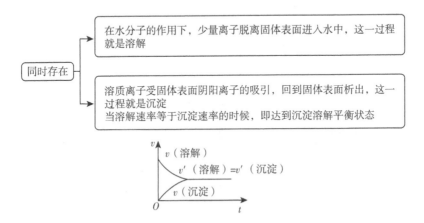

图 4-1-2　平衡建立过程

③ 表达方式：沉淀溶解平衡方程式。注意与电离方程式的区别：状态、可逆符号。

$$CaC_2O_4（s）\rightleftharpoons Ca^{2+}（aq）+C_2O_4^{2-}（aq）$$

④ 特征：具有一般反应平衡的特征，即"逆、等、动、定、变"。

任务二：探究肾结石产生的原因。

提问：Ca^{2+} 与 $C_2O_4^{2-}$ 的浓度要具体达到多少，才会在人体内形成沉淀？我们需要获得什么样的数据才能进行计算？

模型建构：平衡中的定量计算依据——平衡常数。

通过已有知识类比迁移应用：

浓度平衡常数——K_c

弱酸电离平衡常数——K_a

弱碱电离平衡常数——K_b

水的电离平衡常数——K_w，离子积常数

难溶电解质的沉淀溶解平衡常数——K_{sp}，溶度积常数，简称溶度积

溶度积：

① 表达方式：请写出结石主要成分之一 CaC_2O_4 的溶解平衡方程式以及平衡常数表达式。

$$CaC_2O_4（s）\Longrightarrow Ca^{2+}（aq）+C_2O_4^{2-}（aq）$$

$$K_{sp} = c（Ca^{2+}）\cdot c（C_2O_4^{2-}）$$

② 意义：K_{sp} 反映了难溶电解质在水中的溶解能力。一般情况下 K_{sp} 越小，越难溶。

表 4 - 1 - 4　难溶电解质在水中的溶解能力

化学式	K_{sp}	化学式	K_{sp}
AgCl	1.8×10^{-10}	CuS	6.3×10^{-36}
AgBr	5.4×10^{-13}	ZnS	1.6×10^{-24}
AgI	8.5×10^{-17}	PbS	8.0×10^{-28}
Ag_2S	6.3×10^{-50} 难溶	Fes	6.3×10^{-18}
Ag_2SO_4	1.2×10^{-5} 微溶	HgS	1.6×10^{-52}

③ 影响因素：一般温度越高，K_{sp} 越大。

④ 应用：Q（浓度商）与 K_{sp}（平衡常数）关系

$Q = K_{sp}$，沉淀与溶解处于平衡状态；

$Q > K_{sp}$，溶液中有沉淀析出，沉淀的生成；

$Q < K_{sp}$，溶液中无沉淀析出，沉淀的溶解。

肾结石形成的原因：当人体内的 Ca^{2+} 与 $C_2O_4^{2-}$ 的浓度乘积大于 CaC_2O_4 的 K_{sp} 的时候，就会产生草酸钙沉淀，从而形成肾结石。

追问：老师刚开始上课的时候，给出的检查报告中，该病人体内的 $C_2O_4^{2-}$ 浓度达到多少才会产生结石？

学生先独立思考解答 2 分钟，再小组讨论 1 分钟确定答案。

展示：由检查报告可知该病人体内 $c（Ca^{2+}）= 2.5mmol/L$，已知 K_{sp}

（CaC_2O_4）$= 4.0 \times 10^{-9}$，开始产生 CaC_2O_4 沉淀时，$Q = K_{sp} = 4.0 \times 10^{-9}$，即 $2.5 mmol/L \times 10^{-3} \times c$（$C_2O_4^{2-}$）$= 4.0 \times 10^{-9}$，$c$（$C_2O_4^{2-}$）$= 1.6 \times 10^{-6}$，该病人体内 c（$C_2O_4^{2-}$）大于或等于 1.6×10^{-6} 就会产生结石。

任务三：分析沉淀溶解平衡的影响因素，制作预防肾结石疾病的健康方案。

分析沉淀溶解平衡的影响因素。

讨论：结合已有的影响平衡的因素理论，分析 CaC_2O_4 悬浊液。

学生先独立思考解答 2 分钟，再小组讨论 1 分钟，请小组派代表进行展示。

表 4 - 1 - 5　沉淀溶解平衡的影响因素

实验操作	平衡移动方向	c（Ca^{2+}）	c（$C_2O_4^{2-}$）
升温			
加水			
加 CaC_2O_4（s）			
加 $Na_2C_2O_4$（s）			
加 $CaCl_2$（s）			

展示：从肾结石的成分分析可知，人体内主要存在着以下两个平衡。

$$CaC_2O_4\text{（s）} \rightleftharpoons Ca^{2+}\text{（aq）} + C_2O_4^{2-}\text{（aq）}$$

$$HUr\text{（s）} \rightleftharpoons H^+\text{（aq）} + Ur^-\text{（aq）}$$

请同学们利用这节课所学的知识，制定一个预防肾结石疾病的健康方案。

学生：①多喝水，不憋尿。不要憋尿，多喝多尿有助于细菌、致癌物质和易结石物质快速排出体外，减轻肾脏和膀胱受害的机会。②少喝啤酒。有人认为啤酒能利尿，可防止肾结石的发生。其实，酿啤酒的麦芽汁中含有钙、草酸、乌核苷酸和嘌呤核苷酸等酸性物质，它们相互作用，可使人体内的尿酸增加，成为肾结石的重要诱因。③肉类、动物内脏要少吃。控制肉类和动物内脏的摄入量。肉类代谢产生尿酸，动物内脏是高嘌呤食物，分解代谢也会产生高血尿酸，而尿酸是形成结石的成分。因此，日常饮食应以素食为主，多食含纤维素丰富的食品。④少吃食盐。太咸的饮食会加重肾脏的工作负担，而盐和钙在体内具有协同作用，并可以干扰预防和治疗肾结石药物的代谢过程。食盐每天的摄入量应小于 5 克。⑤慎食菠菜。据统计，90% 以上的结石都含钙，而草酸钙结石者约占 87.5%。如果食物中草酸盐摄入量过多，尿液中的草酸钙又处于过饱和状态，多余的草酸钙晶体就可能从尿中析出而形成结石。在食物中，含草酸盐最高的是菠菜，而菠菜又是人们常吃的蔬菜之一。⑥睡前别喝牛奶。牛奶中含钙较多，而结石中大部分都含有钙盐。结石形成的最危险因素是钙在尿中浓度在短时间内突然增高。饮牛奶后 2 ~ 3 小时，正是钙通过肾脏排除的高峰，如此时正处于睡眠状态，尿液浓缩，钙通过肾脏较多，故易形成结石。

环节四：课堂评价，总结升华

过渡：通过本节课的学习，请谈谈你的收获和感想。

学生思考、感悟、回答。

总结：①肾结石的成分是什么——难溶电解质的沉淀溶解平衡。②肾结石是如何出现在人的身体里面的——K_{sp} 及其应用。③肾结石有什么防治办法——沉淀溶解平衡的影响因素。

升华：化学不仅与经济发展、社会文明的关系密切，也是材料科学、环境科学、生命科学等现代科学技术的重要基础。通过本节课的学习，化学可以指导我们进行健康生活，化学让生活更美好！

设计意图：让学生感受化学的学科价值，增强健康意识，渗透科学态度和社会责任等核心素养。

【项目式教学效果及反思】

本节课项目是教学的实施，是一次艰难且勇敢的尝试。首先，学生没有接触过相关的学习方法，还不会开展项目的探究式学习；其次，数据采集、文献分析、专家访谈等环节对专业性要求较高，很难高质量的完成。因此在设计上还需要教师再简化方案、优化设计，同时对学生进行足够的相关培养和引导，让其逐步提高科学探究能力。

案例 2　揭秘电镀废水处理方案

【项目式教学主题分析】

本课例选自人教版选择性必修一第三章第四节"沉淀溶解平衡",从教材内容体系来看,本节内容包括"难溶电解质的沉淀溶解平衡"和"沉淀溶解平衡的应用"两个部分。本课例以"沉淀溶解平衡的应用"为教学主题,项目来源于课本第 86 页"研究与实践——了解水处理过程中的化学原理"。研究目的是通过项目式学习,了解水处理过程中所涉及的化学原理,认识水溶液中的离子反应与平衡在生产、生活中的应用。提高安全用水的意识,体会化学的价值。研究任务选择"了解污水处理中主要的化学方法及其原理",具体以"电镀废水处理"为真实情境,主要基于"电镀废水是造成水源和土壤污染的罪魁祸首之一",电镀废水的处理与人们的饮用水安全和身体健康息息相关,因此更能激发学生研究的兴趣,更有利于项目式学习的开展。

沉淀溶解平衡是化学反应平衡和电离平衡知识在难溶电解质溶解过程中的具体应用。学习难溶电解质的沉淀溶解平衡,既可以加深学生对水溶液中离子反应与平衡相关理论的认识,又可以引导学生体会化学理论在科研、生产和生活中的广泛应用。本节课的教学重点是能运用平衡移动原理解释和预测沉淀的生成、溶解和转化问题,能结合 K_{sp} 与 Q 的大小关系,从定量的角度对沉淀溶解平衡的移动进行分析和说明。教学难点是基于 K_{sp} 理解沉淀的溶解、生成和转化,根据 K_{sp} 进行简单的计算。

【项目式教学目标】

1. 通过"解决电镀废水污染问题",诊断并发展学生解决实际问题的思路结构化能力。

2. 基于 K_{sp} 计算引导学生自主建构思维模型,诊断并培养学生证据推理与模型认知的素养。

3. 运用平衡移动原理和实验解释电镀废水处理相关问题,发展学生基于化学平衡的知识关联结构化水平和实验探究水平;通过对处理方案的优化选择,让学生感受化学与生活的联系,向学生渗透科学态度与社会责任等学科核心素养。

【项目学习规划】

(一)项目学习设计思路

根据新课程标准"素养为本"的教学理念,本节课以"揭秘电镀废水处理方案"为问题情境,以"帮助电镀厂老板解决电镀废水污染问题"为任务驱动,以层层递进、环环相扣的问题为导向,以知识线、能力线和素养线贯穿教学。设计了四个教学环节和五个学习任务,主要采取任务驱动、问题导向、情境教学、实验探究、小组合作等教学方法。通过开展多种形式的学习活动,激发学生的学习兴趣,调动学习积极性,帮助学生巩固和深化沉淀溶解平衡的知识,进一步了解沉淀溶解平衡在科研、生产和生活中的广泛应用,培养学生理论分析、实验探究、合作学习和解决问题的能力,全面发展学生的化学核心素养。

(二)项目任务及教学流程

表 4-2-1 "沉淀溶解平衡"教学流程设计

教学环节	活动任务	问题解决	能力目标与素养目标
环节一 创设情境 引入课堂	认真倾听,融入情境	创设问题情境,激发学习兴趣	培养学生运用知识解决实际问题的意识和能力

续 表

教学环节	活动任务	问题解决	能力目标与素养目标
环节二 理论分析 设计方案	任务一 寻找合适的化学试剂将电镀废水处理成达标水	引导学生从反应和成本两个方面考虑选择合适的试剂处理废水。 通过定量计算巩固 K_{sp} 相关知识，引导学生自主建构思维模型和解题模型	培养学生独立思考、小组合作的能力。 培养学生证据推理与模型认知的素养
	任务二 继续寻找其他化学试剂除去 Cu^{2+}	通过定量计算使学生理解掌握运用 Q 和 K_{sp} 大小关系判断沉淀的生成和转化，引导学生自主建构思维模型和解题模型	进一步培养学生证据推理和模型认知素养，培养学生运用知识解决实际问题的能力
环节三 实验探究 优化方案	任务一 实验探究用 FeS 沉淀 Cu^{2+} 的可行性	通过实验探究，验证用 FeS 沉淀 Cu^{2+} 的可行性	培养学生理论联系实际、科学探究和小组合作的能力
	任务二 探究如何除去 Fe^{2+}	通过计算，进一步巩固 K_{sp} 相关知识。综合考虑生产成本、产品纯度和生产效率等因素	培养学生联系实际、全面分析和解决问题的能力
	任务三 联系实际，总结方案	引导学生在解决问题时，要从多方面综合考虑，采取最优的问题解决策略	培养学生综合分析解决问题的能力
环节四 课堂评价 总结升华	总结收获、畅谈感想	让学生感受化学的学科价值，增强环保意识	渗透科学态度和社会责任等核心素养

【项目式教学实施过程】

环节一：创设情境，引入课堂

情境：世界卫生组织调查表明，人类 80% 的疾病是由于饮用水被污染造成的，排名前三位的是癌症、结石病、心脑血管疾病，饮用水安全与我们的身体健康息息相关。电镀废水是造成水源和土壤污染的罪魁祸首之一，加强对电镀废水的处理，是实现可持续发展的必经之路。最近，有个电镀厂老板遇到了难题，他说电镀厂所在的村子很多村民得了结石病，村民都说是他厂里排放的电镀废水造成的，环保部门接到投诉后对电镀废水进行检测，发现确实未达排放标准，因此责令电镀厂停业整顿。本节课请同学们尝试运用所学的化学知识帮助这位老板解决难题。

学生认真倾听，积极融入情境。

设计意图：创设问题情境，激发学习兴趣，培养学生运用知识解决实际问题的意识和能力。

环节二：理论分析，设计方案

任务一：寻找合适的化学试剂将电镀废水处理成达标水。

讲述：这是从电镀厂提取回来经过简单过滤处理的废水，经检测，其主要成分及含量为：$c(H^+) = 0.1mol/L$、$c(Cu^{2+}) = 0.05mol/L$。国家规定电镀废水排放标准为：$pH \approx 7$、$c(Cu^{2+}) \leq 1.0 \times 10^{-7}mol/L$。同学们的任务就是寻找合适的化学试剂把电镀废水处理成符合排放标准的达标水。

提问：用什么方法可以将电镀废水处理成达标水呢？

回答：加碱，既可以中和 H^+，又可以将 Cu^{2+} 变成 $Cu(OH)_2$ 沉淀除去。

追问：若加碱，你会选择什么碱？请结合常见碱性物质市场价格进行分析。

表 4-2-2　常见碱性物质市场价格

物质	价格/（元·吨⁻¹）
NaOH	2500
$Ca(OH)_2$	600
液氨	5000
碳酸钠	1500

回答：从化学反应和控制成本的角度考虑应选择 $Ca(OH)_2$。

追问：加 $Ca(OH)_2$ 至废水呈中性时，Cu^{2+} 是否达到排放标准？请通过定量计算判断。［提示：25℃时，$K_{sp}[Cu(OH)_2] = 2.2 \times 10^{-20}$］

学生独立思考后小组讨论。

展示：常温下，中性溶液 pH = 7，c（OH⁻）= 1.0 × 10⁻⁷mol/L，又因 K_{sp}［Cu（OH）₂］= 2.2 × 10⁻²⁰，故 c（Cu²⁺）= K_{sp}［Cu（OH）₂］/［c（OH⁻）］² = 2.2 × 10⁻²⁰/（1.0 × 10⁻⁷）² = 2.2 × 10⁻⁶mol/L > 1.0 × 10⁻⁷mol/L，因此 Cu²⁺ 没有达到排放标准。

设计意图： 以问题为导向，引导学生从反应和成本两个方面考虑选择合适的试剂处理废水，培养学生独立思考、小组合作的能力。通过定量计算巩固 K_{sp} 相关知识，引导学生自主建构思维模型和解题模型，培养学生证据推理与模型认知的素养。

任务二： 继续寻找其他化学试剂除去 Cu²⁺。

提问： 怎样才能使 Cu²⁺ 浓度达到排放标准呢？请结合选择性必修一课本126页附录Ⅲ及沉淀溶解平衡的知识思考与讨论，继续寻找其他试剂除去 Cu²⁺。

回答： 因为 K_{sp}（CuS）= 6.3 × 10⁻³⁶ 远远小于 K_{sp}［Cu（OH）₂］= 2.2 × 10⁻²⁰，所以可以考虑让 Cu²⁺ 转化成更难溶的 CuS 而除去。

追问： 要使 Cu²⁺ 转化成 CuS，应选择哪种硫化物做沉淀剂更合适？请根据常见硫化物市场价格并结合沉淀溶解平衡知识判断。此时 Cu²⁺ 浓度是否达标？（提示：25℃，K_{sp}（FeS）= 6.3 × 10⁻¹⁸；K_{sp}（CuS）= 6.3 × 10⁻³⁶）

表 4 - 2 - 3　常见硫化物市场价格

常见硫化物	价格/（元·千克⁻¹）
Na₂S	1000
PbS（方铅矿）	2000
HgS（朱砂）	2480
Ag₂S	30000
ZnS（闪锌矿）	1680
FeS（FeS 矿）	0.8
CuS	100

汇报：由于 K_{sp}（FeS）$=6.3 \times 10^{-18} > K_{sp}$（CuS）$=6.3 \times 10^{-36}$，且 FeS 更便宜，故选 FeS 做沉淀剂更合适。

展示：由 K_{sp}（FeS）$=6.3 \times 10^{-18}$ 可知，c（S^{2-}）$= \sqrt{K_{sp}（FeS）} = \sqrt{6.3 \times 10^{-18}}$，又因 c（Cu^{2+}）$=0.05mol/L$，故 Q（CuS）$=$ c（Cu^{2+}）$\times$ c（S^{2-}）$=0.05 \times \sqrt{6.3 \times 10^{-18}} = 1.25 \times 10^{-10} > K_{sp}$（CuS）$=6.3 \times 10^{-36}$。此时，c（Cu^{2+}）$= \sqrt{K_{sp}（CuS）} = \sqrt{6.3 \times 10^{-36}} = 2.5 \times 10^{-18} < 1.0 \times 10^{-7}mol/L$。因此，用 FeS 可以使 Cu^{2+} 转化成 CuS，且 c（Cu^{2+}）达到排放标准。

设计意图： 通过定量计算使学生理解掌握运用 Q 和 K_{sp} 大小关系判断沉淀的生成和转化，引导学生自主建构思维模型，进一步培养学生证据推理和模型认知素养，培养学生运用知识解决实际问题的能力。

过渡：理论上，FeS 可使 Cu^{2+} 转化成 CuS，实际是否可行？请通过小组实验，探究用 FeS 沉淀 Cu^{2+} 的可行性，优化电镀废水处理方案。

环节三：实验探究，优化方案

任务一：实验探究用 FeS 沉淀 Cu^{2+} 的可行性。

实验原理：FeS（s）+ Cu^{2+}（aq）$\rightleftharpoons$ CuS（s）+ Fe^{2+}（aq）

实验用品：FeS、0.05mol/L 的 CuSO$_4$ 溶液、0.1mol/L K$_3$[Fe（CN）$_6$] 溶液、量筒、纸槽、药匙、试管、试管架、一次性注射器、一次性过滤器。

实验步骤：a. 量取 5.0mL 0.05mol/L CuSO$_4$ 溶液倒入试管①，作空白对照。b. 取 1.5g（约半勺）FeS 粉末移入试管②，再量取 5.0mL 0.05mol/L CuSO$_4$ 溶液倒入试管②，充分振荡，静置。c. 连接注射器与过滤器，拔出注射器活塞，将试管②上层悬浊液倒入注射器中，轻推活塞，将滤液装入试管③。d. 将试管①与试管③进行对比，观察记录溶液颜色变化，然后继续往试管③中滴加 2 ~ 3 滴 0.1mol/L K$_3$[Fe（CN）$_6$] 溶液，观察并记录实验现象。

学生分组实验。

汇报：溶液颜色由蓝色变成浅绿色，滴加 K$_3$[Fe（CN）$_6$] 后，有蓝色沉淀生成，证明 FeS 可以使 Cu^{2+} 转化成 CuS 并生成了 Fe^{2+}。

设计意图：通过实验探究，验证用 FeS 沉淀 Cu^{2+} 的可行性，培养学生理论联系实际、科学探究和小组合作的能力。

任务二：探究如何除去 Fe^{2+}。

提问：当溶液 pH = 7 时，c（Fe^{2+}）和 c（Fe^{3+}）分别是多少？根据计算结果思考，应如何除去生成的 Fe^{2+}？（提示：25℃，K_{sp}［Fe（OH）$_2$］= 4.9 × 10^{-17}；K_{sp}［Fe（OH）$_3$］= 2.8 × 10^{-39}）

回答：当溶液 pH = 7 时，c（Fe^{3+}）= 2.8 × 10^{-18} mol/L < c（Fe^{2+}）= 4.9 × 10^{-3} mol/L，因此将 Fe^{2+} 氧化为 Fe^{3+} 更易沉淀除去。

追问：选择哪种氧化剂更合适？请从成本、杂质和速率三个角度分析。可供选择的氧化剂有：氯水、过氧化氢、空气、高锰酸钾。

生1：从降低成本的角度，我选择空气。

生2：使用高锰酸钾和氯水会引入新的杂质，所以我选过氧化氢和空气。

生3：加过氧化氢速率快，通空气成本低，各有优劣，应该根据实际情况选择。

小结：同学们说得非常好。工业上通常加过氧化氢或通空气将 Fe^{2+} 氧化成 Fe^{3+}，再调节 pH 使 Fe^{3+} 变成 Fe（OH）$_3$ 沉淀而除去。

设计意图：通过计算，进一步巩固 K_{sp} 相关知识。通过综合考虑生产成本、产品纯度和生产效率等因素，培养学生联系实际、全面分析和解决问题的能力。

任务三：联系实际，总结方案。

提问：能否直接用 FeS 处理电镀废水？请结合常见硫化物溶解性思考。

表 4 - 2 - 4　常见硫化物溶解性

常见硫化物	溶解性
FeS	溶于强酸；pH≥4 时不溶
CuS	不溶于酸

回答：不能，FeS 会先溶于强酸，与 H^+ 反应生成有毒的 H_2S，无法与 Cu^{2+} 反应生成 CuS。

引导：请根据本节课电镀废水处理思路，总结电镀废水处理的最佳方案。

学生整理、总结。

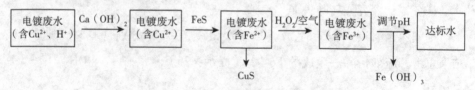

图4-2-1　电镀废水处理思路

设计意图：引导学生在解决问题时，要从多方面综合考虑，采取最优的问题解决策略。培养学生综合分析、解决问题的能力。

环节四：课堂评价，总结升华

过渡：通过本节课的学习，请谈谈你的收获和感想。

学生思考、感悟、回答。

总结：本节课同学们运用沉淀溶解平衡的知识，通过探究沉淀剂的选择和优化等问题，成功揭秘电镀废水处理方案，帮助电镀厂老板解决了难题。实际上，将电镀废水处理后不仅减少了污染，还能产生巨大的经济价值，这就是化学的魅力！

升华：2005年8月，时任浙江省委书记习近平同志在浙江余村考察时提出了一个科学论断——绿水青山就是金山银山。河源作为广东的生态发展区，牢固树立和践行"绿水青山就是金山银山"的理念，坚定不移走"生态优先、绿色发展"之路，积极促进经济发展和环境保护双赢，构建经济与环境协同共进的地球家园。希望同学们好好学习，将来能够为河源的经济发展和环境保护做出自己应有的贡献！

设计意图：让学生感受化学的学科价值，增强环保意识，渗透科学态度和社会责任等核心素养。

【项目式教学效果及反思】

该案例是高二常规课堂教学中开展项目式教学的一次实践与探索，以"揭秘电镀废水处理方案"为真实情境激发了学生的学习兴趣。以"帮助电镀厂解决难题"为任务驱动,学生主动探究,层层深入的问题链在学生脑海里不断碰撞出高阶思维火花。独立思考、小组合作、实验探究等多种学习活动让学生一直保持较高的学习热情。在环环相扣的任务和问题解决过程中,学生主动建构知识体系和思维模型,积极践行"自主、合作、探究"教育理念,不断提高解决实际问题的能力,促进化学学科核心素养的全面发展。但是,由于本节课是沉淀溶解平衡的第三课时,学生对沉淀溶解平衡理论的理解还不够深入,且计算能力较弱,涉及 K_{sp} 和 Q 的计算所花时间较多,导致后面教学时间较紧,对学生分组实验探究过程中的操作规范指导不够到位,总结环节学生发言的机会相对较少。因此,对于课堂教学节奏的把控能力仍有待加强。

案例3　电解食盐水

——高三一轮复习

【项目式教学主题分析】

本课例选自人教版选择性必修一第四章第二节"电解池",从教材内容体系来看,本节内容包括"电解原理"和"电解原理的应用"两个部分。本课例以"电解池"为教学主题,项目来源于课本第 106 页"电解饱和食盐水"。研究目的是通过项目式学习,掌握电解池原理的一般模型,再通过实验探究修正模型,最后应用模型,体会电解原理在生活生产的应用。研究任务选择"电解食盐水过程中的电解原理",具体以"工业上电解食盐水制备 84 消毒液"为真实情境,主要基于抗击"新冠"以来,我们的日常生活中到处可见消毒剂,学生对消毒液的成分和制备探究应该很有兴趣。

电解池原理是电化学中原电池和电解池的一部分,通过学习电解池的基本原理,并且与原电池原理对比学习,可以加深对电化学的理解;理解了电解池的基本原理,又可以帮助学生理解电解池在氯碱工业、电镀、电解精炼、电冶金工业及物质的制备和污水处理等实际工业中的应用,使学生体会到化学原理在生活中的重要意义。

本节课的教学重点是通过电解池的基本原理,构建电解池的一般模型;通过对电解饱和食盐水的实验探究,根据实验现象预测并深度分析电解池离子放电顺序,修正模型。教学难点是实验操作及实验现象的预测和分析解释。

【项目式教学目标】

1. 通过设计制备 NaClO 消毒液的简易装置图，加深学生对电解池原理的理解，学会设计简单的电解池，发展学生解决实际问题的思路结构化能力。

2. 能分析解释电解 NaCl 溶液时的意外实验现象产生的原因，并设计实验证明，提升学生"证据推理"的化学学科核心素养。

3. 基于电解池的设计及电解食盐水的实验探究，引导学生自主建构思维模型、应用模型，培养学生证据推理与模型认知的化学学科核心素养。

4. 能将复杂的问题拆解为基本的化学物理学科融合问题。在解决电解 NaCl 溶液相关的复杂问题中将其分析思路迁移到相似的真实问题解决中，发展学生基于电化学原理的知识关联结构化水平和实验探究水平；通过运用电解池模型制备另一种消毒剂——二氧化氯，让学生感受化学与生活的联系，向学生渗透科学态度与社会责任等学科核心素养。

【项目学习规划】

（一）项目学习设计思路

根据新课程标准"素养为本"的教学理念，本节课以"电解食盐水"为问题情境，以"消毒液的制备和食盐水中离子放电顺序的实验探究"为任务驱动，以层层递进、环环相扣的问题为导向，以知识线、能力线和素养线贯穿教学。设计了四个教学环节和六个学习任务，主要采取任务驱动、问题导向、情境教学、实验探究、小组合作等教学方法。通过开展多种形式的学习活动，激发学生的学习兴趣，调动学习积极性，帮助学生巩固和深化电解池原理的知识，进一步了解电解池在科研、生产和生活中的广泛应用，培养学生理论分析、实验探究、合作学习和解决问题的能力，全面发展学生的化学核心素养。

（二）项目任务及教学流程

表 4 - 3 - 1 "电解食盐水"教学流程设计

教学环节	活动任务	问题解决	能力目标与素养目标
环节一 情境导入 构建模型	任务一 画出电解食盐水制备 84 消毒液的电解池简图	通过绘制，明确电解池的构成、电子和离子的迁移方向及学会书写电极反应式，引导学生建构电解池的一般模型。设计电解法处理酸性含铬废水的反馈评价，使学生发现电极材料不同，电极反应式书写也不同。通过二氧化铅的制备激疑，提出问题	培养学生运用知识解决实际问题的意识和能力及发现问题的能力
环节二 实验探究 修正模型	任务一 分组实验1：电解用饱和 NaCl 溶液浸湿的 pH 试纸 分组实验2： 在具支 U 型管中注入饱和食盐水电解并比较阴阳极产生气体量	引导学生通过分析实验现象并预测可能的原因，思考阳极中放电的离子及顺序，引导学生通过设计实验去验证自己的猜测	培养学生独立思考、小组合作的能力。 培养学生证据推理与模型认知的素养
	任务二 实验 3：电解 NaCl 和 NaOH 溶液混合液检测阳极产物	通过实验3验证学生之前的实验预测，得出结论，引导学生自主修正模型	进一步培养学生证据推理和模型认知素养，培养学生对模型评价并修正模型的能力
	任务三 阅读材料：电压不同，阳极产物不同	通过阅读材料，引导学生学会分析归纳，最后得出修正的电解模型	培养学生的分析归纳能力，进一步培养修正模型的能力
环节三 真题展现 应用模型	任务一 分析其工作原理	分析两个电解池串联的工作原理，学会应用模型解题	培养学生应用模型解决问题的能力
环节四 回归情境 价值体现	任务一 试写出制备 ClO_2 的电极反应式	让学生感受化学的学科价值	渗透科学态度和社会责任等核心素养

【项目实施过程及教学成果】

项目式教学实施过程实录如下。

环节一：情境导入，构建模型

情境：根据国内各种消毒液市场份额的图表发现，目前含氯消毒液占据市场份额是较大的，达到24%。2020—2022年我国消毒剂三大细分产品产量预测，84消毒液的产品产量预测将会逐年上升。

学生观察图表，积极融入情境。

图4-3-1　国内各种消毒液市场份额

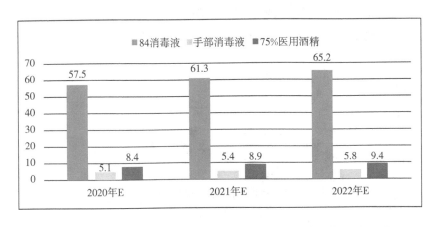

图4-3-2　2020—2022年我国消毒剂三大细分产品产量预测/万吨

任务一：已知84消毒液（有效成分为NaClO）是高效、广谱的灭菌消毒剂。工业上常用电解食盐水方法制备84消毒液，请画出装置简易示意图并标出电子、离子迁移方向以及书写其电极方程式。

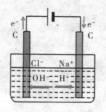

图 4 - 3 - 3   制备 84 消毒液

学生独立思考后画图展示。

展示：阳极：$2Cl^- - 2e^- = Cl_2 \uparrow$

阴极：$2H_2O + 2e^- = H_2 \uparrow + 2OH^-$

$2NaOH + Cl_2 = NaCl + NaClO + H_2O$

$Cl^- + H_2O \xrightarrow{电解} ClO^- + H_2 \uparrow$

追问：阳极附近的阴离子除了 Cl^- 还有 OH^-，为什么是 Cl^- 放电？同理，为什么阴极是 H^+ 放电而不是 Na^+？

学生思考阴阳极放电顺序。

展示：阳极：$S^{2-} > I^- > Br^- > Cl^- > OH^- >$ 含氧酸根离子

阴极：$Ag^+ > Cu^{2+} > H^+ > Pb^{2+} > Fe^{2+} > Zn^{2+} > Na^+$

总结：

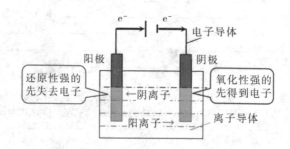

图 4 - 3 - 4   电解池的一般模型

反馈评价：用电解法处理酸性含铬废水（主要含有 $Cr_2O_7^{2-}$）时，以铁板作阴、阳极，处理过程中发生的反应：$Cr_2O_7^{2-} + 6Fe^{2+} + 14H^+ = 2Cr^{3+} + 6Fe^{3+} + 7H_2O$，最后 Cr^{3+} 以 $Cr(OH)_3$ 形式除去，试写出电解过程中阴、阳极电极反应式。

学生独立书写后展示。

展示：阳极：$Fe - 2e^- \rightleftharpoons Fe^{2+}$

　　　阴极：$2H^+ + 2e^- \rightleftharpoons H_2 \uparrow$

设计意图： 学生通过画图，明确电解池的构成、电子离子迁移方向及学会电极反应式书写，思考离子放电顺序，引导学生建构电解池的一般模型。通过反馈评价进一步巩固电解池的原理，并发现放电还与电极材料有关。

过渡： 铅及其化合物可用于铅酸蓄电池、耐酸设备及 X 射线防护材料。

PbO_2 可以通过石墨为电极，$Pb(NO_3)_2$ 和 $Cu(NO_3)_2$ 的混合液为电解液电解制取。

阴极电极反应式：＿＿＿＿＿＿＿＿＿＿＿＿＿＿＿＿＿＿

阳极电极反应式：＿＿＿＿＿＿＿＿＿＿＿＿＿＿＿＿＿＿

学生书写电极反应式。

展示：阴极：$Cu^{2+} + 2e^- \rightleftharpoons Cu$

　　　阳极：$Pb^{2+} + 2H_2O - 2e^- \rightleftharpoons PbO_2 + 4H^+$

追问： 阳极为什么不是 $4OH^- - 4e^- \rightleftharpoons 2H_2O + O_2 \uparrow$？离子放电顺序为什么发生变化？

学生讨论交流。

环节二：实验探究，修正模型

任务一：

分组实验 1：电解用饱和 NaCl 溶液浸湿的 pH 试纸。

实验原理：$2Cl^- - 2e^- \rightleftharpoons Cl_2 \uparrow$

实验用品：饱和 NaCl 溶液，pH 试纸，铅笔芯（两根），直流电源，导线，培养皿。

实验步骤：取一片用饱和 NaCl 溶液浸湿的 pH 试纸置于培养皿上，两根铅笔芯作电极，连好导线，接通直流电源。观察实验现象，并对其进行分析解释。

学生分组实验。

汇报：电极 a 与试纸接触处出现一个双色同心圆，内圆为白色，外圆呈浅红色。电极 b 与试纸接触处出现蓝色。

提问：分析产生电极 a 处现象可能的原因并讨论。

汇报：

阳极处反应：$2Cl^- - 2e^- \Longrightarrow Cl_2 \uparrow$

$$Cl_2 + H_2OH \Longleftrightarrow ClO$$

追问：先 Cl^- 放电再 OH^- 放电？

任务二：

分组实验 2：在具支 U 形管中注入饱和食盐水电解并比较阴阳极产生气体量。

实验原理：$Cl^- - 2e^- \Longrightarrow Cl_2 \uparrow$

$$2H_2O - 4e^- \Longrightarrow O_2 \uparrow + 4H^+$$

实验用品：具支 U 型管，饱和食盐水，注射器（2 支），直流电源，导线。

实验步骤：往具支 U 型管中注入饱和食盐水，并将 U 形管两端连接好注射器；连好导线，接通直流电源；1min 后观察实验现象。

学生分组实验。

汇报：阴极产生的气体多于阳极。

提问：分析原因。

学生思考讨论。

学生：可能 Cl_2 溶于溶液，也可能是电解产生 O_2。

深度思考：为什么阳极上 OH^- 会放电生成 O_2？

过渡：请设计实验证明你的预测。

设计意图：通过实验探究，引导学生通过分析实验现象并预测可能的原因，思考阳极中放电的离子及顺序。引导学生通过设计实验去验证自己的猜测。培养学生独立思考、小组合作的能力。培养学生证据推理与模型认知的素养。

任务三：

实验3：电解 NaCl 和 NaOH 溶液混合液检测阳极产物。

实验原理：$2H_2O - 4e^- \rightleftharpoons O_2 \uparrow + 4H^+$

实验用品：15mL1mol/LNaCl 溶液，15mL1mol/LNaOH 溶液，淀粉 – KI 试纸，U 型管，直流电源，导线，火柴梗，火柴。

实验步骤：往 U 型管中注入 1mol/LNaCl 溶液和 1mol/LNaOH 溶液各15mL，混合均匀；连接好导线，接通电源；通电约1min，分别用湿润的淀粉 – KI 试纸和带火星的火柴梗靠近阳极支管口。

学生分组实验并预测实验现象。

汇报：湿润的淀粉 – KI 试纸未变蓝。带火星的火柴梗复燃。

提问：是什么离子在放电？

学生思考讨论。带火星的火柴梗复燃，说明 OH^- 放电生成 O_2，湿润的淀粉 – KI 试纸未变蓝，说明 Cl^- 未放电。

实验结论：离子放电顺序与离子浓度有关。

设计意图：通过实验3学生验证分组实验2中的实验预测，得出结论。当 OH^- 浓度较大时，OH^- 先放电生成 O_2，Cl^- 未放电。引导学生自主修正模型，进一步培养学生证据推理和模型认知素养，培养学生对模型评价并修正模型的能力。

任务四：

阅读材料：电压不同，阳极产物不同。

材料：某同学使用石墨电极，在不同电压（x）下电解 pH = 1 的 0.1mol/LFeCl₂溶液，记录如下（a、b、c 代表电压值）：

表 4 – 3 – 2　实验记录

序号	电压/V	阳极现象	检验阳极产物
I	x≥a	电极附近出现黄色，有气泡产生	有 Fe^{3+}、有 Cl_2
II	a>x≥b	电极附近出现黄色，无气泡产生	有 Fe^{3+}、无 Cl_2
III	b>x>0	无明显变化	无 Fe^{3+}、无 Cl_2

提问：通过上述材料，你能得出什么结论？

学生思考讨论。

结论：离子放电顺序与电压有关。

修正模型：

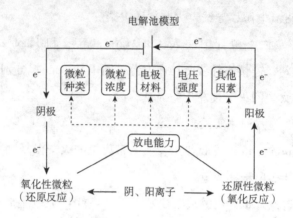

图4-3-5　修正模型

结论：基于真实情境下，电解池中离子放电顺序与相应的情境有关。

设计意图：通过阅读材料，引导学生分析归纳表格信息，最后得出修正的电解模型。培养学生的分析归纳能力，进一步培养修正模型的能力。

环节三：真题展现，应用模型

（2016北京高考12题改编）如图装置进行电解（a、b均为惰性电极）。

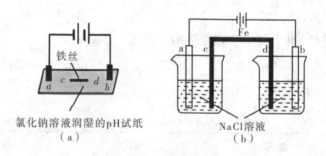

图4-3-6　电解装置

任务一：分析其工作原理。

学生独立思考实验现象并书写电极反应式。

汇报：实验现象：a、d 处试纸变蓝；b 处变红，局部褪色；c 处无明显变化。

分析过程：阳极（b）：$2Cl^- - 2e^- = Cl_2\uparrow$　$4OH^- - 4e^- = O_2\uparrow + 2H_2O$

　　　　　　阴极（d）：$2H_2O + 2e^- = H_2\uparrow + 2OH^-$

　　　　　　阳极（c）：$Fe - 2e^- = Fe^{2+}$

　　　　　　阴极（a）：$2H_2O + 2e^- = H_2\uparrow + 2OH^-$

设计意图：让学生学以致用，把构建的电解池的模型应用在解题中，可以加深对电解池的理解，在应用中巩固所学知识，题目选自真题，改编比较经典，难易度适合，能让学生感受到学习的乐趣。

环节四：回归情境，价值体现

情境：ClO_2 是一种强氧化性杀菌消毒剂，被世界卫生组织定为 A1 级安全消毒剂。ClO_2 制备方法很多，目前已发现用电解法制取 ClO_2 的新工艺。

任务一：试写出制备 ClO_2 的电极反应式。

学生独立思考书写电极反应式。

汇报：阳极：$2Cl^- - 10e^- + 4H_2O = 2ClO_2\uparrow + 8H^+$

　　　阴极：$10H_2O + 10e^- = 5H_2\uparrow + 10OH^-$

　　　$2NaCl + 6H_2O \xrightarrow{\text{电解}} 2ClO_2\uparrow + 5H_2\uparrow + 2NaOH$

课堂总结：本节课同学们运用电解池的知识分析 84 消毒液制备原理，从而构建出电解池的一般模型。接着我们对离子的放电顺序进行了实验探究，发现离子放电顺序与电极材料、离子浓度、电压等因素有关，从而修正我们的电解池模型。紧接着我们应用模型分析高考真题，最后我们利用模型制备另一种消毒剂 ClO_2。

设计意图：回归制备消毒液的情境，让学生感到电解池在制备物质上的优势，感受化学的学科价值，渗透科学态度和社会责任等核心素养。

图 4 – 3 – 7　教学过程

【项目式教学效果及反思】

　　该案例是高三一轮复习教学中开展项目式教学的一次实践与探索，以"84 消毒液的制备"为真实情境激发了学生的学习兴趣。以"电解食盐水中离子的放电顺序实验探究"为任务驱动，让学生主动思考，根据实验现象提出问题，设计实验验证猜想。在一个个递进式的问题中燃起学生高阶思维的火花，小组合作探究实验活动能使学生在课堂上保持高度的学习热情，同时鼓励学生独立思考，在发现问题、解决问题过程中构建知识体系和思维模型。在"自主、合作、探究"的教育理念引导下，提高学生解决实际问题的能力，以此发展学生的化学学科核心素养。

案例 4　小车怎样跑得又快又久

——原电池

【项目式教学规划】

目前项目式教学在我国不断被推广，基于真实情境，学生带着原有的知识和经验，在任务驱动下自主探究和合作交流，在解决问题的过程中培养学生的实践应用及迁移创新能力。因此，利用高中化学学科知识来解决真实情境问题的项目式教学，应该是提升学习效率和学科素养的有效途径。

选择性必修课程模块 1 教材中关于"原电池"的内容编排，第一节是以锌铜双液原电池为例介绍原电池的基本工作原理，再依次介绍一次电池锌锰干电池、二次电池铅蓄电池和燃料电池等工作原理、性能及应用。《普通高中化学课程标准（2017 年版 2020 年修订）》对选择性必修课程模块 1 化学反应原理"主题 1.3 化学反应与电能"的相关要求是能分析解释原电池的工作原理，能设计简单的原电池，并能利用综合考虑物质变化和能力变化来分析、解决实际问题。从氧化还原角度分析、解释原电池的工作原理，从实际生活角度去认识原电池，从能源应用和社会价值角度体会化学电池的创新，这些都是"原电池"主题教学的核心。编排的过程中体现了逻辑递进关系，利用认识冲突让学生层层递进认识原电池，培养学生的思维进阶。学生已经掌握了单液原电池的构成和工作原理，但对盐桥的原理，对物质不接触就能发生反应，存在认知障碍。进入人教版化学选择性必修一的学习后，要求学生理解盐桥的作用，递进深刻认知原电池的构成及原理。在教学中，有两个方面引起了思考：一是学生认为已经有了一种原电池装置，为什么还要学一种新的？两种装置有什么区别和联系？二是学生对实验现象存在疑惑，锌—铜—稀硫酸原电池能加快反应速率，H_2应当迅速在铜片上生成，但在实验中却发现，单液原电池中锌片上的气泡更多，双液原电池中铜片上几乎看不到气泡，说好的大量气泡哪去了？是否会对原电池化学能转化为电能的效率产生影响？本节课是在必修第二册所学习的单液原电池的基础上进行扩充，构建双液原电池的基本模型，深化认识原电池原理和形成条件，并针对原电池实验缺点而设计的实验改进探究课。

笔者设计了项目式教学——小车怎样跑得又快又久。分为三部分探究：一是如何让小车跑起来，首先展示小车跑动的效果，激活学生头脑中已有的原电池相关知识；二是如何让小车跑得久，引导学生从能量转化的角度思考什么因素可能影响了原电池能力转化的效率，然后改进实验；三是如何让小车跑得又快又久，继续改进实验，通过使小车跑得又快又久，建构双液原电池模型。

【学情分析】

学生在必修第二册学习了单液原电池的工作原理并初步了解了常见的化学电源，具备较强的逻辑思维能力、理论分析能力和实验探究能力。

【项目式教学目标】

1. 通过对"如何让小车跑起来"原理的探究，巩固原电池工作原理模型。

2. 通过对"如何让小车跑得又快又久"原理的探究，形成较强的问题意识。通过交流与讨论、设计实验方案、操作实验过程、分析实验结果、分享实验成果等形式来提升学生的科学探究能力，以及加深学生对原电池的原理的认识。

3. 通过经历真实问题解决过程，帮助学生形成问题解决的思路方法，认识化学学科知识在生产、生活中的应用价值。

【项目式教学活动设计】

项目学习活动应该聚焦项目学习中存在的关键问题的解决来考虑，即活动内容应体现学科思想方法的应用，活动组织顺序应遵循项目成果达成或关键问题解决的逻辑顺序。依照上述活动设计思路和教学目标，制定以下项目任务及教学流程。

表 4 - 4 - 1　"原电池"项目任务及教学流程

项目任务	学生活动	教师支持	设计意图
如何让小车跑起来	回顾原电池模型	提供锌片、铜片、硫酸溶液、烧杯、小车等仪器	巩固原电池工作原理模型
如何让小车跑得久	找出影响小车跑动速率减慢到停止的因素，改进原电池模型	提供锌片、铜片、将稀硫酸溶液、氯化钾溶液、琼脂、烧杯、U 形管、小车等仪器	加深能量转化的认知，利用认知矛盾，重塑原电池模型
如何让小车跑得又快又久	从电流角度思考速率减慢的原因，继续改进实验	提供锌片、铜片、稀硫酸溶液、氯化钾溶液、琼脂、长短不一的 U 形管、离子交换膜、烧杯、小车等仪器	提升学生的科学探究能力，以及加深对原电池的原理认识

任务一：如何让小车跑起来？——再探单液原电池

师：同学们，你们都玩过玩具小汽车，大家桌面上都有一个小车模型，给它装上电池，它就能跑起来。电池起到了什么作用？

生：提供小车跑起来所需要的电能。

师：我们学过了原电池，原电池就是一种化学电源，将化学能转化为电源。用提供的仪器设计原电池使小车跑动，并认真观察小车跑动的速率。

学生活动：在一个 50mL 小烧杯中加入稀硫酸溶液，用两条带夹子的电源线分别连在小车电池槽的正负极，然后用夹子分别夹上锌片和铜片平行地插入到小烧杯中，架在小车上，使小车运动并观察，做好记录。

设计意图：再探单液原电池，利用小车运动把原电池能量转化可视化，

177

激发学生的兴趣。回忆概念为后期探究准备，分析异常实验现象，制造矛盾冲突。

任务二：如何让小车跑得久？——探究双液—盐桥原电池

生：小组汇报设计原电池的思路，即原电池模型，并汇报小车跑动速率逐渐减慢至停下。负极：$Zn - 2e^- = Zn^{2+}$。正极：$2H^+ + 2e^- = H_2\uparrow$。总：$Zn + 2H^+ = Zn^{2+} + H_2\uparrow$。

问题1：为什么电流会逐渐减小？

生：所学原电池现象应该是正极有气泡冒出，负极逐渐溶解，但此时原电池的负极锌片有气泡析出。

师：我们可以考虑小车速率逐渐减慢至停下的原因是化学能部分转化为热能，转化为电能效率降低。如何避免锌片上产生气泡呢？如何改进原电池装置？

教师不断通过问题引导学生分析电池的改进过程，逐渐由单液电池建构出盐桥电池。

问题2：能否阻止 Cu^{2+} 在锌片表面还原？

问题3：锌片应插入什么样的溶液中？

问题4：用什么样的物质连接装置的内电路呢？怎样能使电解质溶液连通构成原电池？

师：大家看一下老师手中拿的这个装置，向 U 形管两侧分别注入 KCl 溶液、稀硫酸，让锌插入 KCl 溶液的一侧，连为原电池，实验能成功吗？

生：不能。KCl 溶液和稀硫酸两种溶液会混合，KCl 溶液不能隔离稀硫酸与锌片。可用固体隔离。

师：如何让 U 形管中既是固体，又含电解质溶液？这里老师跟你们介绍一种东西——琼脂，类似于生活中的凉粉、吉利丁片，是一种常用的食品添加剂，广泛应用于果冻、布丁等食品中。将可溶性物质，如蔗糖、食盐等，与粉末琼脂混合，加水，煮沸，冷却成凝胶。在这里面饱和 KCl 溶液和琼脂我们制成了胶冻，制成胶冻的原因主要是为了防止溶液流出。下面我们就来试验一下，用这个盐桥能否连通两个溶液让它再次形成原电池。

学生活动：将铜片插入稀硫酸中，锌片插入饱和 KCl 溶液中，两溶液间用吸满饱和 KCl 溶液的琼脂的 U 型管连接，连为原电池。连接好的原电池接到小车上，观察到实验现象：锌片上无气泡，小车行驶缓慢。

师：琼脂与氯化钾混合后这一既导电又可隔离反应物的装置被称为盐桥。请总结双液原电池的构成和盐桥的作用。

生：除活泼性不同的两电极、电解质溶液、闭合回路、自发的氧化还原反应外，增加了盐桥。盐桥可导电并隔离反应物。

师：盐桥的作用是①使整个装置构成通路，代替两溶液直接接触（离子通路）；②平衡电荷（离子库，可以源源不断的供给需要的离子）。锌与稀硫酸不接触就能反应，是否违背了碰撞理论？画出双液原电池的电子离子移动模型。

生：锌失去的电子经导线转移至铜片后与稀硫酸接触，并未违背碰撞理论。

设计意图：探究双液—盐桥原电池的工作原理，通过设置问题链探讨改进原电池的方法，构建盐桥原电池工作原理模型。

任务三：如何让小车跑得又快又久？——认识离子交换膜

师：大家刚才在观察的时候可能还发现这样一个现象，那就是我们引入了盐桥之后电流确实很稳定了，但是电流强度有什么变化呢？为什么小车行驶十分缓慢？我们知道速率与电能相关，原因应该是电流小，但为什么电流小？在实际应用电池的过程当中我们并不能找到盐桥的影子，大家思考最主要的原因是什么。

生：盐桥电阻大。

师：最主要的原因是盐桥的内阻太大了，所以实际的生产中选择了一种离子交换膜。为了让小车跑得又快又久，如何改进实验？

学生活动：将铜片插入稀硫酸中，锌片插入饱和 KCl 溶液中，两溶液间用吸满饱和 KCl 溶液的琼脂的长度不一的 U 型管连接，连为原电池，做好的原电池连接到小车上。短的盐桥小车速率快，用离子交换膜连接速率最快。

师：离子交换膜起到了盐桥的作用，它又宽又薄，可提高电池效率。

拓展：离子交换膜可以选择性的让某些离子通过，同时也可以把两份反应物隔开。所以在实际电池中我们采用的都是这种离子交换膜。比如说我们即将要学习到的氢氧燃料电池，它所采用的也是一种离子交换膜。

设计意图：评价双液原电池的模型，从盐桥变膜，认识离子交换膜。巩固原电池工作原理的思维模型的同时培养学生科学进取精神，培养学生从课堂实践到创新的科学精神。

结束语：通过学习，我们发现从最简单的原电池到有盐桥的原电池再到我们实际应用的原电池，我们可以体会到这样一点：当我们把一个化学原理从理论变成应用的时候，它不是一帆风顺的，它需要经过一定的阶段，克服一些困难。

【"教学评"一体化】

表 4-4-2　"原电池""教学评"一体化

目标	活动与任务	评价方法
1	如何让小车跑起来	学生能动手组装实验装置，能够画出原电池模型
2	如何让小车跑得久	学生能画出改进后的原电池模型。 小组互评，教师点评反馈
3	如何让小车跑得又快又久	学生能设计实验改进小车速度

【项目式教学效果及反思】

"如何让小车跑得又快又久"项目式教学设计，以解决实验中小车速率不平稳为主线，引导学生探究影响速率的原因和解决方法，使学生从中理解并掌握盐桥的构成与原理；通过不断建模，深化学生对原电池工作原理的认知；通过探究盐桥对小车速率的影响，使学生了解离子交换膜的作用和优点。学生在项目探究中自己发现问题、探究原理、改进实验、解决问题，明确实验改进的原理和意义；通过制备盐桥，再结合阅读资料，可理解盐桥的原理和作用、认识琼脂盐桥，突破认知难点。学生通过完成本项目，不仅掌握了知识，而且训练了解决问题的思维方式和研究方法，培养了"宏观辨识与微观探析""科学探究与创新意识""证据推理与模型认知"等化学学科核心素养。

案例5　检验食品中的铁元素

——以菠菜为例

【项目式教学主题教材分析】

本课例选自人教版化学必修一第三章第一节"铁及其化合物"，在第一章从"物质及其变化"和第二章"海水中的重要元素——钠和氯"的基础上，本章开始介绍具体的金属元素化合物知识。关于铁及其氧化物知识，在初中时学生理论上已经有了一些知识储备，再者关于铁的化合物在实际生产生活的应用使学生已经有了感性的认识，现在进一步学习新知识学生更容易接受。铁的重要化合物是对金属化学知识的延伸和发展。通过对 Fe^{3+} 的检验与 Fe^{2+} 向 Fe^{3+} 的转化的学习，总结出物质的基本检验方法，可以为前面的实验和氧化还原反应补充感性认识的材料，同时可以帮助学生掌握学习化学的一些基本方法，还能使学生认识到化学在改善人类生活条件等方面所起的作用。本课例以"食品中的铁元素"为教学主题，项目来源于课本第76页"研究与实践——检验食品中的铁元素"。研究目的是通过项目式学习，了解食品中所涉及元素的检验，认识离子检验在生产、生活中的应用，提高食品安全的意识，体会化学的价值。研究任务选择"设计实验在菠菜中提取铁元素并检验"，具体以"菠菜中铁元素的检验"为真实情境，主要基于"民间素有'吃菠菜补铁'和'菠菜和豆腐不能同食'的两种说法"，铁元素的摄入与人们的饮食安全和身体健康息息相关，如缺铁性贫血、铁色素沉着症的起因等。因此更能激发学生研究的兴趣，更有利于项目式学习的开展。

【项目式教学目标】

1. 通过"设计实验在菠菜中提取铁元素并检验",诊断并发展学生解决实际问题的思路结构化能力。

2. 基于元素离子的检验方法引导学生自主建构思维模型,诊断并培养学生证据推理与模型认知的素养。

3. 运用真实情境中离子检验的必要和食品安全处理相关问题,发展学生基于化学元素观的知识关联结构化水平和实验探究水平;通过对处理方案的优化选择,让学生感受化学与生活的联系,向学生渗透科学态度与社会责任等学科核心素养。

【项目学习规划】

(一)项目学习设计思路

根据新课程标准"素养为本"的教学理念,本节课以"民间素有'吃菠菜补铁'和'菠菜和豆腐不能同食'"为问题情境,以设计实验在菠菜中提取铁元素并检验"为任务驱动,以层层递进、环环相扣的问题为导向,以知识线、能力线和素养线贯穿教学。设计了四个教学环节和一个学习任务,主要采取任务驱动、问题导向、情境教学、实验探究、小组合作等教学方法。通过开展多种形式的学习活动,激发学生的学习兴趣,调动学习积极性,帮助学生巩固和深化离子检验的知识,进一步了解离子检验在科研、生产和生活中的广泛应用,培养学生理论分析、实验探究、合作学习和解决问题的能力,全面发展学生的化学核心素养。

(二)项目任务及教学流程

表 4 - 5 - 1　"检验食品中的铁元素"教学流程设计

教学环节	活动任务	问题解决	能力目标与素养目标
环节一创设情境引入课堂	认真倾听,融入情境	创设问题情境,激发学习兴趣	培养学生运用知识解决实际问题的意识和能力

续表

教学环节	活动任务	问题解决	能力目标与素养目标
环节二 展示文献 资料，引 发思考	查阅资料，寻找与 "吃菠菜补铁""菠 菜和豆腐不能同 食"的相关信息	引导学生从沉淀反应和量的影 响两个方面考虑民间两种说法 的合理性。 通过定量分析巩固离子检验相 关知识，引导学生自主建构思 维模型和解题模型	培养学生独立思考、 小组合作的能力。 培养学生证据推理与 模型认知的素养
环节三 实验探究 优化方案	任务一 设计实验在菠菜中 提取铁元素并检验	提出思考 （1）如何将菠菜中的铁元素 转移到溶液中？ （2）铁元素如何检验？在检 验铁元素时，如何消除有机色 素的干扰？ （3）如何定量测定铁元素的 含量？ 通过实验探究，设计实验方案 1、方案 2，验证不同的方法 检测铁元素的可行性	培养学生理论联系实 际、科学探究和小组 合作的能力
	方案 1 高温灼烧法消除色 素对铁检验的影响	通过实验，初步熟悉相关知 识。通过综合考虑生产成本、 环保等因素选择更好的氧化剂 代替硝酸	培养学生联系实际、 全面分析和解决问题 的能力
	方案 2 活性炭吸附法消除 色素对铁检验的 影响	引导学生在解决问题时，要从 多方面综合考虑，采取最优的 问题解决策略	培养学生综合分析、 解决问题的能力
环节四 课堂评价 总结升华	总结收获、畅谈 感想	让学生感受化学的学科价值， 增强环保意识	渗透科学态度和社会 责任等核心素养

【项目实施过程及教学成果】

项目式教学实施过程实录如下：

环节一：创设情境，引入课堂

情境：菠菜是两千多年前波斯人栽培的菜蔬，也叫作"波斯草"，后在唐朝时由尼泊尔人带入中国。当时中国称菠菜产地为西域菠薐国，故菠菜被叫作"菠薐菜"，后简化为"菠菜"。菠菜中含有丰富的维生素和微量元素，可食用、医用，还可出口创汇，带来新的经济增长点。民间素有"吃菠菜补铁"和"菠菜和豆腐不能同食"的两种说法，是真的吗？

学生认真倾听，积极融入情境。

设计意图：创设问题情境，激发学习兴趣，培养学生运用知识解决实际问题的意识和能力。

环节二：展示文献资料，设计任务

查阅文献资料：①查阅相关资料，找到"吃菠菜补铁""菠菜和豆腐不能同食"这两种说法的根源。菠菜中含有铁元素但含量很低，铁元素可能以 FeC_2O_4（难溶物）形式存在；菠菜中含有的草酸会和豆腐中含有的 Ca^{2+} 形成 CaC_2O_4 沉淀，影响钙的吸收，同时还会形成结石沉积在人体内。②资料：菠菜富含蛋白质、脂肪、碳水化合物、钙、磷、铁、维生素 A、维生素 B_1、维生素 B_2、烟酸、维生素 C、维生素 K、辅酶 Q_{10} 等多种营养素。菠菜中的铁元素是以非血红素铁（铁与蛋白质结合）的形式存在，属于有机铁化合物。食物中的铁分为血红素铁和非血红素铁两种。血红素铁在人体内的吸收利用，受膳食因素的影响小；而非血红素铁在人体内吸收利用要差一些，要受到多种因素的影响。血红素铁的有效吸收率接近40%，非血红素铁的有效吸收率仅为5%～10%。

设计意图：以文献为依据，引导学生从沉淀反应和量的影响两个方面考虑民间两种说法的合理性。通过定量分析巩固离子检验相关知识，引导学生自主建构思维模型和解题模型。

环节三：实验探究，优化方案

任务：设计实验在菠菜中提取铁元素并检验。

讲述：这是从菜市场买回来的菠菜，同学们的任务就是设计实验在菠菜中提取铁元素并检验。

提问：如何将菠菜中的铁元素转移到溶液中？

回答：A 组提出方案 1——取一定量已经风干的菠菜剪碎，放在坩埚中灼烧，直至变为灰烬，将所得到的灰烬转移入烧杯中。B 组提出方案 2——取新鲜的菠菜剪碎后放入研钵中研磨，再加入少量蒸馏水，搅拌，将所得浊液过滤，往所得滤液中加入活性炭，静置，放置数小时，备用。

追问：铁元素如何检验？在检验铁元素时，如何消除有机色素的干扰？

回答：A 组回答，灼烧法；B 组回答，活性炭吸附法。

追问：铁元素的检验往滤液中滴入少量稀硝酸、几滴 KSCN 溶液检验 Fe^{3+} 的结论是否无懈可击，有没有其他可能？

学生独立思考后小组讨论。

展示：常温下，A 组稀硝酸氧化性较强，KSCN 溶液中非金属元素有可能被氧化，产生其他显色物质，经查阅资料《分析化学》（第 2 版）"佛尔哈德法"的滴定条件中指出"强氧化剂硝酸等可以将 SCN^- 氧化；……氮的低价氧化物与 SCN^- 能形成红色的 NOSCN 化合物"。结论实验中观察到的红色不能说明菠菜中一定存在铁元素。

设计意图：以问题为导向，引导学生从氧化还原反应可能性和检验结果的可靠性两个方面考虑实验结论的准确性，培养学生独立思考、小组合作的能力。通过查阅资料，引导学生自主建构思维模型和反思模型，产生认知冲突，进而修正模型，培养学生证据推理与模型认知的素养。

深度思考：如何排除这一干扰？——设计实验

生 1：可以做空白实验进行验证，直接在 KSCN 溶液中滴加稀硝酸观察是否有红色物质产生。

生 2：可以通过控制变量法设计实验，找到适合的不会氧化为红色的硝酸浓度与 KSCN 浓度配比。

设计意图：通过控制变量法设计实验，学生理解掌握运用空白实验和控制变量法验证实验冲突，找到合理的解决路径和方法。引导学生自主建构思维模型，进一步培养学生证据推理和模型认知素养，培养学生运用知识解决实际问题的能力。

学生实验成果汇报：

（a）　　　　　　　　　（b）

图 4 - 5 - 1　实验结果展示

通过控制变量法硝酸与 KSCN 溶液在不同浓度下的配比反应现象：

表 4 - 5 - 2　配比反应现象

HNO₃浓度/(mol·L⁻¹)	KSCN浓度/(mol·L⁻¹)	实验现象	HNO₃浓度/(mol·L⁻¹)	KSCN浓度/(mol·L⁻¹)	实验现象	HNO₃浓度/(mol·L⁻¹)	KSCN浓度/(mol·L⁻¹)	实验现象
3	3	浅红色	1	3	浅红色	0.1	3	浅红→无色
3	1	浅红色	1	1	浅红→无色	0.1	1	无色
3	0.2	浅红→无色	1	0.2	浅红→无色	0.1	0.2	无色
3	0.1	浅红→无色	1	0.1	无色	0.1	0.1	无色
3	0.02	无色	1	0.02	无色	0.1	0.02	无色
2	3	浅红色	0.2	3	浅红色	0.02	3	无色
2	1	浅红色	0.2	1	浅红→无色	0.02	1	无色
2	0.2	浅红→无色	0.2	0.2	无色	0.02	0.2	无色
2	0.1	无色	0.2	0.1	无色	0.02	0.1	无色
2	0.02	无色	0.2	0.02	无色	0.02	0.02	无色

　　汇报：通过实验数据分析可知，必须在浓度非常低的情况下，才不会出现氧化为红色物质对铁离子的检验造成干扰，事实上这么低的浓度在实验室不具有可行性。可知必修一教材中介绍的方法"加少量稀硝酸，再滴加几滴

KSCN 溶液检验 Fe^{3+}" 是不准确的。学生在探究中不断发现问题，分析问题，最后解决问题。在学习上得到升华，对化学充满了兴趣，增加探究的乐趣。

追问：有没有其他的试剂可以代替氧化剂的作用，并且不会有上述干扰？

生 1：应选择氧化性相对弱于硝酸的。

追问：选择哪种氧化剂更合适？请从成本、杂质和速率三个角度分析，可供选择的氧化剂有：低浓度氯水、过氧化氢、空气。

生 1：从降低成本的角度，我选择空气。

生 2：使用氯水会引入新的杂质，而且它氧化性也强，所以我选过氧化氢和空气。

生 3：加过氧化氢速率快，通空气成本低，各有优劣，应该根据实际情况选择。

小结：同学们说得非常好。实际应用中通常加过氧化氢或通空气将 Fe^{2+} 氧化成 Fe^{3+}。

汇报：由于稀 H_2SO_4 + H_2O_2 + KSCN 组合中，过氧化氢在酸性条件下完全可以起到氧化亚铁离子的作用，且氧化性适中，产物无污染，更环保，故选 H_2O_2 做氧化剂更合适。

展示：$2H^+ + H_2O_2 + 2Fe^{2+} = 2Fe^{3+} + 2H_2O$。因此，用 H_2O_2 可以使 Fe^{2+} 转化成 Fe^{3+}，且副产物为水。

设计意图：引导学生在解决问题时，要从多个维度综合考虑，采取最优的方式解决问题。培养学生综合分析、解决问题的能力。

环节四：课堂评价，总结升华

过渡：通过本节课的学习，请谈谈你的收获和感想。

学生思考、感悟、回答。

总结：本节课同学们运用元素及其化合物离子检验的知识和前面氧化还原的知识，通过探究硝酸的氧化性对实验可能造成的干扰，查阅文献资料，再通过控制变量法实验验证，到得出结论，完善了教科书的不足，进而优化改进检验方法，最终成功完成菠菜中铁元素的检验，帮助大家了解菠菜中铁的测定方法。实际上，我们每天从食物中摄取不同的营养元素，都可以通过化学方法定性和定量去检测，这就是化学之美妙！

升华：铁元素作为人体不可或缺的微量元素，摄入不够会导致缺铁性贫血，尤其是孕妇人群；摄入过多对人体也有害处，过量会损伤肝脏，还有铁色素沉着疾病。现代科学有很多方法可以测定水中或食物中的微量铁，如分光光度法。通过定量测定可以合理的指导我们科学的饮食和生活，不浪费，不盲目补铁。作为高中生学好铁离子的检验，为以后的学习打下坚实的基础是非常有必要的。

设计意图：让学生感受化学的学科价值，增强环保意识，增强科学饮食观念，渗透科学态度和社会责任等核心素养。

【项目式教学效果及反思】

该案例是高一常规课堂教学中开展项目式教学的一次实践与探索，以"检验菠菜中的铁元素"为真实情境激发了学生的学习兴趣，以"民间素有'吃菠菜补铁'和'菠菜和豆腐不能同食'的原因"为问题情境，任务驱动学生主动探究，层层递进的实验探究在学生思考当中不断碰撞出火花，并在实验中不断促使学生产生思维冲突，学生大胆假设，再通过设计实验进一步去验证假设，得出优化后的实验设计思路。通过独立思考、小组合作、实验探究等多种学习活动，让学生一直保持较高的学习热情。在任务和问题解决过程中，学生主动建构知识体系和思维模型，积极践行"自主、合作、探究"教育理念，不断提高解决实际问题的能力，促进化学学科核心素养的落实。该项目教学实施过程中效果比较流畅，但由于学生操作熟练度不够，还有对学生分组实验探究过程中的操作规范指导不够到位，导致实验过程中花费时间较多，总结提升环节学生发言相对较好，总体的教学效果好。

案例6　酸雨的成因及防治

【项目式教学主题分析】

本课例选自人教版高中化学必修第二册第五章第一节的内容，项目来源于课本第8页"不同价态含硫物质的转化"。课标要求学生能够通过实验探究了解二氧化硫的主要性质、不同价态硫元素之间的转化，能从物质类别、元素价态的角度，预测含硫物质的化学性质，设计实验验证，且能对现象进行预测、分析和解释。含硫物质的转化对元素化合物的学习起着承上启下的作用，既承接着钠、铁、氯的学习，又是氧化还原反应理论的具体应用，也为后续氮及其化合物的学习奠定了基础。

本项目以广东地区酸雨的形成和预防为研究任务，使学生了解自然界中硫的存在和转化，学会使用价类二维图发现含硫物质的转化关系，设计转化路径并进行实验验证，加深对氧化还原知识的理解和掌握。培养学生思维能力、观察能力、分析和解决问题能力，提高学生科学探究和创新意识、科学态度和社会责任等化学核心素养。

【项目式教学目标】

1. 通过广东地区酸雨的形成和预防的分析，能运用氧化还原反应知识结合硫的价类二维图探究不同价态硫元素之间的转化，从而促进证据推理化学学科核心素养的发展。

2. 通过设计实验方案，观察、分析实验现象，并得出结论，建立观点、结论和证据之间的逻辑关系，培养科学探究的能力和勇于创新的意识，促进科学探究与创新意识等化学学科核心素养的发展。

3. 知道防治酸雨的途径，感受化学在社会生产、生活中的作用，认识化学的价值，促进科学态度与社会责任等核心素养的发展。

【项目学习规划】

（一）项目学习设计思路

从广东地区酸雨的形成和防治引入，让学生从分析酸雨的形成过程中完成含硫物质转化的示意图。接着提出酸雨防治的任务，设计转化路径，在小组交流讨论，生生和师生评价过程中优化实验设计方案。在实验探究中验证和完善含硫物质的价类二维图，构建其转化模型。最后在学生的反思交流讨论中对本节课所学内容进行升华总结。在项目式学习任务驱动下，通过多种合作学习方式，促进学生各方面能力的发展，促进学生的化学核心素养的发展。

（二）项目任务及教学流程

环节	在情境中提出问题		在活动中解决问题		在应用中评价问题	
	情境	问题	活动	方法	形式	方式
环节一：认识酸雨，发现转化关系	情境1：广东地区酸雨的形成和防治	活动1：酸雨形成中含硫物质的存在与转化，酸雨放置一段时间后pH减小的原因？	活动1：绘制含硫物质的存在与转化示意图，标出价态、思考，找出$H_2SO_3 \rightarrow H_2SO_4$的转化	方法1：情境创设、资料阅读法、观看视频法	形式1：投影含硫物质的转化示意图	学生评价
环节二：防治酸雨，设计转化路径	情境2：防治酸雨，设计将燃煤烟气中的SO_2转化为其他含硫物质的路径	问题2：用哪些试剂可将SO_2转化为哪些含硫物质？	活动2：思考分析设计转化路径	方法2：小组讨论法、交流评价法	形式2：展示转化的试剂类别，交流转化路径	学生评价 教师评价
环节三：实验验证，构建转化模型	情境3：设计实验方案，验证SO_2去除过程中发生了哪些含硫物的转化	问题3：加入的试剂分别将含硫物质转化成什么价态的硫？哪些实验现象可以验证？	活动3：填表，画出不同价态含硫物质的转化图	方法3：交流讨论法、小组合作法	形式3：投影表格填空结果、投影硫的价类二维图	学生评价 师生评价
环节四：反思提升	情境4：党的二十大报告提出"推动绿色发展，促进人与自然和谐共生"，酸雨防治的意义	问题4：通过酸雨的形成与防治学习，本节课你收获了什么？	活动4：总结知识，结合感受发表看法	方法4：交流讨论法	形式4：总结发言，说出自己的看法	学生评价 师生评价

图4-6-1　"酸雨的成因及防治"项目任务及教学流程

【项目式教学实施过程】

环节一：认识酸雨，发现转化关系

引入：同学们，你们都听过酸雨，那你们知道酸雨是怎样产生的吗？现在我们先来看个广东地区酸雨的视频。

观看视频：广东地区酸雨的形成和防护。

交流：请同学们找出酸雨形成过程中的含硫物质。

提问：正常雨水的 pH 约为 5.6，其形成过程中含碳物质的存在与转化：

$$\overset{0}{C}\xrightarrow{+O_2}\overset{+2}{CO}\xrightarrow{+O_2}\overset{+4}{CO_2}\xrightarrow[\;]{+O_2}$$
$$\downarrow H_2O$$
$$H_2CO_3$$

模仿含碳物质的存在和转化示意图，给不同的含硫物质标出化合价，并找出它们的转化关系。最后绘制酸雨形成过程中含硫物质的存在与转化示意图。

展示：投影学生答案。

阅读材料：现有广东某地雨水样本 500mL，每隔一段时间测定其 pH 数据。

表 4-6-1 pH 数据

测定时间/小时	0	1	2	4	8	10	12
雨水样本 pH	4.70	4.62	4.56	4.55	4.55	4.55	4.55

提问：雨水放置一段时间，pH 逐渐减小后又保持不变的原因可能是什么？

学生发言：SO_2 溶于水生成 H_2SO_3，H_2SO_3 有还原性，被空气中的氧气氧化成硫酸。

思考：找出 $H_2SO_3 \rightarrow H_2SO_4$ 的转化，完善转化示意图。

展示：投影学生答案。

设计意图：通过观看视频、阅读材料、模仿应用等活动，对酸雨形成过程中含硫物质的存在和转化进行分析，使学生学会从化合价的角度认识物质之间的转化，认识酸雨形成过程即是低价态的硫被氧化为高价态硫的过程，初步形成转化意识。

环节二：防治酸雨，设计转化路径

过渡：现在我们知道酸雨中硫的存在及转化关系，防治酸雨，就需将燃煤烟气中的 SO_2 气体转化为其他对环境无污染或污染较小的含硫物质。那么，可将 SO_2 转化为哪些含硫物质呢？

引导：我们可从价态和类别两个角度分析。

思考：可将 SO_2 转化为什么价态的硫呢？

学生发言：可将 SO_2 转化为相同价态的亚硫酸和亚硫酸盐，或者转化为低价态的 S 单质、硫化物，抑或者转化为高价态的 SO_3、硫酸和硫酸盐。

追问：同学们的思考很全面，大家再思考，这些转化在实际处理过程中都合理吗？

引导：从可行性、转化效率和环保的角度评价。

学生评价：发现 SO_2 的氧化性较弱，难以转化为 -2 价的硫化物；SO_2 转化为亚硫酸是可逆反应，转化效率低；SO_3 也是导致酸雨的元凶之一，且水溶液酸性更强，作为转化目标不环保。

小结：我们最终确立转化目标为亚硫酸盐、硫酸、硫酸盐、单质硫。

提问：实现物质目标的转化，我们要选择什么试剂类别？

思考交流：转化成亚硫酸盐可用碱，转化成硫酸、硫酸盐要加氧化剂，转化成单质硫要加还原剂。

任务：设计转化路径，画出示意图。

展示学生答案。

设计意图： 学生对物质性质的认识能力弱的原因之一，在于学生没有从化合价和物质类别角度入手分析物质性质的认知。因此，借助确立转化目标这一环节，不断从化合价和类别的角度去分析物质，可以强化学生认识物质的角度，并掌握评价方案的角度。在试剂选择过程中，通过比较化合价的变化，可以让学生认识到利用氧化还原反应可以实现含有不同价态同种元素的物质的相互转化，掌握转化方法，构建完整的价态—物质类别二维图思维模型。通过设计脱除 SO_2 的反应路径，将转化思路分解、细化，明确转化角度，学生明确物质转化思路：价态分析→转化目标→试剂选择。通过对转化思路的梳理，完善转化思维模型。

环节三：实验验证，构建转化模型

过渡：现在我们知道选择什么类别的试剂实现目标物质的转化，那我们怎么判断我们设计的转化路径一定能实现呢？我们可以通过实验去验证。

任务：同学们，现在有以下试剂 SO_2 水溶液、酸性 $KMnO_4$ 溶液、H_2O_2 溶液、Na_2S 溶液、稀盐酸、$BaCl_2$ 溶液、$Ba（OH）_2$ 溶液，请根据转化路径，找出上述试剂中常见的氧化剂、还原剂。

回答：学生说出氧化剂、还原剂。

学生活动：交流、讨论，设计实验方案，验证 SO_2 去除过程中发生的含硫物质的转化，根据价态变化填写表格。

表 4－6－2 价态变化影响表

转化目标 （价态变化）	转化前的 含硫物质	选择试剂	转化后的 含硫物质	预期现象
+4→+6	SO_2			
+4→+6	SO_2			
+4→0	SO_2			
+4→+4	SO_2			

展示：投影学生的表格填写结果。

讨论交流：评价方案。

小结：SO_2 可用酸性 $KMnO_4$ 溶液、H_2O_2 溶液等氧化剂转化成硫酸盐，可用 $BaCl_2$ 溶液验证；SO_2 可用还原剂 Na_2S 溶液转化成单质硫；SO_2 可用 $Ba（OH）_2$ 溶液转化成同价态的亚硫酸盐。

小组合作：构建不同价态含硫物质的转化图。

展示：投影学生的转化图。

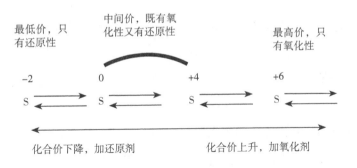

图 4 - 6 - 2　转化图

设计意图： 通过设计脱除 SO_2 的转化实验，提升学生实验探究能力，培养学生选择观察角度，预测、观察和描述实验现象的能力，强化依据实验现象分析物质性质和化学反应的能力。提升根据目标设计实验的探究能力，巩固转化模型，发展学生证据推理的核心素养。在这个过程中，学生自己设计方案，积极思考，进行讨论和分析总结，在活动中体验科学探究过程之艰难，同时也体会到了获得成功时的喜悦，由此培养他们的科学探究能力和合作意识。

环节四：反思提升

引入：党的二十大报告提出的"推动绿色发展，促进人与自然和谐共生"的主题，请你结合本节课酸雨的形成与防治的学习，从化学视角谈谈本节课的收获。

讨论交流，学生回答。

①推动绿色发展，促进人与自然和谐共生；②加快发展方式绿色转型；③深入推进环境污染防治。

设计意图： 通过反思总结，让学生感受化学物质及其转化在社会生产、生活中的应用，认识化学的价值，发展学生科学探究与创新意识等核心素养，落实科学精神与社会责任的核心素养。

【项目式教学效果及反思】

本节课是以酸雨的成因及防治为主题进行的微项目式学习，首先从自然界中酸雨的认识切入，逐步呈现酸雨中涉及的主要物质，通过"物质间相互转化如何实现"的问题，引发学生的思考，进而构建"价类"二维图，从化合价变化的视角分析物质之间的转化，实现对物质认识的深化。通过对酸雨中"物质类别和氧化还原的视角"寻求转化方式，建立物质间转化的思维模型，使学习目标清晰，活动内容丰富、任务明确具体，重难点突出，教学思路清晰，学生参与度高，有效落实了核心素养提升的目标。特别是以下两个亮点尤为突出：

（一）注重情境化教学和学科核心素养的落实

通过视频"广东地区酸雨的形成和防治"作为真实情境引入课堂，不仅激发了学生学习的兴趣，也能有效帮助学生感悟化学在生产生活中的广泛应用，体会化学学科的社会价值，还能增强学生的环保意识，提高社会责任感。同时还通过创设实验情境，让学生设计实验进行验证，培养了学生合作探究和证据推理的核心素养。在最后环节，以"推动绿色发展，促进人与自然和谐共生"为主题情境，引导学生结合本节课的学习畅谈收获，进一步培养了学生科学态度与社会责任的核心素养。

（二）注重大概念教学和思维模型的构建

本节课属于元素及其化合物的学习，涉及不同价态含硫物质的转化，物质性质多学生思维容易混乱，教师应充分利用"氧化还原反应"这个大概念作为统领，引导学生从硫元素化合价变化的角度认识和梳理含硫物质的转化关系，同时构建"价类"二维图思维模型，让学生更系统、直观地理解和掌握含硫物质的转化关系。另外，通过实验验证构建转化模型，再通过拓展延伸应用转化模型，培养了学生"建立模型—应用模型"的思维模型。

案例1　沉淀溶解平衡

【教学主题内容分析】

本案例选自选择性必修一《化学反应原理》第三章第四节"沉淀溶解平衡"。本节应用第二章所学的化学平衡理论，探讨水溶液中沉淀溶解平衡问题，是化学平衡学习的延伸与拓展，是对中学化学的平衡理论体系的完善和丰富，是中学化学基础理论的一个重要组成部分。本案例以"电镀废水中高浓度的 Ag^+ 的去除"为情境和线索，通过建立沉淀溶解平衡的概念，引入描述沉淀溶解平衡的常数——溶度积（K_{sp}），同时引入离子积（Q）的概念，并通过 Q 与 K_{sp} 的关系，判断一定温度下溶液中难溶电解质的沉淀或溶解情况，把沉淀溶解平衡理论和应用联系起来，使学生能够学以致用，培养学生运用所学知识解决实际问题的能力。

【教学主题背景分析】

（一）教材与文献分析

2019 版高中化学新教材（鲁科版、人教版）对沉淀溶解平衡内容设置基本一致，但在内容编排上，鲁科版基于大篇幅的生活实例，人教版则紧扣原理和计算。以"沉淀溶解平衡教学设计"为主题在中国知网（CNKI）进行检索发现，截至2023年3月收录的文献共计48篇，主要从核心素养、问题设计、单元设计和课堂模式等角度进行研究。查阅数篇从"核心素养"和"问题设计"角度研究沉淀溶解平衡的文献后，本节以"化学沉淀法处理电镀废水中的Ag^+"为素材，在理论分析的基础上，结合实验探究和小组讨论等活动，寻找除去电镀废水中的Ag^+的有效方法。

（二）学情分析

1. 知识基础

初中已经了解溶液的形成、溶解度等，高中阶段了解氯化银等沉淀的颜色、复分解反应、离子反应、化学平衡、电离平衡、盐类的水解平衡等有关知识。

2. 能力储备

已经具备独立思考的能力，而且思维活跃，学习自觉性增强，能通过自主学习、小组讨论和合作探究等方式获取知识，并具备应用其解决简单实际问题的能力等。

3. 存在问题

大部分同学会存在难溶物不会在水中溶解的误区，无法从微观角度和通过计算的方式来判断难溶电解质的溶解和沉淀情况，沉淀溶解的有关知识还不完善，综合分析问题的能力有待提高。

（三）教学策略

1. 问题导向与情境教学

创设真实问题情境，设计问题链引导教学。

2. 证据推理与模型认知

通过理论分析与实践证明，构建思维和解题模型。

3. 任务驱动与科学探究

通过任务解决驱动学生不断深入探究。

【教学目标】

1. 能描述沉淀溶解平衡，知道溶解平衡的特征。

2. 能根据化学平衡理论，分析影响沉淀溶解平衡的因素。

3. 学会比较离子积与 K_{sp} 的相对大小判断难溶电解质的沉淀与转化。

4. 在沉淀溶解平衡的建立和应用，以及问题讨论、实验探究中，发展学生变化观念与平衡思想、证据推理与模型认知、科学探究与创新意识等化学学科核心素养。

5. 在电镀废水处理的真实情境中，认识化学对人类社会发展所做出的重大贡献，增强环保意识和社会责任感。

【教学主题重难点】

1. 难溶电解质的溶解平衡及溶度积。

2. 难溶电解质的沉淀或溶解判断、溶解平衡相关计算。

【主题教学思维框架】

表 5-1-1　"沉淀溶解平衡"主题教学思维框架设计

教学环节	问题线	知识线	活动线	素养线
环节一：创设情境提出问题	有什么办法处理废水中的 Ag^+ 吗？	$Ag^+ + Cl^- === AgCl\downarrow$	模拟实验	科学探究与创新意识，科学态度和社会责任
	Ag^+ 除尽了吗？怎样验证？	$2Ag^+ + S^{2-} === Ag_2S\downarrow$	探究实验	
环节二：理论学习构建模型	生成 AgCl 沉淀的离子反应完成后，溶液中还有 Ag^+ 和 Cl^- 吗？请从微观角度分析	沉淀溶解平衡的建立及其特征	图像分析	宏观辨识与微观探析
	难溶电解质的沉淀溶解平衡是否与化学平衡、电离平衡和水解平衡一样，也存在平衡常数？	溶度积常数的概念和意义	小组讨论	变化观念与平衡思想
	用 NaCl 溶液一定可以将 Ag^+ 沉淀下来吗？怎样判断沉淀能否生成？参考依据是什么？	利用 Q 与 K_{sp} 的大小关系判断难溶电解质的生成或溶解	对比实验	证据推理和模型认知

续 表

教学环节	问题线	知识线	活动线	素养线
环节三：应用模型解决问题	1mL0.012mol/LNaCl 溶液与 1mL0.010mol/LAgNO₃ 溶液充分反应后，剩余 Ag⁺ 的浓度是多少？Ag⁺ 是否完全沉淀？	沉淀反应完全的标志	小组讨论	科学探究与创新意识
	如何才能使 AgCl 沉淀反应完成后溶液中的 Ag⁺ 浓度尽量小？你能想出几种办法？	影响沉淀溶解平衡的因素	探究实验	
	用 Na₂S 溶液沉淀 AgNO₃ 溶液中的 Ag⁺，充分反应后，测得剩余溶液中的 S²⁻ 的浓度为 1.0×10^{-4} mol/L，此时剩余溶液中 Ag⁺ 的浓度为多少？	用硫化物除去重金属离子	小组讨论	

【主题教学实施过程】

环节一：创设情境，提出问题

情境：电镀废水中含有高浓度的 Ag⁺。资料显示，浓度约 10^{-7} mol/L 的 Ag⁺ 经过 48 小时就可以导致水体中一半的白鲢、鲤鱼、蝌蚪死亡，属于剧毒。电镀废水中的银离子必须除去后才能排放。同学们，你们有什么办法除去废水中的 Ag⁺ 吗？

学生讨论、回答：用 NaCl 溶液。

活动一：模拟实验。

教师演示实验 1：取 1mL0.010mol/LAgNO₃ 溶液于试管中，向其中加入 1mL0.012mol/LNaCl 溶液，充分反应，观察现象。

学生认真观察实验并描述实验现象——将硝酸银溶液与氯化钠溶液混合，有白色沉淀生成。

追问：如果上述两种溶液中硝酸银和氯化钠的物质的量相等且充分反应，此时溶液中还有 Ag⁺ 和 Cl⁻ 吗？Ag⁺ 除尽了吗？如果没有，怎么验证？

活动二：探究实验。

教师演示实验 2：将实验 1 中的 AgCl 悬浊液倒入离心管中并放入离心机进行分离，取上层清液，向其中加入几滴 0.010mol/L 的 Na_2S 溶液，观察现象。

学生认真观察实验并描述实验现象——生成黑色沉淀。

提问：为什么会有这样的现象？可以得出什么结论？

学生思考、回答：完全反应生成 AgCl 后的溶液中仍有 Ag^+，S^{2-} 与 Ag^+ 反应生成了黑色的 Ag_2S 沉淀。

思考与讨论：在初中化学中，我们曾根据物质溶解度的大小，将物质分为易溶物、可溶物、微溶物和难溶物。例如，AgCl、$BaSO_4$、Fe（OH）$_3$ 等都属于难溶物。根据书中表格信息回答问题：①通常我们所说的难溶物在水中是否完全不能溶解？②生成 AgCl 沉淀的离子反应完成后，溶液中是否还有 Ag^+ 和 Cl^-？

学生讨论并回答：尽管难溶电解质的溶解度很小，但在水中并不是绝对不溶。生成 AgCl 沉淀的离子反应完成后，溶液中还有 Ag^+ 和 Cl^-。

设计意图：通过创设"电镀废水中高浓度的 Ag^+ 会导致鱼类死亡"情境，提出问题"如何除去废水中的 Ag^+"，激发学生的学习兴趣，以该情境为线索将沉淀溶解平衡的建立和 Ksp 的应用结合起来。培养学生科学探究与创新意识、科学态度和社会责任等核心素养。

环节二：理论学习、构建模型

1. 沉淀溶解平衡

活动三：图像分析。

展示：AgCl 溶解与沉淀微观变化图。

讲解：从固体溶解和沉淀生成的角度，AgCl 在溶液中存在两个过程。一方面，在水分子作用下，少量 Ag^+ 和 Cl^- 脱离 AgCl 的表面进入水中——溶解；另一方面，溶液中的 Ag^+ 和 Cl^- 受 AgCl 表面阴、阳离子的吸引，回到 AgCl 的表面析出——沉淀。

提问：请结合图像回答，什么是沉淀溶解平衡？有哪些特征？

学生：思考并回答。在一定温度下，当沉淀和溶解的速率相等时，建立的动态平衡叫作沉淀溶解平衡。与化学平衡一样也有五个特征：逆、等、动、定、变。

提问：如何用化学语言表示沉淀溶解平衡？

讲解：沉淀溶解平衡表达式为 $AgCl\ (s) \rightleftharpoons Ag^+\ (aq) + Cl^-\ (aq)$

过渡：难溶电解质的沉淀溶解平衡是否与化学平衡、电离平衡和水解平衡一样，也存在平衡常数？

2. 溶度积常数及其应用

讲解：与电离平衡、水解平衡一样，难溶电解质的沉淀溶解平衡也存在平衡常数，称为溶度积常数，简称溶度积，符号为 K_{sp}。

活动四：小组讨论。

分析常见难溶物的 K_{sp} 和溶解度表，获取有关 K_{sp} 的信息。

表 5-1-2　常见难溶物的 K_{sp} 和溶解度

化学式	K_{sp}	溶解度/g
AgCl	1.8×10^{-10}	1.5×10^{-4}
AgBr	5.4×10^{-13}	8.4×10^{-6}
AgI	8.5×10^{-17}	3.0×10^{-7}
Ag_2S	6.3×10^{-50}	1.3×10^{-16}
Ag_2SO_4	1.2×10^{-5}	0.786

学生汇报：①K_{sp} 与难溶电解质的性质和温度有关。其他条件一定时，一般温度越高，K_{sp} 越大。②K_{sp} 反映了难溶电解质在水中的溶解能力。一般情况下 K_{sp} 越小，越难溶。

提问：用 NaCl 溶液一定可以将 Ag^+ 沉淀下来吗？

活动五：对比实验。

实验3：取 $1mL2 \times 10^{-5}mol/LAgNO_3$ 溶液于一支试管中，再往其中加入 $1mL2 \times 10^{-5}mol/LNaCl$ 溶液，观察现象。

实验 4：取 1mL0.01mol/LAgNO$_3$ 溶液于一支试管中，再往其中加入 1mL0.01mol/LNaCl 溶液，观察现象。

学生完成对比实验并回答：实验 3 无明显现象，实验 4 有白色沉淀生成。

追问：怎样判断沉淀能否生成？有参考依据吗？

学生思考、讨论。

小结：通过比较溶度积与溶液中有关离子浓度幂的乘积——离子积（Q）的相对大小，可以判断难溶电解质在给定条件下沉淀能否生成或溶解：①$Q > K_{sp}$，溶液过度饱和，有沉淀析出，直至溶液饱和，达到新的平衡。②$Q = K_{sp}$，溶液饱和，沉淀与溶解处于平衡状态。③$Q < K_{sp}$，溶液未饱和，无沉淀析出，若加入过量难溶电解质，难溶电解质溶解直至溶液饱和。

学生学以致用。

$2 \times 10^{-5}\,mol \cdot L^{-1}$ AgNO$_3$ 溶液与 $2 \times 10^{-5}\,mol \cdot L^{-1}$ NaCl 溶液等体积混合，有无 AgCl 沉淀生成？（AgCl 的 $K_{sp} = 1.8 \times 10^{-10}$，忽略混合时溶液体积细微的变化）

设计意图：通过理论分析、实验探究和小组讨论等活动，从宏观和微观角度认识沉淀溶解平衡的建立过程，掌握利用 Q 与 K_{sp} 的大小关系判断难溶电解质的生成或溶解的方法。培养学生宏观辨识与微观探析、变化观念与平衡思想、证据推理与模型认知及科学探究与创新意识等核心素养。

环节三：应用模型，解决问题

活动六：小组讨论。

1mL0.012mol/LNaCl 溶液与 1mL0.010mol/LAgNO$_3$ 溶液充分反应后，剩余 Ag$^+$ 的浓度是多少？（忽略溶液体积变化）Ag$^+$ 是否完全沉淀？

汇报：剩余 Ag$^+$ 的浓度等于 1.8×10^{-7} mol/L。一般情况下，当溶液中剩余离子的浓度小于 1×10^{-5} mol/L 时，化学上通常认为生成沉淀的反应就进行完全了。因此，Ag$^+$ 已经完全沉淀。

追问：剩余 Ag$^+$ 的浓度是否达到排放标准（Ag$^+$ 浓度 $< 10^{-7}$ mol/L）？

学生回答：此时，Ag$^+$ 的浓度是 1.8×10^{-7} mol/L $> 10^{-7}$ mol/L，仍然会导

致水生动物死亡，没有达到排放标准。

追问：如何才能使 AgCl 沉淀反应完成后溶液中的 Ag^+ 浓度尽量小？你能想出几种办法？

活动七：探究实验。

学生实验：向饱和 AgCl 溶液中滴加几滴浓盐酸，观察现象。

学生观察现象并讨论分析：①保持 K_{sp} 不变，使 $c(Cl^-)$ 变大。②保持 $c(Cl^-)$ 不变，降低温度使 K_{sp} 变小。③使 Ag^+ 生成 K_{sp} 更小的沉淀，比如用 Na_2S 溶液沉淀 Ag^+。

提问：回忆我们学过的影响化学反应平衡的因素，想一想沉淀溶解平衡的影响因素还有哪些呢？

生：浓度、温度。

小结：影响沉淀溶解平衡的因素有两个。一是内因：难溶电解质本身的性质，这是决定因素。二是外因：①温度。绝大多数难溶盐的溶解是吸热过程，升高温度，平衡向沉淀溶解的方向移动；少量平衡向生成沉淀的方向移动，如 $Ca(OH)_2$ 的沉淀溶解平衡。②浓度。加水稀释，平衡向溶解的方向移动。③同离子效应。向平衡体系中加入难溶物相应的离子，平衡向生成沉淀的方向移动。④其他。向平衡体系中加入可与体系中某些离子反应生成更难溶或更难电离或产生气体的离子时，平衡向溶解的方向移动。

活动八：小组讨论。

用 Na_2S 溶液沉淀 $AgNO_3$ 溶液中的 Ag^+，充分反应后，测得剩余溶液中的 S^{2-} 的浓度为 $1.0 \times 10^{-4} mol/L$，此时剩余溶液中 Ag^+ 的浓度为多少？（25℃时，Ag_2S 的 $K_{sp} = 6.3 \times 10^{-50}$）

汇报：通过计算可知，此时剩余溶液中 Ag^+ 的浓度为 $2.5 \times 10^{-23} mol/L$，远远小于排放标准。

小结：在工业废水处理中，以 Na_2S 作沉淀剂，使废水中的某些重金属离子如 Cu^{2+}、Hg^{2+} 等形成极难溶的 CuS、HgS 等沉淀而除去，是分离、除去杂质常用的方法。

升华：通过本节课的学习，我们知道，利用化学方法可以解决工业废水污染问题，但是我们更应该从源头上控制污染，倡导绿色化学，提高环保意识，爱护我们的地球家园。

设计意图： 通过小组讨论和实验探究，理解影响沉淀溶解平衡的因素，进一步优化问题解决方案，并以绿色化学和环境保护对课堂进行升华，培养学生科学探究、证据推理和社会责任等核心素养。

【拓展材料】

电镀废水常见的处理工艺

电镀作为机械制造业的表面处理环节，已然成为全球三大高污染工业之一。随着电镀工业规模的不断发展，排放的废水量也随之越来越大。据不完全统计，全国的电镀生产每年排放 4 亿吨含重金属废水。

（一）电镀废水的来源和危害

电镀所产生的废水中不仅含有危害较大的六价铬等重金属离子，而且还含有氰化合物、酸性物质、碱性物质、防银变色剂、增光增亮剂等多种毒性物质。由于电镀废水毒性大、危害性大，且具有积累作用，所以不管对人类还是生态环境的破坏作用都非常大。

（二）电镀废水处理过程中的问题

企业在电镀废水处理过程中，面临着设备投资大、废水处理成本高、处理效果不能达到预期效果，以及电镀废水分类收集不到位等方面的压力和挑战。因此，要兼顾废水处理的环保高效和经济效益，合适的废水处理工艺和产品成为污水处理企业进行废水处理工作必然要考虑的因素。

（三）电镀废水处理的工艺

目前国内采用的废水处理工艺主要有：物理、化学、生物、物理化学等方法。

物理法主要是利用了电镀废水中杂质的物理性质，借助不同种类杂质质量、形态等物理性质的不同，通过过滤和离心等操作来达到分离的效果。物理处理方法主要包括蒸发浓缩法和反渗透法。

化学法是通过化学反应从废水中分离出一些有毒有害物质，或者将其转化为低毒微毒成分，或通过络合、洗涤等方法将重金属从废水中去除。化学法主要包括化学沉淀法、化学还原法、氧化破氰法和腐蚀电池法。

生物法是利用生物体的生命活动来净化废水的一种方法。主要包括生物吸附、生物絮凝、植物修复三种处理技术。

物理化学法，顾名思义是利用物理和化学两种技术综合处理电镀废水中杂质的一种方法。应用较为广泛的是膜分离处理法、吸附法和离子交换法。

案例2　氢氧燃料电池的制备和探究

【教学主题内容分析】

燃料电池是高中化学重要的知识点，其中氢氧燃料电池是最简单的燃料电池。在人教版化学教材的设计中，学生在必修第二册中第一次接触该内容，在选择性必修一中进行深入学习。教材中关于燃料电池的介绍仅限于文字说明和装置示意图。在实际课堂中，学生往往是通过观看视频或者模拟动画进行学习。教师很少会做燃料电池相关的演示实验，更不用说让学生自己动手制作燃料电池。这使得学生对燃料电池的构造和工作原理缺乏感性认识。而在教育部颁布的《普通高中化学课程标准（2017 年版 2020 年修订）》中，明确将制作简单的燃料电池列为选择性必修课程中学生必做的实验。如何制作构造合理、原理清晰、操作简单、效果明显的氢氧燃料电池是我们不断探究的问题。

【教学主题背景分析】

（一）教材与文献分析

2019 版高中化学新教材（鲁科版、人教版）对氢氧燃料电池的制备和探究的内容设置不一样。在内容编排上，鲁科版以微项目的形式，通过探究载人航天器用化学电池与氧气再生方案，构建氢氧燃料电池的工作原理；人教版则是直接通过原电池的工作原理设计并探究氢氧燃料电池。以"氢氧燃料电池的制备和探究"为主题在中国知网和维普网上对近 10 年"氢氧燃料电池的改进"进行检索，得到 11 篇有关氢氧燃料电池改进的文章。从年限分布上说，每年的文献量均有 1~2 篇，文献主要来源于《化学教育》和《中学化学教学参考》等核心期刊。其中 10 篇都是中学教师的研究成果，只有 1 篇为大学教师的研究成果。本篇主要以不同电极材料和不同电解质溶液探究对氢氧燃料电池的工作效率的影响。

（二）学情分析

从具体知识方面分析，对原电池是将化学能转化为电能的装置中的转化、装置、电能缺少关注和思考，对化学能可以转化为哪些能量、如何理解这些能量转化等问题缺乏联系宏观与微观的化学学科独有的眼光，对是否需要活动性不同的两个电极，以及电极是否与电解质溶液发生自发的氧化还原反应等问题存在认知偏差。从氧化还原反应方面分析，通过对铜芯原电池的观察和分析，学生认为电极材料需要与电解质溶液发生自发的氧化还原反应；通过对燃料电池的观察和分析，使学生明白不一定是电极本身参与反应，也可以是电极吸附的物质参与反应，只要有能自发进行的氧化还原反应即可。

（三）教学策略

通过教学主题内容与学情分析，笔者根据实际采用讲授法、问答法、小组合作实验探究法和讨论法开展本节课的教学。

【教学目标】

1. 通过实验探究、理论分析理解燃料电池的工作原理。（宏观辨识与微观探析）

2. 结合燃料电池的简易装置图以及工作原理，制作和探究氢氧燃料电池。（证据推理与模型认知）

3. 通过实验探究，进一步掌握不同电解质溶液的燃料电池的电极反应式。（变化观念与平衡思想）

4. 通过课后查阅文献了解氢氧燃料电池的发展。（科学态度与社会责任）

【教学主题重难点】

1. 理解氢氧燃料电池的工作原理，根据燃料电池的四个组成部分，即正极、负极、电解质和外部电路来制作一个氢氧燃料电池，书写燃料电池的电极反应式。

2. 检测燃料电池的性能，根据氢氧燃料电池性能的影响因素，改善电池性能。

【主题教学思维框架】

表 5 – 2 – 1　"氢氧燃料电池的制备和探究"主题教学思维框架设计

教学环节	问题线	知识线	活动线	素养线
环节一：创设情境提出问题	小车实验——分析小车"动力"来自哪里	$2H_2 + O_2 \xlongequal{} 2H_2O$	模拟实验	科学探究与创新意识
环节二：理论学习构建模型	装置中为什么可以产生电流？	氢氧燃料电池的工作原理	小组讨论	宏观辨识与微观探析
环节三：应用模型解决问题	思考可以如何改进优化氢氧燃料电池？	氢氧燃料电池的影响因素——电极材料	探究实验	科学探究与创新意识
	根据燃料电池的装置组成，燃料电池的能量转化还与什么因素有关？	氢氧燃料电池的影响因素——电解质溶液	探究实验	

【主题教学实施过程】

表 5 – 2 – 2　"氢氧燃料电池的制备和探究"主题教学实施过程

教学环节	学生活动	教师活动	素养目标	设计意图
环节一：新课导入，小车实验——分析小车"动力"来自哪里	观察，思考：学生通过小车实验，进行头脑风暴，思考燃料电池的工作原理，并小组合作画出氢氧燃料电池的装置图	组织学生完成小车实验活动，提出问题：思考燃料电池工作原理，画出燃料电池的装置图	新颖实验，激发学生学习欲望	让学生初步了解氢氧燃料电池的工作原理

续 表

教学环节	学生活动	教师活动	素养目标	设计意图
环节二：制作简单的氢氧燃料电池	学生动手制作一个简单的燃料电池	通过学生画出来的氢氧燃料电池的装置图，结合提供的实验仪器，组织学生自制一个简单的燃料电池，并观察实验现象	模型认知核心素养	通过宏观实验现象，更加坚定氢气和氧气在未接触和点燃的条件下也能进行得失电子
环节三：分析氢氧燃料电池工作原理	小组讨论分析实验现象，结合原理回答问题	通过原电池工作原理以及电极电势分析燃料电池工作原理，提出问题：燃料电池电流形成过程，对电极有什么要求？	模型认知核心素养	通过现象，更加坚定氢气和氧气在未接触和点燃的条件下也能进行得失电子
环节四：优化改进氢氧燃料电池	实验1：使用石墨碳棒制作燃料电池，测定二极管发光现象和电压数值。实验2：使用铅笔芯制作燃料电池，测定二极管发光时间和电压数值。实验3：使用1.0mol/L H_2SO_4 制作燃料电池，测定二极管发光时间和电压数值。实验4：使用1.0mol/L NaOH 制作燃料电池，测定二极管发光时间和电压数值。分小组汇报实验现象与结果分析	提问1：二极管发光现象？提问2：电压数据？结论：氢氧燃料电池的转化效率与电极表面积有关。提问3：根据燃料电池的装置组成，燃料电池的能量转化还与什么因素有关？提问4：二极管发光现象？提问5：电压数据？结论：氢氧燃料电池的转化效率与溶液的酸碱性有关	科学探究与模型认知；宏观辨识与微观探析；科学精神与社会责任；科学探究与创新意识	据实验现象和原理，让学生探究影响燃料电池性能的因素。利用电压数据将发生的过程可视化，实现从宏观到微观、从符号到数据的表征

续 表

教学环节	学生活动	教师活动	素养目标	设计意图
环节五: 燃料电池电极反应式的书写方式	学生根据反应原理书写酸性氢氧燃料电池的电极反应式	总结提升: 引导学生完成电极反应式的书写,并掌握其方法	模型认知与建立	通过电极反应式的书写进一步深化理解燃料电池的工作原理
环节六: 氢氧燃料电池的发展	小组讨论回答问题。	提出问题: 分析氢氧燃料电池的发展,让学生思考氢氧燃料电池用于载人航空具有哪些优点	培养学生的科学态度与社会责任	通过氢氧燃料电池发展和应用,培养学生的科学态度与社会责任
板书设计	氢氧燃料电池的制备和探究 一、氢氧燃料电池的工作原理 二、氢氧燃料电池转化效率的影响因素 三、电极反应式的书写 四、燃料电池的发展前景			
课后作业	以小组为单位,收集并整理资料,撰写一份"燃料电池的发展、现状及前景"报告			

【主题教学反思】

从燃料发展史和小车模型引入课堂,根据已有的知识设计简易的燃料电池装置,小组展示,并提出疑问,培养学生宏观辨识、微观探析、模型认知的核心素养,并通过学生小组合作,根据实验提供的实验器材动手完成氢氧燃料电池的制作。结合燃料电池的简易装置图以及工作原理,探究优化氢氧燃料电池转化效率的方法。通过文献查找,引导学生使用铅笔芯来代替石墨碳棒,提高气体与电极的接触面积。通过实验现象能够直观感受到电极表面积对氢氧燃料电池的优化作用。通过实验探究不同电解质溶液的氢氧燃料电池，得到氢氧燃料电池的转化效率还与溶液的 pH 有关。培养学生科学探究与创新意识的核心素养。在实验过程中，氢氧燃料电池所需的电极材料要求较高，利用石墨碳棒或者铅笔芯制作的电池内阻大，不稳定，实验现象不明显。

案例3　硬币中的化学

——金属材料

【教学主题内容分析】

本节内容选自新教材人教版必修第一册第三章第二节"金属材料"，学生已经学习了产量最大、用途最广的金属铁，但在实际生产中更多使用的是合金并非纯金属。金属材料这一节内容是展现化学学科与实际生产发展关联的重要内容，也是强化性能决定用途观念的重要章节。本节内容从合金的结构特点说起，重点介绍铁合金、铝和铝合金。新课程标准没有要求系统介绍铝及其化合物的知识，因此本节内容只从材料的角度简单介绍了铝单质和氧化物的性质。通过实验、比较，得出铝和氧化铝既能与酸又能与碱反应，由此引出两性氧化物概念。

本案例以"硬币材质"为情境和线索，通过 2019 年硬币换新引入合金概念，通过合金材料的变换，了解金属材料铁合金、铝合金的性质，使学生能够学以致用，培养学生运用所学知识解决实际问题的能力。

【教学主题背景分析】

（一）教材分析

新旧教材在处理"金属材料"这一节内容区别较大，旧教材将铝及其化合物的性质分散在金属及其化合物这一单元里，在介绍完重点金属及其化合物之后才引出用途广泛的金属材料；而新教材在学生学习了铁及其化合物之后，直接就引出了金属材料，是铁及其化合物的性质学习结束后的一个重要延伸，弱化了铝及其化合物的地位，更多地引导学生关注生活中的金属材料，内容更丰富、更直观，注重创设真实情境，解决实际问题，更突出金属材料在生产生活中的用途，体现金属材料的发展趋势，注重拓宽学生视野，激发学生的爱国热情，设置了"化学与职业"栏目，激发学生投身于相关工作的兴趣。

（二）学情分析

1. 知识基础

初中已经了解金属冶炼等知识，掌握了合金的概念，学生自身对金属材料在生活中的运用比较了解。

2. 能力储备

学生具备独立思考的能力，具备应用所学知识解决简单实际问题的能力等，具备小组讨论、小组实验和合作探究的能力。

3. 存在问题

没有选课分班，学生学习化学目前不够深入，因此要联系实际，多培养学生兴趣，树立学习化学的兴趣和信心。

（三）教学策略

1. 问题导向与情境教学

创设真实问题情境，设计问题引导教学。

2. 任务驱动与科学探究

通过任务解决驱动学生不断深入探究。

【教学目标】

1. 结合生活中对常见合金的优良性能的认识经验，让学生阅读教材中的合金的结构介绍，了解合金的概念，并能联系纯金属与合金的微观结构解释二者性能的差异。

2. 以铁合金、铝合金为例，使学生能从元素组成上对合金进行分类，并认识不同类型金属材料、性能与应用的联系，强化学生性能决定用途的观念。

3. 通过实验探究铝和氧化铝的性质及转化，使学生认识两性氧化物，丰富对金属多样性的认识，体会实验对认识和研究物质性质的重要作用。

4. 了解储氢合金、钛合金等新型合金，让学生感受化学科学对创造更多新材料以满足人类生活需要和促进科技发展的重要作用。

5. 能基于物质的量认识化学变化，让学生学会运用物质的量及相关物理量根据化学方程式进行简单计算，感受定量研究对化学科学的重要作用。

【教学主题重难点】

1. 实验探究铝和氧化铝的性质及转化，认识两性氧化物。

2. 物质的量在化学计算中的应用。

【主题教学思维框架】

表 5 - 3 - 1 "金属材料"主题教学思维框架设计

教学环节	情境线	问题线	知识线	活动线	设计目的
环节一：合金	2019 年硬币材料分类属于铁合金，但 1 角硬币 1999 年版本早已经在 2005 年更新了硬币材质	硬币属于什么材质？	合金		从真实情境引入，激发学生学习兴趣
环节二：铁合金	2019 年硬币具体分类	1 角硬币具体属于哪种合金？	铁合金	提前搜集资料了解铁合金的性质。小组分享铁合金性质	培养学生自主学习能力
环节三：铝及铝合金	1 角硬币 1999 年版本早已经在 2005 年更新，由铝合金换成不锈钢	1 角硬币由铝合金换成不锈钢的原因是什么？	铝及铝合金	提前搜集资料了解铝合金的性质。小组分享铝合金性质	培养学生自主学习能力
	铝制品生活应用广泛，比如铝锅	铝制品生活应用广泛的原因是？比如铝锅		分析思考铝制品在生活应用广泛的原因，比如铝锅	培养学生运用化学解决实际问题的能力

教学环节	情境线	问题线	知识线	活动线	设计目的
环节三：铝及铝合金		如何感受氧化膜？思考方法，现象 铝锅不能用来久放碱性食物的原因是？		讨论：如何感受氧化膜？思考方法，现象。进行分组实验验证：①加热铝箔的实验②未打磨的铝和已经打磨的铝分别和盐酸反应的对比实验	能够更好培养学生高阶思维。 培养学生的科学探究的能力和动手实践能力
				讨论：铝锅不能用来久放碱性食物的原因，设计实验验证，预测实验现象。进行分组实验验证未打磨的铝和已经打磨的铝分别和氢氧化钠溶液反应的对比实验	让学生思考，掌握举一反三的能力。 培养学生的科学探究的能力和动手实践能力
			物质的量在化学计算中的应用	做习题：相同质量的铝，分别跟足量的盐酸和氢氧化钠溶液反应，生成氢气的体积比（相同条件下）为？	培养学生微观探析与宏观辨析的素养

续　表

教学环节	情境线	问题线	知识线	活动线	设计目的
环节四：新型合金			新型合金	提前搜集资料了解铁合金的性质。分享新型合金性质	培养学生化学学科情感，明确学科价值，培养学生社会责任感，埋下继续学习报效国家的理念

【主题教学实施过程】

创设情境，提出问题

1999 年国家发行第五套人民币，2019 年 8 月 30 日起中国人民银行发行 2019 年版第五套人民币，硬币属于什么材质？

环节一：合金

合金是两种或两种以上的金属（或金属跟非金属）熔合而成的具有金属特性的物质，具有许多优良的物理、化学或机械性能。观察合金与纯金属的结构对比可知，合金硬度大于各成分金属，熔点低于各成分金属。

环节二：铁合金

情境衔接：2019 年硬币材料分类属于铁合金，学生分享提前了解的铁合金知识。

铁合金根据含碳量不同可以分为生铁和钢。生铁的含碳量在 2% ~ 4.3%，还含有硅、锰及少量硫、磷等杂质，机械性能硬而脆，易断裂，可铸不可锻；钢中的含碳量在 0.03% ~ 2% 之间，其他杂质含量也比生铁少，基本上不含硫和磷。钢机械性能比生铁优良，硬而韧，有弹性，延展性好，可铸可锻，易加工。钢可以分为碳素钢和合金钢两大类，根据含碳量的不同，工业上一般把含碳量低于 0.3% （质量分数）的叫作低碳钢；含碳量在 0.3% ~ 0.6%（质量分数）之间的叫作中碳钢；含碳量在 0.6% （质量分数）以上的叫作高碳钢。合金钢是在碳素钢里适量地加入一种或几种合金元素，使钢的组织结构发生变化，从而使钢具有各种不同特殊性能，如强度、硬度大，可塑性、韧性好，耐磨，耐腐蚀，以及其他许多优良性能。

随着科学技术的进步和人民生活水平的提高，不锈钢的装饰品、餐具、炊具已经进入许多家庭，不锈钢制品外观光洁、美观，不易污染、不生锈，因此受到人们的青睐。不锈钢中除铁以外，还含有抗腐蚀性很强的铬和镍。铬的含量一般在 13% 以上，镍的含量也在 10% 左右。例如，有一种不锈钢的成分除铁以外，其他元素含量如下：Cr （铬） 17.0% ~ 19.0%；Ni （镍）8.0% ~ 11.0%；C （碳） ≤ 0.14%；Si （硅） ≤ 0.80%；Mn （锰） ≤2.00%；P （磷） ≤0.035%；S （硫） ≤0.03%。

2018 年，王国栋所在的东北大学轧制技术及连轧自动化国家重点实验室，在国际上率先研发出 2000MPa 级汽车用热冲压用高强钢；在液化天然气低温容器用钢上，世界上普遍采用的材料是 9Ni （镍）钢，在保证钢材性能的前提下，实验室与企业合作，用 5Ni 钢做出了 9Ni 钢的性能，大幅节约了成本。在生产工艺上，研发出薄带连铸、无头轧制等新流程、新工艺，正在向企业转化，可应用于多个重要钢种的生产。

环节三：铝及铝合金

情境衔接：2019 年硬币材料分类属于铁合金，但 1 角硬币 1999 年版本早已经在 2005 年更新，由铝合金换成不锈钢，思考原因。

学生分享：铝合金相关知识。

铝是地壳中含量最多的金属元素。纯铝的强度和硬度较小，不适合制造机械零件等。制成铝合金可改善性能。例如，铝硅合金（含 Si 质量分数为13.5%）的熔点为 564℃，比纯铝或硅的熔点低，而且它在凝固时收缩率又很小，因而适合铸造。又如，硬铝（含 Cu4%、Mg0.5%、Mn0.5%、Si0.7%，均为质量分数）的强度和硬度都比纯铝大，几乎相当于钢材，密度较小。铝合金的种类很多，它们在汽车、船舶、飞机等制造业上以及在日常生活里的用途很广。

教师讲解：前面学习铁及其化合物时学习了研究物质的方法——从物质类别及化合价两个视角分析物质性质。基于这一模型，回顾，重整铝的旧知，能与氧气反应，能与酸反应。

学生任务一：铝制品在生活中应用广泛，比如铝锅，分析思考原因。

教师讲解：铝的氧化膜可以起到保护作用。

学生任务二：讨论如何感受氧化膜？思考方法，现象。

学生分享：感受氧化膜的方法，预测的现象。

学生任务三：进行分组实验验证。①加热铝箔的实验，②未打磨的铝和已经打磨的铝分别和盐酸反应的对比实验。

情境衔接：铝锅不能用来久放置酸性食物，原因已经掌握，但也不能放碱性食物。

学生任务四：讨论铝锅不能用来久放碱性食物的原因，设计实验验证，预测实验现象。

学生任务五：进行分组实验验证未打磨的铝和已经打磨的铝分别和氢氧化钠溶液反应的对比实验。

教师讲解：分析实验现象，得出实验结论，铝和氧化铝都会与碱反应。讲解铝和碱反应，氧化铝和碱反应的微观表征。

学生回忆：酸性氧化物和碱性氧化物的定义。

教师总结：氧化铝是两性氧化物。

学生任务六：相同质量的铝，分别跟足量的盐酸和氢氧化钠溶液反应，生成氢气的体积比（相同条件下）是多少？

教师讲解：结合宏观质量和微观粒子得出结论。化学方程式中各物质的计量数之比等于各物质的量之比。

环节四：新型合金

学生分享：新型合金相关资料。

储氢材料（Ti－Fe合金和La－Ni合金等）：一种新型合金，一定条件下能吸收氢气，一定条件下能放出氢气，循环寿命性能优异，并可被用于大型电池中，尤其是电动车辆、混合动力电动车辆、高功率应用等等。

钛合金：钛合金强度高、耐蚀性好、耐热性高。钛合金主要用于制作飞机发动机压气机部件，其次用于制作火箭、导弹和高速飞机的结构件。

耐热合金：合金在高温下具有高强度和良好的抗氧化性，因而可用于热处理工业，制造各种结构件。

形状记忆合金：发射人造卫星之前，将抛物面天线折叠起来装进卫星体内，火箭升空把人造卫星送到预定轨道后，只需加温，折叠的卫星天线因具有"记忆"功能而自然展开，恢复抛物面形状。

课堂总结：从自然资源到合金，这充分体现了化学在生活生产中的作用，由合金进步到新型合金，我们感受到了科技进步，化学研究永不止步。希望同学们能感受到化学学科的价值，投入化学学习之中，深入研究化学学科，培养社会责任，埋下继续学习报效国家的理念。

布置作业：查阅资料了解不锈钢的防锈原理。

不锈钢的耐腐蚀性主要是因为在钢中添加了较高含量的 Cr 元素。Cr 元素易氧化，能在钢的表面迅速形成致密的 Cr_2O_3 氧化膜，使钢的电极电和在氧化介质中的耐蚀性发生突变性提高。不锈钢的耐腐蚀性能主要依靠表面覆盖的这一层极薄的（约1mm）致密的钝化膜，这层钝化膜与腐蚀介质隔离，是不锈钢防护的基本屏障。如果钝化膜不完整或有缺陷被破坏，不锈钢则会被腐蚀。不锈钢也会生锈，不锈钢板材、设备及附件的吊运、装配、焊接、焊缝检查（如着色探伤、耐压实验）及加工过程中带来的表面油污、划伤、铁锈、杂质、低熔点金属污染物、油漆、焊渣、飞溅物等，影响了不锈钢表面质量，破坏了其表面钝化膜，降低了表面耐蚀性，还易与以后接触的化学品中的腐蚀介质共同作用，引发点蚀、晶间腐蚀，甚至会导致应力腐蚀开裂。

【教学反思】

金属材料主题式教学设计是以硬币的材料变化为主线情境，引导学生小组合作，科学探究掌握合金相应知识。整节课的情境、问题环环相扣，充分体现了新教材，新课标，新高考"三新"下的课堂教学模式，以学生为主体，实验探究为手段，学生任务为驱动，让学生自主学习，而教师只是课堂的引导者。但课堂上对时间分配把握不够到位，学生的讨论时间没控制好。教学各个流程的衔接过程可以做得更流畅、自然，还需要继续打磨和反思。课堂上化学符号表征需要加强，引入了 Al 与碱的反应，与学生以往的认知造成冲突，偏铝酸钠是学生第一次见，需加强表征书写化学方程式。

案例4　化学反应的调控

【教学主题内容分析】

本节内容选自人教版（2019）选择性必修一化学反应原理第二章第四节"化学反应的调控"，是前三节"化学反应的速率""化学反应的限度""化学反应的方向"的延续。教材主要引导学生运用化学反应速率和化学平衡原理等知识，并考虑合成氨生产中动力、设备、材料等的实际情况，合理地选择合成氨的生产条件。

本节教材体现了化学反应速率和化学平衡理论对工业生产实践的指导作用，同时在运用理论的过程中，也可进一步加深学生对所学理论的理解。此外，还结合合成氨生产过程示意图，简单提及浓度等条件对合成氨生产的影响，以及原料的循环使用等问题，使学生理解合成氨条件的选择应以提高综合经济效益为目的。

化学反应速率和化学平衡的综合调控在生产、生活和科学研究中具有重要的作用。教材以合成氨这个学生熟悉的、典型的化学反应为研究对象，有利于学生应用化学反应速率和化学平衡理论尝试综合选择化工生产的适宜条件，从而体会化学理论的学习对生产实践的指导作用。

【教学主题背景分析】

（一）新旧教材分析

在内容编排上，旧教材没有这一节的内容，说明新课程标准重视对理论知识的实际应用。前面已经学习了化学反应速率、化学平衡、平衡常数、化学反应进行的方向，对化学反应历程、影响化学反应速率因素和影响化学平衡的因素都有一定的了解。本单元是对前三节内容的应用和升华，针对合成氨的典型案例，从限度、速率等角度对化学反应和化工生产条件进行综合分析。

（二）学情分析

学生在前面的学习中，已经对合成氨反应的特点比较熟悉，能够运用化学反应速率和化学平衡理论去分析浓度、温度、压强和催化剂等对合成氨反应的影响。因此，能够在"思考与讨论"环节对如何增大合成氨的反应速率、提高平衡混合物中氨的含量进行理论分析。另外，学生已经具备了一定的图表和数据分析能力，能够运用控制单一变量法分别讨论温度和压强对合成氨反应中氨的含量（体积分数）的影响。通过教师引导、讨论分析，学生能够从理论上总结出合成氨反应的适宜条件，但是缺乏实际生产经验，不能将理论与实际联系起来。所以工业合成氨的适宜条件采取直接呈现给学生的方式，让学生的思维在理论与实际之间产生碰撞，让学生认识到理论要联系实际才能达到最佳效果。

【教学目标】

1. 能从可逆反应、平衡常数 K、焓变、熵变以及反应自发性等方面分析合成氨反应的特点。

2. 能运用化学反应速率和化学平衡理论分析合成氨反应的适宜条件。

3. 能用控制单一变量思想分析压强和温度对氨的含量的影响。

4. 能理论联系实际综合分析工业合成氨的适宜条件。

5. 能在工业合成氨的适宜条件的讨论中构建分析化学反应和化工生产条件的思维模型。

6. 能从合成氨的研究历史中体会科学家科研的艰辛，培养科学精神和社会责任感。

【教学主题重难点】

1. 合成氨反应中化学反应速率和化学平衡的综合调控。

2. 形成多角度调控化学反应的思路。

【主题教学思维框架】

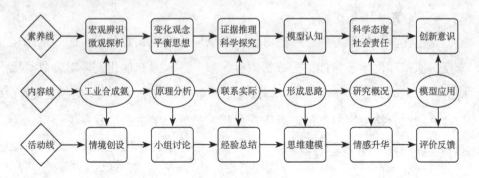

图 5-4-1 "化学反应的调控"主题教学思维框架设计

【主题教学实施过程】

表 5-4-1 "化学反应的调控"主题教学实施过程

教学环节	时间分配	教师活动	学生活动	设计意图
环节一：情境创设——合成氨的发展史	1min	讲授：合成氨工业是关系我国国民经济的重要行业，是我国化肥工业的基础。农业上使用的氮肥，例如尿素、硝酸铵、磷酸铵、氯化铵以及各种含氮复合肥，都是以氨为原料的。 素材 1：1909 年，德国化学家弗里茨·哈伯利用空气中的氮气制造出了氨气，使人类从此摆脱了依靠天然氮肥的被动局面，加速了世界农业的发展，因此人们称哈伯是在空气中制造面包的人，他也因此在 1918 年获得了诺贝尔化学奖。 素材 2：一战中，哈伯担任化学兵工厂厂长时负责研制、生产氯气、芥子气等毒气，并使用于战争之中，造成近百万人伤亡，遭到了美、英、法、中等国科学家们的谴责。 思考与讨论：有人说哈伯是"天使与魔鬼的化身"，从以上两个素材，你得到什么启示？	倾听、讨论、发言	通过介绍合成氨的发展史及重要应用，创设问题情境，进而引出合成氨反应。 通过对哈伯功与过的讨论，使学生认识到科学的两面性，培养学生的科学态度和社会责任感

续　表

教学环节	时间分配	教师活动	学生活动	设计意图
环节一：情境创设——合成氨的发展史	1min	过渡激疑：在当时条件下，哈伯的合成氨反应产率只有8%。如果是你，你会怎样选择反应条件，以增大合成氨的反应速率、提高平衡混合物中氨的含量？	倾听、思考	了解合成氨历史，培养学生创新意识，激发学生进一步研究的兴趣
环节二：原理分析——讨论合成氨可能的条件	3min	任务1：请同学们根据前面所学知识，分析合成氨反应的特点。 合成氨反应：$N_2（g）+3H_2（g）\rightleftharpoons 2NH_3（g）$。 已知298K时：$\Delta H = -92.4kJ \cdot mol^{-1}$，$\Delta S = -198.2J \cdot mol^{-1} \cdot K^{-1}$。	讨论、回答。 可逆性：反应为可逆反应。 体积变化：正反应是气体体积缩小的反应。 焓变：$\Delta H < 0$，熵变：$\Delta S < 0$。 自发性：常温（298K）下，$\Delta H - T\Delta S < 0$，能自发进行	通过分析合成氨反应的特点，为后续分析合成氨反应的适宜条件做铺垫
	3min	任务2：原理分析。根据合成氨反应的特点，应如何选择反应条件，以增大合成氨的反应速率、提高平衡混合物中氨的含量？请填入下表。 表格见下	思考、讨论、回答。 增大、升高、增大、使用。 增大、降低、增大、无影响	让学生运用所学的化学平衡和化学反应速率知识，从理论上分析合成氨的反应条件。渗透变化观念和平衡思想

对合成氨反应的影响	影响因素			
	浓度	温度	压强	催化剂
增大合成氨的反应速率				
提高平衡混合物中氨的含量				

续 表

教学环节	时间分配	教师活动	学生活动	设计意图
环节二：原理分析——讨论合成氨可能的条件	3 min	任务3：数据分析。表中的实验数据是在不同温度、压强下，平衡混合物中氨的含量的变化情况（初始时氮气和氢气的体积比是1∶3）。分析表中数据，结合合成氨反应的特点，讨论应如何选择反应条件，以增大合成氨的反应速率、提高平衡混合物中氨的含量 不同条件下，合成氨反应达到化学平衡时反应混合物中氨的含量（体积分数）	分析、回答。升高温度、增大压强、增大反应物浓度及使用催化剂等，都可以使合成氨的反应速率增大；降低温度、增大压强、增大反应物浓度等有利于提高平衡混合物中氨的含量	让学生分别从温度和压强角度进行数据分析。培养学生从图表中获取信息的能力

不同条件下，合成氨反应达到化学平衡时反应混合物中氨的含量（体积分数）

温度/℃	氨的含量/%					
	0.1 MPa	10 MPa	20 MPa	30 MPa	60 MPa	100 MPa
200	15.3	81.5	86.4	89.9	95.4	98.8
300	2.20	52.0	64.2	71.0	84.2	92.6
400	0.40	25.1	38.2	47.0	65.2	79.8
500	0.10	10.6	19.1	26.4	42.2	57.5
600	0.05	4.50	9.10	13.8	23.1	31.4

教学环节	时间分配	教师活动	学生活动	设计意图
	2 min	任务4：结合"数据分析"部分，分析在温度相等时，压强的变化对平衡时氨的含量的影响，思考应如何选择压强？ 400℃下平衡时氨的体积分数随压强的变化示意图	讨论、回答。原理分析和对实验数据的分析均表明，合成氨时压强越大越好	使学生学会用控制单一变量法定量分析多因素影响下合成氨条件的选择。培养学生证据推理、科学探究的核心素养

续 表

教学环节	时间分配	教师活动	学生活动	设计意图
环节二：原理分析——讨论合成氨可能的条件	2min	任务5：结合"数据分析"部分，分析在压强相等时，温度的变化对平衡时氨的含量的影响，思考应如何选择温度？ 10MPa下平衡时氨的体积分数随温度的变化示意图	讨论、回答。根据平衡移动原理，合成氨应采用低温以提高平衡转化率	
	2min	提问：综合上述两个方面，分析增大合成氨的反应速率与提高平衡混合物中氨的含量所应采取的措施是否一致？ 过渡激疑：在实际生产中到底选择哪些适宜的条件呢？	思考、回答。在压强方面采取的措施一致，在温度方面采取的措施不一致	引发学生的认知矛盾，激发学生求知欲。从理论分析过渡到实际生产
环节三：联系实际——介绍工业合成氨的适宜条件	3min	提问：合成氨实际生产中压强越大越好吗？ 讲授：原理分析和对实验数据的分析均表明，合成氨时压强越大越好。但是，压强越大，对材料的强度和设备的制造要求就越高，需要的动力也越大，这将会大大增加生产投资，并可能降低综合经济效益。目前，我国合成氨厂一般压强为10MPa～30MPa	思考、倾听	引发认知矛盾，引导学生在化学反应的调控时要综合考虑速率、平衡、成本等因素。引导学生用理论联系实际

教学环节	时间分配	教师活动	学生活动	设计意图
环节三：联系实际——介绍工业合成氨的适宜条件	3min	提问：合成氨实际生产中温度越低越好吗？ 讲授：根据平衡移动原理，合成氨应该采用低温以提高平衡转化率。但是，温度降低会使化学反应速率减小，达到平衡所需时间变长，这在工业生产中是很不经济的。另外，合成氨所需的催化剂铁触媒的活性在500℃左右活性最大。因此，需要选择一个适宜的温度。目前，在实际生产中一般采用的温度为400～500℃	思考、倾听	
	3min	任务6：即使在选定的压强和温度下，N_2和H_2的化合反应仍然进行得十分缓慢。有没有其他办法可以进一步加快反应速率？请结合下图进行分析。 展示合成氨反应能量变化图： 能量↑　N_2（g）+ 3H_2（g）　无催化剂 有催化剂　2NH_3（g） →反应过程 讲授：目前，合成氨工业中普遍使用的是以铁为主体的多成分催化剂，又称铁触媒。铁触媒在500℃左右时的活性最大，这也是合成氨一般选择400～500℃进行的重要原因。另外，为了防止混有的杂质使催化剂"中毒"，原料气必须经过净化	讨论、回答。通常采用加入催化剂的方法，改变反应历程，降低反应的活化能，使反应物在较低温度时能较快地发生反应	通过图像分析，结合催化剂对速率的影响，了解铁触媒可做催化剂加快合成氨反应的速率
	3min	任务7：分析合成氨生产流程图。思考：除了控制温度、压强和使用催化剂外，还有哪些措施可以提高平衡混合物中氨的含量？	回答： 1. 采用迅速冷却法，使气态氨变为液氨后及时从混合物中分离出去。	通过生产流程图，加深学生对工业合成氨工艺的认识，加深对合成氨反应条件的理解

续 表

教学环节	时间分配	教师活动	学生活动	设计意图
环节三：联系实际——介绍工业合成氨的适宜条件	3min	展示合成氨生产流程示意图： N₂+H₂ → 干燥净化 → N₂+H₂ → 压缩机10MPa~30MPa加压 → N₂+H₂ → 热交换 → N₂+H₂ → 冷却 → NH₃+N₂+H₂ → 铁触媒400~500℃ → 液态NH₃ / NH₃+N₂+H₂	2. 将 NH₃ 分离后的原料气循环使用，并及时补充 N₂ 和 H₂，使反应物保持一定的浓度	
	1min	归纳小结：综上所述，工业合成氨通常采用的条件是压强 10MPa～30MPa、温度 400～500℃、铁触媒作催化剂、将氨及时分离出来、原料气循环使用。	倾听、记忆	总结
环节四：形成思路——形成选择适宜生产条件的基本思路	4min	任务8：通过工业合成氨适宜条件的选择和优化，请思考分析化学反应和化工生产条件的一般思路是什么？ 展示： 明确目的 → 确定反应 → 原理分析{化学平衡/反应速率}→实际生产{设备、材料安全、环保经济、高效} → 最佳效果 归纳总结：总之，影响化学反应进行的因素主要有两个方面，首先是参加反应的物质组成、结构和性质等本身因素，其次是温度、压强、浓度、催化剂等反应条件。化学反应的调控，就是通过改变反应条件使一个可能发生的反应按照某一方向进行。在实际生产中常常需要结合设备条件、安全操作、经济成本等情况，综合考虑影响化学反应速率和化学平衡的因素，寻找适宜的生产条件。此外，还要根据环境保护及社会效益等方面的规定和要求做出分析，权衡利弊，才能实施生产	思考、讨论、倾听	通过工业合成氨适宜条件的选择和优化，构建分析化学反应和化工生产条件的思维模型

续 表

教学环节	时间分配	教师活动	学生活动	设计意图
环节五：研究概况——介绍合成氨的研究历史和发展前景	3min	任务9：阅读"科学·技术·社会"栏目。《合成氨——实验室研究与工业化生产》 讲授：合成氨与三次诺贝尔化学奖。 展示合成氨三位诺贝尔化学奖得主。 讲授："合成氨"里的中国人。2016年中科院大连化学物理研究所研究团队研制合成了一种新型催化剂，将合成氨的温度、压强分别降到了350℃、1MPa	阅读、体会	让学生更深入了解合成氨的研究历史，同时感受科学家所做出的巨大贡献，培养社会责任和科学探究的精神
环节六：模型应用——化学反应的调控综合应用和评价	3min	评价应用： 课本第51页第3题：SO₂的催化氧化	思考、应用	通过新情境评价学生课堂学习效果。培养学生迁移应用和创新能力
板书设计		化学反应的调控 一、合成氨反应条件的原理分析 N_2（g）$+3H_2$（g）$\rightleftharpoons 2NH_3$ $\Delta H = -92.4kJ/mol$ 二、合成氨工业中选择的生产条件 1. 压强：10MPa~30MPa 2. 温度：400~500℃ 3. 催化剂：铁触媒 三、化学反应的调控		
课后作业		利用网络资源查阅资料文献，进一步了解中国科学院大连化学物理研究所对合成氨反应新型催化剂的研究。一方面了解科学家研究的过程，另一方面关注新型催化剂的结构特点和催化原理。 要求：以科技小论文的形式提交，不少于300字		

【主题教学反思】

整个课堂教学活动在真实的情境中进行，要求学生运用材料和数据分析情境中所包含的化学问题，同时学生在不知不觉中运用了本单元所学习的知识技能：化学反应速率、化学平衡移动、化学反应方向、化学平衡常数。解决了实际问题——合成氨的最佳条件、合成氨的生产流程。能源及材料的循环使用等。最后让学生通过学习本节内容，提炼出化工生产的一般途径，并且让学生学会工业生产的一般流程。随后将这种策略性的技能运用在解决新的问题中，即知识迁移，解决硫酸生产的条件选择问题。通过四个真实情境将学生带入其中，知识由浅到深，思维由简单到复杂，学习技能逐渐加深，最终实现了学生深度学习的目标，且教学效果得到了很大提高，使学生所拥有的不仅仅是化学知识，而且还掌握了研究化工生产的方法，能构建出化工生产的思路。这便是学习的深度，这便是学生的终身学习。

案例 5　氯碱工业发展历史

——电解原理的应用

【教学主题内容分析】

《普通高中化学课程标准（2017 年版 2020 年修订）》指出，"真实、具体的问题情境是学生化学学科核心素养形成和发展的重要平台，也为学生化学学科核心素养提供了真实的表现机会。化学教学设计和实施中，重视创设基于真实情境的问题解决任务，将核心知识和核心概念与情境、活动和问题解决融为一体，注重学生自主建构、实验探究和问题解决等学习活动，以促进学生化学学习方式的转变，并让学生在解决问题的活动中可逐步发展化学学科核心素养"。本节课从电解饱和食盐水的氯碱工业生产中面临的实际问题出发，结合氯碱工业的发展历史，让学生运用电解原理对不同阶段的氯碱工业方法进行分析，正确对方案进行评价，并激发学生对技术的更新发展的研究兴趣。最终落实电解原理的必备知识，巩固电解模型的结构认知，锻炼学生运用知识解决实际问题的能力，培养学科核心素养，形成学科价值观。

【教学主题背景分析】

（一）教材与文献分析

本节课内容位于《普通高中教科书　化学　选择性必修 1　化学反应原理》（2019 人教版）第四章第二节课时二，安排在原电池和电解池的第一课时电解原理之后。经过原电池和电解工作原理的学习，构建化学能与电能之间可以相互转化的观念，从装置维度和原理维度分析并掌握转化的条件。原理维度以氧化还原反应为基础，包括电极反应物、电极产物过程，同时包含可观测量，即反应现象；装置维度包括原电池或电解池里面的所有装置要素，即失电子场所（负极材料或阳极材料）、电子导体（导线）、离子导体（电解质溶液或盐桥、膜）、得电子场所（正极材料或阴极材料）。本节电解原理的应用，就是在充分掌握了电化学模型和电解原理的基础上，去解决实际生产生活中出现的问题，并且对真实复杂的化工生产问题进行分析并提出解决方案，同时引导积极进取不断探究开发新技术的学习欲望。最终希望能够达成夯实基础知识，锻炼关键能力，形成核心素养的目的。

（二）学情分析

第一课时的重点是了解电解池的工作原理。学生必须从微观分析两极反应，推导阴阳离子运动轨迹，并结合放电顺序，用符号表征出电极方程式与总反应方程式。电解原理本身就有一定的复杂度，而学生又特别容易在理解时与前面所学的原电池原理混淆，因此在运用知识解决实际问题中容易出现以下问题：第一，认识角度不明确。学生知道要研究装置，但不知道在装置中应该看什么，而总是凭借经验东拼西凑。第二，思维的系统性不够。一方面，学生对电化学要素的认识不全面，例如对装置的分析，因为习题的导向，使学生更多的关注正、负极，但对完整的系统要素，如电极反应与电解质溶液、电路内外微粒的定向移动等等缺乏关注。另一方面，装置要素与原理要素之间是缺少联系的。例如学生知道要关注电极反应物，但不清楚电极反应物可能会在装置中的什么位置提供，电解质溶液都有什么样的功能，在实现化学能到电能的转化中起了什么作用，等。这些要素之间如果缺少联系会使得学生在电化学问题的分析中，不能总是做到完整、系统和正确。所以，在电化学的学习中，需要给学生建立认识系统，要让学生基于整体、联系思考，把电化学学习脉络打通。

【教学目标】

1. 了解氯碱工业的发展历史，分析生产方法中的电解池工作原理，强化电解基本原理的理解，培养学生运用电解原理和电解池模型去解决实际生产问题的能力。

2. 知道离子交换膜法在我国的应用现状、面临的关键问题和取得的重大突破，培养学生的科学精神与社会责任感。

3. 通过探析离子交换膜法氯碱工业中的改进技术，培养学生能够在面对陌生情境时提取有效信息，和综合运用知识解决问题的能力。

4. 通过本节课电解原理在氯碱工业中的应用，让学生体会电解在物质制备方面的重大作用，体会化学这门基础学科的学科价值。

【教学主题重难点】

1. 运用电解原理分析氯碱工业发展进程中的各个阶段不同生产工艺的工作原理，评价工业的优缺点。

2. 离子交换膜法在氯碱工业中的应用，离子交换膜法在氯碱工业中的改进与突破。

【主题教学思维框架】

表 5-5-1　"电解原理的应用"主题教学思维框架设计

教学步骤	教学活动	设计意图	组织形式
环节一：上节回顾	教师活动：提出问题——工业上通过电解饱和食盐水可以制备 $NaClO$、ClO_2 等消毒剂，除此之外电解食盐水还有什么功能？	复习电解原理知识，引出本节课内容——探究氯碱工业生产中的工艺问题	教师统一提出问题，学生独自思考并集体回答展示
	学生活动：回忆上节电解原理和电解饱和食盐水制备含氯消毒剂的知识，回答问题		
环节二：氯碱工业	教师活动：①播放氯碱工业相关介绍视频。②展示氯碱工业装置模型和理论模型，引导学生建构模型。③引导学生思考氯碱工业面临的问题	培养学生运用电解知识去构建模型，分析复杂的真实工业生产问题，尝试应用知识解决问题	统一提出问题，独自思考，再合作研究，最后派代表展示
	学生活动：观看视频，了解氯碱工业；结合电解原理知识思考并构建氯碱工业模型；分析氯碱工业中面临的问题并提出可能的解决方案		

教学步骤	教学活动		设计意图	组织形式
环节三：探寻氯碱工业的发展历史	任务1：探究隔膜法工作原理及装置评价	教师活动：展示隔膜法装置示意图，引导学生分析装置工作原理。提出问题：1. 电极产物。2. 溶液中离子的移动。3. 该装置是否完全解决了氯碱工业中的问题？	强化电解原理知识记忆；培养运用知识解决问题的能力；培养思辨能力、环保意识、经济意识，让学生牢记使命，奋发有为，努力学习	统一提出问题，集中思考，小组派代表展示
		学生活动：运用电解原理分析装置工作原理，正确判断电极产物，对装置进行评价		
	任务2：探究水银法工作原理及装置评价	教师活动：展示水银法装置示意图，引导学生分析装置工作原理。提出问题：1. 电极产物。2. 水银电解室中电极方程式。3. 解汞室中的总方程式。4. 水银法氯碱工艺有哪些优缺点？5. 为什么水银电解室中的水银电极的放电顺序与一般的放电顺序不一致？		
		学生活动：运用电解原理分析装置工作原理，正确判断电极产物，对装置进行评价		
	任务3：探究离子交换膜法工作原理及装置评价	教师活动：1. 从原理维度指导学生分析离子交换膜的工作原理。2. 组织学生画出离子交换膜法氯碱工业装置示意图。3. 介绍离子交换膜法在我国的生产应用现状和面临的瓶颈问题		
		学生活动：运用电解原理分析装置工作原理，正确画出装置示意图，感受离子交换膜法的先进技术对工业生产的推动作用，感受肩上突破瓶颈技术的学习使命感和社会责任感		

续 表

教学步骤	教学活动		设计意图	组织形式
环节三：探寻氯碱工业的发展历史	任务4：探究离子交换膜法的新突破	教师活动：①探析金属阳极技术，通过提供文献资料和图表数据，创设陌生情境。提出问题：理论上，在阳极的表面放电顺序 OH^- > Cl^-，但由于石墨阳极是多孔性材料，在微孔内，Cl^- 首先放电，其浓度下降而孔外的 Cl^- 又来不及及时扩散进来补充，造成 OH^- 浓度相对升高，开始放电。请写出电极副反应方程式，并预测可能产生的后果。②探析氧阴极技术，通过提供文献资料和图表数据，创设陌生情境。提出问题：氧阴极电解槽中使用的阳极与普通电解槽相同，不同之处在于阴极结构，通过向阴极区供应纯氧参与反应。请写出电极反应方程式和电极反应总方程式		
		学生活动：运用电解原理分析装置的工作原理，通过分析陌生情境和反常问题解决实际问题，通过数据计算从定量的角度感受并认识技术革新带来的节能减排和经济效益，感受学科的应用价值		
	任务5：认识新型离子交换膜——双极膜	教师活动：展示海水淡化可采用双极膜电液析法，引导学生分析电极产物，离子移动方向，电极方程式		
		学生活动：积极思考，解决问题		
环节四：小结		教师活动：总结离子交换膜的种类和用途	课堂小结提升	集中学习
		学生活动：总结归纳、记笔记		

【主题教学实施过程】

环节一：创设情境，提出问题

情境：播放一则关于氯碱工业介绍的视频。

氯碱工业指的是工业上用电解饱和氯化钠溶液的方法来制取 NaOH、Cl_2 和 H_2，并以它们为原料生产一系列化工产品。氯碱工业是最基本的化学工业之一，它的产品除应用于化学工业本身外，还广泛应用于轻工业、纺织工业、冶金工业、石油化学工业以及公用事业。主要有三种工艺：隔膜法、双电解池法、水银电解池法。下面我们进入本节课的学习，追寻氯碱工业的发展历史，利用电解原理来分析评价它的生产工艺。

学生认真观看视频，提取信息，初步了解氯碱工业的生产工艺。

环节二：学习新知、构建模型

建构模型：

活动1：展示氯碱工业装置模型和理论模型，引导学生建构模型。

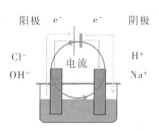

图 5-5-1 氯碱工业装置模型和理论模型

学生自主完成：

阳极：_____

阴极：_____

总反应：_____

提问：该生产装置在进行氯碱工业的时候有哪些缺点？

学生独立思考、合作讨论。

展示装置缺点：①H_2 和 Cl_2 混合不安全。②Cl_2 会和 NaOH 反应，会使得到的 NaOH 不纯, 产率下降。

师: 在工业生产过程中, 为解决上述问题, 在不同阶段提出了不同的方法。下面, 我们追寻着氯碱工业的发展道路, 一起探究讨论其中的工作原理, 并尝试对各种方案进行评价。

环节三: 应用模型, 解决问题

活动 2: 探究隔膜法氯碱工业原理及装置评价。

展示隔膜法氯碱工业生产装置图。

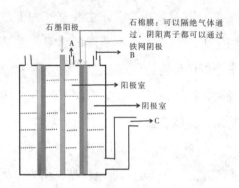

图 5 - 5 - 2 隔膜法氯碱工业生产装置

提问: ①产物 A 是_____; 产物 B 是_____; 产物 C 是_____。②溶液中离子的移动方向_____。③该装置是否完全解决了氯碱工业装置的所有缺点?

学生独立思考、合作讨论。

该装置解决了 H_2 与 Cl_2 混合的安全问题, 但是产品的纯度问题还没有得到解决, 生产出的 NaOH 中仍然混有 NaCl, 需要分离提纯, 因此产率不高。

总结: 隔膜电解法以多孔隔膜将阳极区和阴极区分隔, 避免了两极产物的混合。隔膜电解法的原理: 通过适当调节盐水流量, 可使阳极区液面高于阴极区液面, 从而产生一定的静压差, 使阳极液透过隔膜流向阴极室, 其流向恰与阴极区 OH^- 向阳极区的电迁及扩散方向相反, 从而大大减少进入阳极区的 OH^- 数量, 抑制析氧反应及其他副反应的发生, 阳极效率提高到 90% 以上。但是这种石棉隔膜由于电耗高, 污染严重, 现在已被氯碱行业摒弃。

活动3：探究水银法氯碱工业原理及装置评价。

展示水银法氯碱工业生产装置图。

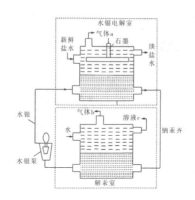

图5-5-3　水银法氯碱工业生产装置

提问：①气体a是_____；气体b是_____；溶液c是_____。
②水银电解室中电极方程式，阳极_____，阴极
_____，解汞室中的总方程式_____。
③水银法氯碱工艺有哪些优点和缺点？

学生独立思考、合作讨论。

展示优缺点。①优点：电槽内没有氢气生成，安全性较好。生成NaOH
不含杂质，纯度高。②缺点：需要用到大量水银，成本高，且容易造成水银
泄露，造成环境污染。如著名的"水俣病"。

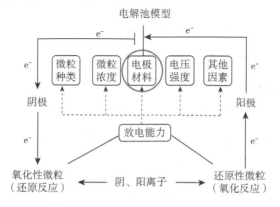

图5-5-4　电解池模型

深入思考：为什么水银电解室中的水银电极的放电顺序与我们的一般放电顺序不一致？

总结：电解过程中离子的放电顺序受多重因素影响，电极材料是其中之一，由于水银电解室中阴极材料为水银，因此 Na^+ 比 Cl^- 优先放电，因此生成 Na 与 Hg 形成钠汞齐。

活动4：探究离子交换膜法工作原理及装置评价。

提问：①NaOH 是在哪一极产生？NaCl 溶液哪一成分对生成 NaOH 有作用？②从离子组成上看，生成的 NaOH 不纯，是因为混有什么离子？③如何避免 Cl^- 进入又不影响 NaOH 生成呢？请动手设计你的装置。

学生独立思考、合作讨论。

展示给装置增加阳离子交换膜，那么 Cl^- 则不会进入阴极，避免与生成的 NaOH 反应。

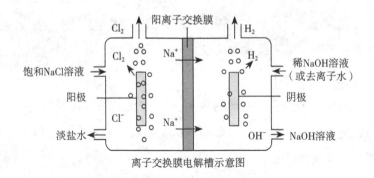

离子交换膜电解槽示意图

图 5-5-5　离子交换膜电解槽示意图

活动5：探究离子交换膜法的新突破。

（1）探析金属阳极技术

已知：理论上，在阳极的表面放电顺序 $OH^- > Cl^-$，但由于石墨阳极是多孔性材料，在微孔内，Cl^- 首先放电，其浓度下降而孔外的 Cl^- 又来不及及时扩散进来补充，造成 OH^- 浓度相对升高，开始放电。

提问：请写出电极副反应，并预测可能产生的后果。

生：$H_2O - 4e^- \Longrightarrow 4H^+ + O_2$，$C + O_2 \Longrightarrow CO_2$，石墨电极被消耗。

展示。

提问：已知 Cl^- 在石墨电极和其他复合金属电极反应的电压如图所示，请同学们结合其中信息，可以得出金属阳极的优势是？

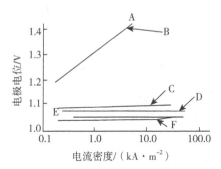

A：钛镀铂　　B：石墨　　　C：钛镀热分解铂
D：钛镀铂–铱（7∶3）　E：钛镀氧化钌　F：钌棒

图 5 – 5 – 6　各种电极的氯发生电位

师：引导学生从 Cl^- 的电极放电电压进行思考。

生：提取陌生图像信息，结合电解原理解决实际问题。

展示：金属阳极可以降低阳极过电压，降低电解槽电压。

（2）探析氧阴极技术

已知：氧阴极电解槽中使用的阳极与普通电解槽相同，不同之处在于阴极结构，通过向阴极区供应纯氧参与反应。

提问：请写出电极反应方程式和电极反应总方程式。

学生提取陌生信息，完成学习任务：

阳极：_____

阴极：_____

总反应：_____

展示。

已知两极电势差为理论电解槽电压，试计算电流密度为 10 时，生产 1 吨氢氧化钠，氧阴极技术理论上节约的电能。（$W_g = V \times 1000/1.492$，$W_g$ 为 1 吨 NaOH 消耗的直流电能，V 为电解槽电压）

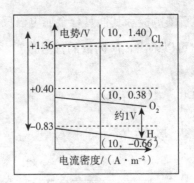

图 5-5-7 电流密度与电势的关系

汇报: $\Delta Wg = \Delta V \times 1000 / 1.492$

$\Delta V = [1.40 - (-0.66)] - [1.40 - (0.38)] = 1.04$ (V)

$\Delta W_g = 1.04 \times 1000 / 1.492 = 697.1$ (千瓦时/吨)

追问: 若按照一个年产值 10 万吨的工厂用电计算, 每年提高节约的能源费用是多少 (0.5 元/千瓦时)?

汇报: $697.1 \times 100000 \times 0.5 = 34855000$ (元)。

(3) 探析双极膜技术

展示: 目前海水淡化可采用双极膜电液析法, 同时获得副产品, 其模拟工作原理如图所示, 其中双极膜 (BP) 是阴、阳复合膜, 在直流电的作用下, 阴、阳膜复合层间的 H_2O 解离成 H^+ 和 OH^-, 作为 H^+ 和 OH^- 的离子源。M、N 为离子交换膜。

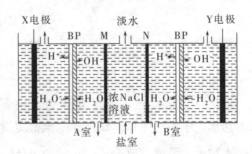

图 5-5-8 海水淡化模拟工作原理

提问：①X 电极为电解池的阴极，该电极反应式为＿＿＿＿＿＿＿＿＿。
②电路中每转移 1mol 电子，X、Y 两极共得到（标准状况下）＿＿＿＿＿L 的气体。③M 为阳离子交换膜，A 室获得副产品＿＿＿＿＿＿＿；若去掉 B 室双极膜，B 室产物＿＿＿＿＿＿＿＿＿＿＿＿。

学生提取信息、思考、合作讨论。

环节四：总结提升

2022 年 8 月 17 日下午，习近平总书记在沈阳市考察调研时强调，全面建设社会主义现代化强国，实现第二个百年奋斗目标，必须走自主创新之路。要时不我待推进科技自立自强，只争朝夕突破"卡脖子"问题，努力把关键核心技术和装备制造业掌握在我们自己手里。

在中华民族伟大复兴的时代浪潮中，化学作为一门基础学科发挥了巨大的作用，愿在座诸君共同努力，共同进步！

【教学反思】

本节课通过对氯碱工业发展历史的回顾，组织学生运用所学的电解原理知识对各阶段的生产工艺进行了原理分析和装置评价，强化了学生对电解原理必备知识的记忆，同时也锻炼了学生解决问题的能力。在探究离子交换膜法的改进突破时重点锻炼了学生面对陌生情境提取信息，面对复杂问题冷静判断运用知识解决问题的能力。这有利于形成学生的核心素养，同时又能体现学科的价值，让学生对学科学习产生浓烈的兴趣和认同感，让学生了解作为肩负中华民族伟大复兴的使命的当代青年肩负的责任。

本节课基本完成了课时预设目标，但是有几个问题需要改进：①课堂素材之间的逻辑发展规律没有得到体现，应进一步思考。②情境统摄关联性不大的可以去除。③要更关注学生的"学"，让学生进行充分的思考、计算并展示，教师应及时给予评价和总结。

案例6 以 SO₂ 为中心的硫及化合物的转化

——高三一轮复习

【教学主题内容分析】

学生经过高一高二学习，在高三一轮复习过程中要逐步进阶水平，要能基于物质类别、氧化还原、元素周期律、化学反应平衡原理、物质结构等，初步解释生活中的某些现象和解决在生产生活中遇到的实际问题。

本节课以硫及其化合物的存在、制备和转化等实际问题为载体，通过应用"价类"二维模型认识常见的化合物，进而分析陌生物质；再在此基础上设计实验方案制备陌生物质，并由实验模拟向工艺生产转化，诊断并发展学生的无机物主题的认识能力。

【教学主题背景分析】

（一）教材及文献分析

元素及其化合物作为学习化学的重要载休，在经过高一在情境发现问题、在活动中解决问题、在解决问题中提升能力的学习进程后，学生已经初步构建了"价类"二维思考模型；高二则是重在解决为什么，通过热力学、动力学、化学平衡原理、物质结构等认识现象与本质的关系；高三则重在构建各元素及化合物的知识体系，并且完善学生对元素及化合物的认识角度。

（二）学情分析

本次授课的班级是一个重点班，学生对元素及化合物性质相对熟悉，且经过钠、铁、氯元素及化合物的学习，初步掌握了无机物的一般认识角度，但尚未达到自主应用不同角度分析陌生化合物性质的水平。因此，高三一轮复习在构建知识体系的同时，要创设陌生情境培养学生多个角度的认识思路。

【教学目标】

1. 通过绘制硫元素的"价类"二维图，诊断、发展学生的元素观和价态观的能力。

2. 通过酸雨的形成学习，初步应用"价类"二维图解决问题，诊断学生的知识体系的完整程度及利用"价类"二维图实现物质转化的能力。

3. 通过设计制备 $Na_2S_2O_5$ 的实验方案，培养学生利用"价类"二维图从物质类别和氧化还原反应分析陌生无机物的能力，发展学生的类比迁移能力。

4. 通过从实验模拟向工业生产转化，设计化工工艺流程图。

5. 定量分析葡萄酒中的 $Na_2S_2O_5$ 残留量。

【教学主题重难点】

1. 构建多角度、有序的元素化合物认识思路。

2. 学生面对陌生情境时，能运用类比迁移等方法多角度分析和解决问题。

【主题教学思维框架】

表 5－6－1 "硫及化合物的转化"主题教学思维框架设计

教学环节	问题线	知识线	活动线	素养线
环节一：创设情境 构建模型	任务一：画出硫及其化合物的"价类"二维图	熟悉硫及化合物的转化关系	教师导学 小组合作	宏观辨识与微观探析
	任务二：画出酸雨中硫转化的"价类"二维图	硫酸型酸雨的形成原理	小组合作 生生互学	

续 表

教学环节	问题线	知识线	活动线	素养线
环节二：创设情境熟练模型	任务一：初识焦亚硫酸钠 活动1：应用"价类"二维图预测焦亚硫酸钠的性质。 活动2：设计实验验证焦亚硫酸钠的还原性	应用"价类"二维图预测物质性质和反应产物	小组合作教师导学	证据推理与模型认知
		焦亚硫酸钠的还原性	分组实验	
	任务二：焦亚硫酸钠的实验室制备。 活动1：设计实验方案。 活动2：实施实验方案。 活动3：完善实验方案	二氧化硫的制备；二氧化硫与碳酸钠反应；分离和提纯的方法	实验探究	实验探究与创新意识
	任务三：从实验室模拟制备 $Na_2S_2O_5$ 到化工工艺设计	硫铁矿制二氧化硫，化工工艺流程图的基本要素	模拟实验	
环节三：应用模型解决问题	测定葡萄酒中的焦亚硫酸钠残留量（以二氧化硫的量计）	酸碱中和滴定的应用之氧化还原滴定	模拟实验	实验探究与创新意识

【主题教学实施过程】

环节一：从"价类"二维图视角学习元素的转化

任务：绘制硫及其化合物、酸雨中硫转化的"价类"二维图。

情境：元素"价类"二维图是以物质类别（单质、氧化物、酸、碱、盐）为横坐标，以元素的化合价为纵坐标，在二维平面内绘制含有某元素物质的图像。它的核心是元素的典型代表物，方法是分类，内涵是转化，是复习元素化合物性质的重要工具。

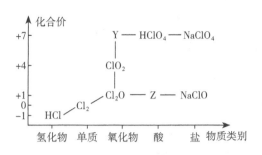

图 5 - 6 - 1　元素"价类"二维图

师生活动：

1. 教师通过希沃授课助手展示学生所画出的"价类"二维图，生生互评和教师点评。

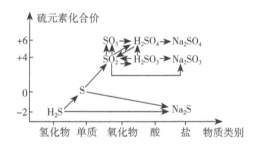

图 5 - 6 - 2　硫及其化合物"价类"二维图

大部分学生对常见的硫及其化合物还是能归类的，但对硫代硫酸钠、焦亚硫酸钠这类陌生物质的分析还是有一些困难的。

2. 评价应用：用"价类"二维图表示酸雨形成过程中含硫物质的转化示意图，教师展示，同学互评。

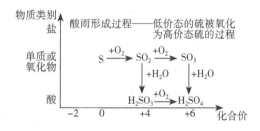

图 5 - 6 - 3　酸雨形成过程中含硫物质的转化示意图

设计意图：通过学生绘制和应用"价类"二维图，初步形成从化合价和类别两个角度认识硫元素及其化合物一般思路。

环节二：制备焦亚硫酸钠

任务一：初识焦亚硫酸钠。

学习任务：从化合价和类别两个角度，分析焦亚硫酸钠可能的物理和化学性质，验证焦亚硫酸钠的还原性。

师生活动：教师提供材料1、2，并提出问题，引导学生根据氧化还原反应的价态规律，初步得出处在中间价态 +4 价的硫元素主要表现为还原性，并通过实验验证。

情境：（材料1）亚硫酸钠（Na_2SO_3），是钠的亚硫酸盐，主要用作人造纤维稳定剂、织物漂白剂、照相显影剂、染漂脱氧剂、香料和染料还原剂、造纸木质素脱除剂等。亚硫酸钠在空气中易被氧气氧化为硫酸钠，受热分解生成硫化钠和硫酸钠。

问题：请结合材料1分析 $Na_2S_2O_5$（焦亚硫酸钠）的化学性质，设计简单实验验证它的还原性。

设计意图：通过应用硫元素的"价类"二维图，分析陌生无机物焦亚硫酸钠的性质，提升学生对"价类"二维图的应用进阶；同时引导学生设计实验验证性质，促进学生建立理论与实践的关系，为下一环节制备焦亚硫酸钠做准备。

任务二：焦亚硫酸钠的实验室制备。

学习任务：根据制备原理设计实验室制备方案。

情境：（材料2）$Na_2S_2O_5$，又名偏重亚硫酸钠，或称一缩二亚硫酸钠；密度 $2.63g/cm^3$，白色晶体性粉末；易溶于水，难溶于乙醇，不溶于液氨，水溶液呈酸性，溶于水后生成稳定的亚硫酸氢钠，受潮易分解。

（材料3）将制备的 SO_2 通入饱和碳酸钠溶液中生成亚硫酸钠，再往里面通入过量的 SO_2，在 pH 为 4.1 时亚硫酸钠完全转化为亚硫酸氢钠，并析出结晶，经离心分离，在低温下干燥得到无水物（也称作焦亚硫酸钠）。

实验方案模板：

高中化学实验报告

班级：　　　　姓名：　　　　　　小组成员：

实验目的：

实验原理：

试剂：

仪器：

装置图：

步骤：

数据与现象记录：

结论：

问题与讨论：

活动一：设计实验方案。

学习任务1：根据原理初步设计实验室制备方案。

师生活动：教师介绍焦亚硫酸钠的制备原理，引导学生完成实验报告中的实验目的、实验原理、试剂、仪器、装置图、步骤等部分的内容。

学习任务2：生生互评，教师引导完善实验方案。

师生活动：根据学生的表现情况，学生能根据信息初步设计出方案，同时也表现出在制备 SO_2 药品的选择的合理性、气体制备的一般流程、实验操作是否简单易行、实验安全等角度评价实验方案。

设计意图：通过组织小组合作学习，以制焦亚硫酸钠为载体，复习制备二氧化硫的方法及气体制备的一般模型；以任务驱动的方式调动学生的积极性，激发学生综合运用所学知识解决实际问题，提升实验设计思维能力。

活动二：实施实验方案。

学习任务：开展制备实验。

师生活动：教师对学生的实验过程认真指导，学生根据步骤完成实验。暴露出学生操作不规范、实验安全意识薄弱等问题，需要加强引导和强化操作。

设计意图：培养学生动手实验的能力，让学生能将理论与实践结合起来。通过实验过程发现的问题帮助学生反思实验设计与实验过程中存在的问题，进而优化实验过程。

活动三：完善实验方案。

学习任务：通过小组合作学习，分析实验过程中的现象，改进实验方案。

师生活动：展示同学们提出的问题、异常现象，学生或教师进行理论解释。

实验过程中 SO_2 的制备是否足量、气密性情况、饱和碳酸钠溶液的用量等会影响能否成功制备产品。针对实验过程中存在的问题，教师要引导学生修改实验方案。

设计意图：引导学生尊重实验事实，以问题为导向，思考问题出现的原因，形成解决问题的思维方法，达到理论与实践相结合。

任务三：从实验室模拟制备 $Na_2S_2O_5$ 到化工工艺设计。

学习任务：将实验室制备过程设计为工艺流程。

情境：①以粗盐提纯为例，认识工艺流程图。

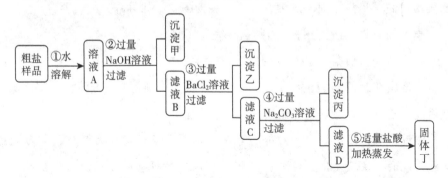

图 5-6-4　粗盐提纯工艺流程图

②工艺流程的一般结构。

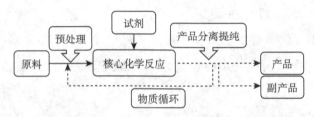

图 5-6-5　工艺流程的一般结构图

师生活动1：教师结合粗盐提纯流程图，介绍工艺流程设计的步骤。学生通过小组合作将 $Na_2S_2O_5$ 的实验室制备方案改为化工工艺流程。在课堂上学生的表现较好，能独立完成，大部分同学能考虑到原料的使用效率、环保、结晶后母液的循环利用等因素。

师：工业上制取二氧化硫通常采用什么方法呢？

生：可以通过将硫燃烧或煅烧硫铁矿。

师生活动2：教师引导学生结合原料来源、环保等实际生产问题，改进工艺流程图。

设计意图： 通过教师导学、生生互学，将实验方案放大为工业生产工艺。在设计过程中，培养学生发散思维和收敛思维，让学生在真实情境中提出质疑，调动学生学习积极性，发展学生的创新意识，体会化学的实用性和社会价值。

环节三：$Na_2S_2O_5$ 的分析与应用

学习任务：根据 $Na_2S_2O_5$ 的性质进行定量分析。

情境：焦亚硫酸钠在医药、橡胶、印染、食品等方面应用广泛。焦亚硫酸钠可用于红酒，能起到抗氧化、杀菌并促进有益微生物生长。

我国食品添加剂使用卫生标准（GB2760—86）对焦亚硫酸钠的使用标准规定：葡萄酒果酒中不得超过 0.25g/kg；糖类、竹笋、蜜饯、饼干、罐头、粉丝、食糖中不得超过 0.05g/kg；赤砂糖及其他品种中不得超过 0.1g/kg。

因焦亚硫酸钠溶于水生成亚硫酸氢钠，可以用氧化还原滴定分析，用碘标准液进行滴定：$HSO_3^- + I_2 + H_2O \longrightarrow 3H^+ + SO_4^{2-} + 2I^-$。

师生活动：测定某葡萄酒中 $Na_2S_2O_5$ 残留量时，取 50.00mL 葡萄酒样品，用 $0.01000mol \cdot L^{-1}$ 的碘标准液滴定至终点，消耗标准液 10.00ml，请描述滴定终点的现象，并计算残留量 g/L（以 SO_2 计）。学生通过滴定法，准确测出葡萄酒样品中的 SO_2 含量。由于客观实验条件和学生操作等原因，学生在实验过程中不易准确滴定。

设计意图：通过学生分组实验，进一步巩固焦亚硫酸钠的性质和酸碱中和滴定，形成对陌生无机物从物质分类到性质探究的一般思路。

单元总结：硫及其化合物的复习，物质转化关系可以通过制备经典化合物来实现，除了制备焦亚硫酸钠外，还可以制备硫代硫酸钠，将实验制备、定性定量分析、物质的类别与性质、条件控制等方面内容综合在一起，使学生的学习在真实情境中进行。

【单元设计思路】

本单元以"价类"二维图作为统摄，从建立到熟练再到应用"价类"二维图，从应用于熟悉的物质到应用于陌生物质，以硫酸型酸雨的形成和制备焦亚硫酸钠作为应用实例认识物质转化的规律。在对焦亚硫酸钠的定性和定量分析过程中，培养学生认识物质的一般思路——"价"和"类"两个角度。课堂形式以小组合作为主，结合实验探究，以问题为导向，激发学生学习积极性，让学生理解从实验方案设计到化工工艺设计转化需要考虑原料、条件、成本等因素，最终实现学习的真实发生。